DOZE ANOS DE ESCRAVIDÃO

SOLOMON NORTHUP foi um homem livre sequestrado em Washington e submetido à escravidão em 1841. Logo após ser libertado, publicou suas memórias, que fizeram grande sucesso, e processou seus sequestradores, que nunca foram condenados. Os detalhes de sua vida depois disso são desconhecidos, mas acredita-se que tenha morrido em Glen Falls, no estado de Nova York, por volta de 1863.

CAROLINE CHANG nasceu em Porto Alegre, em 1976. É graduada em jornalismo pela UFRGS, com uma dissertação sobre a poesia de Cecília Meireles e Vinicius de Moraes. Fez especialização em língua e cultura francesa na Sorbonne e mestrado em Literatura Comparada na UFRGS, tendo pesquisado sobre o romance de formação, a obra de Dickens e de J. D. Salinger. Desde 2001 faz traduções literárias do francês e do inglês; Raymond Chandler, Alexandre Dumas filho e Xinran são alguns dos autores que verteu para o português, como também o romance *A resposta* (Bertrand Brasil, 2010), de Kathryn Stockett, que se passa no Sul dos Estados Unidos na época da luta pela igualdade racial e simula o modo de falar dos negros de então.

HENRY LOUIS GATES JR nasceu em 1950 em Keyser, EUA. É crítico literário, acadêmico, escritor e editor. Foi o primeiro negro americano a receber o *Andrew W. Mellon Foundation Fellowship*. Ganhou inúmeros prêmios por sua pesquisa sobre a cultura negra e atualmente é diretor do centro de estudos africanos na Universidade Harvard. É autor de *Life Upon These Shores: Looking at African American History, 1513-2008* (Random House, 2011) e *Os negros na América Latina* (Companhia das Letras, 2014), entre outros.

SOLOMON NORTHUP

Doze anos de Escravidão

*Narrativa de um cidadão de Nova York
sequestrado em Washington em 1841
e resgatado em 1853 de uma plantação de algodão
perto do rio Vermelho, na Louisiana.*

Tradução de
CAROLINE CHANG

Posfácio de
HENRY LOUIS GATES JR.

8ª reimpressão

COMPANHIA DAS LETRAS

Copyright do posfácio © Henry Louis Gates, Jr., 2014.
Publicado mediante acordo com a Penguin,
membro do Penguin Group (USA) LLC,
uma empresa da Penguin Random House Company.

*Grafia atualizada segundo o Acordo Ortográfico da Língua
Portuguesa de 1990, que entrou em vigor no Brasil em 2009.*

Penguin and the associated logo and trade dress are registered
and/or unregistered trademarks of Penguin Books Limited and/or
Penguin Group (USA) Inc. Used with permission.

Published by Companhia das Letras in association with
Penguin Group (USA) Inc.

TÍTULO ORIGINAL
Twelve Years a Slave

PREPARAÇÃO
Lígia Azevedo

REVISÃO
Jane Pessoa
Valquíria Della Pozza

Dados Internacionais de Catalogação na Publicação (CIP)
(Câmara Brasileira do Livro, SP, Brasil)

Northup, Solomon, 1808-1863.
    Doze anos de Escravidão / Solomon Northup ; tradução
de Caroline Chang — 1ª ed. — São Paulo : Penguin Classics
Companhia das Letras, 2014.

    Título original: Twelve Years a Slave.
    ISBN 978-85-63560-89-6

    1. Africano-americanos – Biografia 2. Escravidão – Louisiana – História – Século 19 3. Escravos – Estados Unidos – Biografia 4. Escritos de escravos americanos 5. Northup, Solomon, 1808-1863? I. Gates Jr, Henry Louis. II. Título.

14-01077   CDD-306.362092

Índice para catálogo sistemático:
1. Northup, Solomon : Escravidão : Sociologia : Biografia
306.362092

Todos os direitos desta edição reservados à
EDITORA SCHWARCZ S.A.
Rua Bandeira Paulista, 702, cj. 32
04532-002 — São Paulo — SP
Telefone: (11) 3707-3500
www.penguincompanhia.com.br
www.blogdacompanhia.com.br
www.companhiadasletras.com.br

Sumário

Introdução — David Wilson   7

DOZE ANOS DE ESCRAVIDÃO   9

Posfácio — *Henry Louis Gates Jr.*   259

Introdução*

DAVID WILSON

Quando o editor começou a preparar a narrativa que segue, não imaginou que ela chegaria ao tamanho que tem este volume. Porém, a fim de apresentar os fatos que lhe haviam sido relatados, pareceu-lhe necessário alongá-la à extensão presente.

Muitas das declarações contidas nas páginas seguintes foram corroboradas por evidências abundantes — outras repousam apenas sobre a palavra de Solomon. Quanto a se ele aderiu estritamente à verdade, ao menos o editor, que teve a oportunidade de detectar qualquer contradição ou discrepância em suas declarações, está bem satisfeito. Solomon invariavelmente repetiu a mesma história sem se desviar do menor detalhe, e repassou cuidadosamente o manuscrito, ordenando uma mudança sempre que detectada a mínima imprecisão que fosse.

Solomon teve sorte de ter sido propriedade de vários senhores durante seu cativeiro. O tratamento que recebeu em Pine Woods mostra que entre senhores de escravos há homens capazes de humanidade e homens capazes de crueldade. Alguns são tratados com sentimento de gratidão — outros, com amargura. Acredita-se que o relato que segue sobre suas experiências em Bayou Boeuf apre-

---

* Publicada originalmente na primeira edição do livro, em 1853. (N.E.)

senta um retrato correto da Escravidão em todas as suas luzes e sombras, tal como agora existente nessa localidade. Isento, conforme concebeu, de qualquer predisposição ou preconceitos, o único objetivo do editor foi exprimir uma história fiel da vida de Solomon Northup, tal como a ouviu de seus lábios.

Na realização dessa tarefa, o editor acredita ter logrado êxito, a despeito de inúmeros erros de estilo e de linguagem que o relato possa vir a conter.

WHITEHALL, NY, MAIO 1853

Doze anos de Escravidão

Narrativa de um cidadão de Nova York sequestrado em Washington em 1841 e resgatado em 1853 de uma plantação de algodão perto do rio Vermelho, na Louisiana.

A presente narrativa, que corrobora A cabana do Pai Tomás, *é respeitosamente dedicada a Harriet Beecher Stowe, cujo nome é identificado em todo o mundo com a abolição da escravatura.*

É uma coincidência singular que Solomon Northup tenha sido levado a uma plantação na região do rio Vermelho — a mesma em que serve o Pai Tomás —, e sua descrição da fazenda e do modo de vida ali, e alguns incidentes que ele relata, fornecem um paralelo sem igual à minha história.

Key to Uncle Tom's Cabin
[CHAVE PARA A CABANA DO PAI TOMÁS,
de Harriet Beecher Stowe]

*Os homens são de tal forma
Presas do hábito e tão afeitos
A reverenciar o que é
Antigo e pode alegar
Uma longa observância
De sua tradição,
Que até mesmo a servidão,
O pior dos males,
Porque legada
De pai para filho,
É mantida e vigiada
Como algo sagrado.
Mas é cabível, ou pode
Suportar o ataque
Da discussão racional,
Que um homem,
Composto e feito,
Como outros homens,
De elementos tumultuosos,
Em quem luxúria
E loucura se encontram,
Tão certo quanto ele é
Senhor do peito
Dos escravos,
Seja um déspota
Absoluto, a se
Autoproclamar o único
Homem livre de suas terras?*

COWPER

I

Tendo nascido um homem livre, por mais de trinta anos gozado da bênção da liberdade em um estado livre e sido, ao final desse período, sequestrado e vendido como escravo, assim permanecendo até ser felizmente resgatado no mês de janeiro de 1853, após uma servidão de doze anos, foi sugerido que um relato de minha vida e de minhas desventuras não seria desprovido de interesse para o público.

Desde meu retorno à liberdade não deixei de perceber o crescente interesse nos estados do Norte quanto ao assunto da escravidão. Trabalhos de ficção prometendo retratar suas características mais amenas, bem como as mais repugnantes, circularam de forma sem precedentes e, a meu ver, criaram um tópico rico para comentários e discussões.

Posso falar sobre a escravidão apenas na medida em que foi por mim observada — apenas na medida em que a conheci e vivenciei em minha própria pessoa. Meu objetivo é dar uma declaração simples e verdadeira dos fatos: repetir a história de minha vida, sem exageros, deixando para outros determinarem se as páginas da ficção apresentam um retrato de uma maldade mais cruel ou de uma servidão mais severa.

Tanto quanto fui capaz de recuar no tempo e aferir, meus ancestrais do lado de meu pai foram escravos em Rhode Island. Eles pertenciam a uma família que levava o nome de Northup. Um membro dessa família mudou-se para o estado de Nova York e estabeleceu-se em Hoosic, no condado de Rensselaer. Ele levou consigo Mintus Northup, meu pai. Quando da morte desse cavalheiro, que deve ter ocorrido cerca de cinquenta anos atrás, meu pai se tornou livre, tendo sido alforriado por uma orientação em seu testamento.

Henry B. Northup, cavalheiro de Sandy Hill, distinto advogado e a quem, graças à Providência, devo minha atual liberdade e o retorno ao convívio de minha mulher e de meus filhos, é aparentado da família que meus ancestrais serviam e da qual tomaram emprestado o nome que ora uso. A esse fato pode ser atribuído o interesse persistente que ele teve por mim.

Algum tempo após sua libertação, meu pai se mudou para a cidade de Minerva, no condado de Essex, Nova York, onde nasci, no mês de julho de 1808. Quanto tempo permaneceu nesse lugar é algo que não tenho como determinar com certeza. De lá, ele se mudou para Granville, no condado de Washington, perto de um lugar chamado Slyborough, onde, por alguns anos, trabalhou na fazenda de Clark Northup, parente de seu ex-senhor, de onde se mudou para a fazenda Alden, na rua Moss, pouca distância ao norte da aldeia de Sandy Hill; e de lá para a fazenda de Russel Pratt, situada na estrada que leva de Fort Edward para Argyle, onde continuou a residir até sua morte, que ocorreu no dia 22 de novembro de 1829. Deixou uma viúva e dois filhos — eu e Joseph, meu irmão mais velho. Este ainda mora no condado de Oswego, perto da cidade de mesmo nome; minha mãe morreu durante meu cativeiro.

Embora nascido escravo e tendo trabalhado sob as desvantagens às quais minha infeliz raça é submetida, meu pai era um homem respeitado por sua engenhosidade e integridade, conforme muitos que ainda vivem e que bem dele lembram estão dispostos a testemunhar. Toda sua vida foi passada no cultivo pacífico da agricultura, sem jamais buscar trabalho naquelas vagas mais braçais que parecem ser especialmente reservadas aos filhos da África. Além de nos dar uma educação superior àquela destinada a crianças da nossa condição, ele adquiriu, graças à sua diligência e economia, uma qualificação proprietária suficiente para lhe garantir o direito ao voto. Costumava contar para nós de sua vida pregressa; e, embora em todos os momentos acalentando os mais ternos sentimentos de gentileza e até mesmo de afeição para com a família em cuja casa servira, ainda assim mencionou o sistema da Escravidão e ponderou com amargura sobre a degradação de sua raça. Ele se esforçava para imbuir nossa mente de sentimentos de moralidade e para nos ensinar a dedicar confiança e fé Naquele que olha para os mais humildes assim como para as mais elevadas criaturas. Quão frequentemente desde esses tempos não me ocorreu a lembrança de seus conselhos paternais, quando eu me encontrava em cabanas de escravos nas regiões distantes e deletérias da Louisiana, amargurando-me com as feridas imerecidas que um senhor desumano me infligira e desejando apenas que o túmulo que cobrira meu pai também me protegesse da chibata do opressor. No pátio da igreja de Sandy Hill, uma singela pedra marca o lugar onde ele repousa, depois de ter devidamente desempenhado as tarefas pertencentes à esfera mundana na qual Deus lhe mandara caminhar.

Até esse período eu me dedicara principalmente às lides da fazenda, com meu pai. As horas de descanso que me eram permitidas costumavam ser empregadas ou em meus livros, ou tocando o violino — um divertimento que era a paixão da minha juventude. Também foi desde então uma fonte de consolo, fornecendo prazer às criaturas simples que partilhavam do meu quinhão e aliviando meus próprios pensamentos durante muitas horas da dolorosa contemplação de meu destino.

No dia de Natal do ano de 1829, casei-me com Anne Hampton, uma moça de cor que morava então nos arredores de nossa residência. A cerimônia foi realizada em Fort Edward, pelo cavalheiro Timothy Eddy, um magistrado e cidadão proeminente dessa cidade. Ela morara durante bastante tempo em Sandy Hill, com o sr. Baird, proprietário da Eagle Tavern, e também com a família do reverendo Alexander Proudfit, de Salem. Este cavalheiro havia presidido durante muitos anos a Sociedade Presbiteriana da localidade e era conhecido amplamente por sua cultura e piedade. Anne ainda guarda lembranças felizes da extrema gentileza e dos excelentes conselhos desse bom homem. Ela não consegue determinar com exatidão sua linhagem, mas o sangue de três raças se mistura em suas veias. É difícil dizer se o que predomina é o vermelho, o branco ou o preto. A união dos três, porém, em sua origem, lhe deu uma aparência singular, porém bela, como é difícil encontrar. Embora semelhante em aparência, ela não pode ser considerada uma quadrarona, classe à qual, deixei de mencionar, pertencia minha mãe.

Eu havia recentemente chegado ao período de minha maioridade, tendo completado vinte e um anos no mês de julho anterior. Sem os conselhos e o auxílio de meu pai, com uma mulher dependendo de mim para seu sustento, resolvi me lançar numa vida fabril; e, apesar do obstáculo da cor e da consciência de minha classe baixa, entreguei-me a agradáveis sonhos de bons tempos por vir, quando a posse de uma humilde habitação, cercada por alguns acres, recompensaria meus esforços e me proporcionaria felicidade e conforto.

Desde a época de meu casamento até o dia de hoje, o amor que dediquei à minha mulher foi sincero e constante; e apenas aqueles que sentiram a perene afeição que um pai tem por sua cria podem entender meu afeto pelas amadas crianças que nasceram de nossa união. Isso julgo apropriado e necessário dizer, para que aqueles que leem estas páginas possam compreender a pungência dos sofrimentos que fui fadado a suportar.

Imediatamente após nosso casamento passamos a residir na velha casa amarela que ficava na extremidade sul da aldeia de Fort Edward e que desde então foi transformada em uma mansão moderna e recentemente ocupada pelo capitão Lathrop. É conhecida como Fort House. Nessa casa em algum momento se organizou a Corte de Justiça, depois da instituição do condado. Também foi ocupada por Burgoyne em 1777, já que se situava perto do velho forte na margem esquerda do rio Hudson.

Durante o inverno eu era empregado, junto com outros, na reparação do canal Champlain, na seção cujo superintendente era William van Nortwick. David McEachron tinha a responsabilidade imediata sobre os homens em cuja companhia eu trabalhava. Quando o canal foi aberto, na primavera, pude, com a economia de meus vencimentos, comprar dois cavalos e algumas coisas necessárias ao negócio da navegação.

Tendo contratado vários trabalhadores eficientes para me ajudar, obtive contratos para o transporte de grandes jangadas de madeira do lago Champlain até Troy. Dyer Beckwith e um tal sr. Bartemy, de Whitehall, me acompanharam em várias viagens. Durante a temporada me tornei totalmente familiarizado com a arte e os mistérios das jangadas — conhecimento que mais tarde me permitiu prestar serviços rentáveis a um senhor valoroso e surpreender os singelos madeireiros às margens de Bayou Boeuf.

Em uma das viagens em que desci o lago Champlain fui induzido a visitar o Canadá. Dirigindo-me para Montreal, fui à catedral e a outros lugares de interesse nessa cidade, de onde segui viagem para Kingston e outras cidadezinhas, obtendo informações sobre localidades, o que também me foi útil mais tarde, conforme se verá ao final desta narrativa.

Tendo cumprido meus compromissos no canal de forma satisfatória para mim e para meu empregador e não desejando permanecer ocioso agora que a navegação do canal fora mais uma vez suspensa, comecei outro trabalho com Medad Gunn, para cortar uma grande quantidade de madeira. A esse negócio me dediquei durante o inverno de 1831-2.

Com o retorno da primavera, Anne e eu fizemos planos de cuidar de uma fazenda nas redondezas. Eu fora acostumado, desde a mais tenra idade, às lides rurais, e era essa uma ocupação de meu gosto. Assim negociei parte da velha fazenda Alden, na qual meu pai residira. Com uma vaca, um porco, uma canga de belas reses que eu recentemente comprara de Lewis Brown, em Hartford, e outros pertences e objetos pessoais, prosseguimos para nosso novo lar em Kingsbury. Naquele ano plantei vinte e cinco acres de milho, semeei vastos campos de aveia e me pus a cultivar a terra na escala que minhas possibilidades permitiam. Anne era diligente quanto aos afazeres domésticos, enquanto eu trabalhava com afinco no campo.

Continuamos a residir nesse local até 1834. No inverno eu recebia muitos convites para tocar violino. Onde quer que os jovens se reunissem para dançar, eu quase sempre estava lá. Meu violino era célebre pelas aldeias das redondezas. Anne, também, durante o longo tempo em que morara na Eagle Tavern, se tornara bastante conhecida como cozinheira. Durante as semanas de sessões na Corte de Justiça e em eventos públicos, ela era contratada a peso de ouro na cozinha da Sherrill's Coffee House.

Sempre voltávamos para casa desses trabalhos com dinheiro no bolso; de forma que, tocando violino, cozinhando e cultivando a terra, logo nos vimos com posses abundantes e, mais ainda, levando uma vida próspera e feliz. Bem, assim teria sido se houvéssemos permanecido na fazenda em Kingsbury; mas chegou a hora em que o próximo passo deveria ser dado na direção do cruel destino que me aguardava.

Em março de 1834, nos mudamos para Saratoga Springs. Ocupamos uma casa que pertencia a Daniel O'Brien, no lado norte da rua Washington. Naquela época Isaac Taylor mantinha uma grande pensão, conhecida como Washington Hall, na extremidade norte da Broadway. Ele me contratou para conduzir um arado, com o qual trabalhei para ele durante dois anos. Depois disso meus serviços eram no geral empregados na temporada de visitas, assim como os de Anne, no United States Hotel e em outros estabelecimentos públicos do lugar. No inverno eu contava com meu violino, embora tenha trabalhado duro por vários dias durante a construção das ferrovias de Troy e Saratoga.

Eu tinha o hábito, em Saratoga, de comprar artigos necessários para a minha família nas lojas do sr. Cephas Parker e do sr. William Perry, cavalheiros em relação aos quais, em função de vários atos de bondade, eu tinha sentimentos de muito apreço. Foi por essa razão que, doze anos mais tarde, decidi endereçar a eles a carta, inserida mais adiante, que, nas mãos do sr. Northup, conseguiu minha libertação.

Quando morávamos no United States Hotel, eu frequentemente encontrava escravos que haviam acompanhado seus senhores desde o Sul. Estavam sempre bem vestidos e bem cuidados, levando o que parecia ser uma vida fácil, com poucos problemas a importuná-los. Muitas vezes conversaram comigo sobre a Escravidão. Parecia-me que quase todos eles acalentavam um desejo secreto de liberdade. Alguns expressavam a mais ardente vontade de fugir e me perguntavam o melhor método de fazê-lo. O medo da punição, porém, que eles sabiam que os esperava quando de sua recaptura e retorno, bastava para demovê-los da experiência. Tendo durante toda a minha vida respirado o ar livre do Norte e consciente de que eu tinha os mesmos sentimentos e afeições que encontram lugar no peito de um homem branco, consciente, além disso, de ter uma inteligência igual à de pelo menos muitos homens de pele mais clara, eu era ignorante demais, talvez independente demais, para entender como alguém poderia se contentar em viver na condição abjeta de escravo. Não conseguia entender a moral da lei, ou da religião, que sustenta e reconhece o princípio da Escravidão; nem mesmo uma única vez, regozijo-me em dizer, deixei de aconselhar qualquer um que viesse a mim a procurar uma oportunidade e se lançar à liberdade.

Continuei a residir em Saratoga até a primavera de 1841. A agradável expectativa de uma tranquila casa de fazenda, no lado leste do rio Hudson, que sete anos antes nos seduzira não se concretizara. Embora sempre em circunstâncias confortáveis, não havíamos prosperado. A sociedade e as amizades daquele local mundialmente conhecido por suas águas não haviam sido calculadas para preservar os hábitos simples de engenho e economia com os quais eu estava acostumado — estes eram substituídos por outros que tendiam à instabilidade e à extravagância.

A essa altura éramos pais de três crianças — Elizabeth, Margaret e Alonzo. Elizabeth, a mais velha, estava com dez anos; Margaret era dois anos mais jovem; e o pequeno Alonzo tinha acabado de completar seu quinto aniversário. Eles enchiam nossa casa de alegria. Suas vozes jovens eram música para nossos ouvidos. Muitos castelos de ar a mãe deles e eu construímos para os pequenos inocentes. Quando não estava trabalhando, eu estava caminhando com eles, vestidos nas melhores roupas, pelas ruas e pelos bosques de Saratoga. A presença das crianças era um deleite para mim, e eu as apertava contra meu peito com um amor tão cálido e afetuoso como se suas peles fossem brancas como a neve.

Até este momento a história da minha vida não apresenta nada de incomum — nada além das costumeiras esperanças, amores e trabalhos de um obscuro homem de cor trilhando um humilde caminho no mundo. Mas agora eu chegara a um ponto de virada na minha existência — ao limiar de uma maldade, de uma tristeza e de um desespero insuportáveis. Chegara à sombra da nuvem, entrara na espessa escuridão na qual eu não tardaria em desaparecer, para dali para a frente ser escondido dos olhos de meus iguais e privado da doce luz da liberdade por muitos e cansativos anos.

2

Certa manhã, perto do fim do mês de março de 1841, sem ter, naquela época, nenhum negócio que necessitasse de minha atenção, eu caminhava pela cidade de Saratoga Springs pensando comigo mesmo onde poderia conseguir um trabalho até que a temporada começasse. Anne, como era seu costume, fora para Sandy Hill, a uns trinta quilômetros, para se encarregar da cozinha da Sherrill's Coffee House durante as sessões da Corte de Justiça. Elizabeth, acho, lhe fez companhia. Margaret e Alonzo ficaram com a tia de minha mulher, em Saratoga.

Na esquina da rua do Congresso e da Broadway, perto da taverna então, e pelo que sei até hoje, mantida pelo sr. Moon, me deparei com dois cavalheiros de aparência respeitável, ambos os quais me eram inteiramente desconhecidos. Tenho a impressão de que me foram apresentados por algum conhecido, cuja identidade não consigo lembrar, com a observação de que eu era um ótimo violinista.

Seja como for, imediatamente começaram a falar nisso, fazendo várias perguntas sobre minha proficiência musical. Minhas respostas sendo aparentemente satisfatórias, sugeriram contratar meus serviços por um curto período, alegando, ao mesmo tempo, que eu era exatamente a pessoa de que eles precisavam. Seus nomes, conforme mais tarde me revelaram, eram Merrill Brown e Abram Hamilton, embora eu tenha fortes razões para duvidar de que fosse verdade. O primeiro era um homem de cerca de quarenta anos de idade, baixote e parrudo, com uma aparência que indicava seriedade e inteligência. Ele usava uma sobrecasaca preta e um chapéu preto, e disse que dividia seu tempo entre Rochester e Syracuse. O segundo era um jovem de pele e olhos claros, e eu diria que não passava dos vinte e cinco anos. Era alto e esguio, vestido em um casaco cor de rapé, com um chapéu reluzente e um colete de estampa elegante. Suas vestimentas eram da última moda. Sua aparência era um tanto efeminada, mas agradável, e havia nele qualquer coisa de confortável, que mostrava que se sentia à vontade no mundo. Tinham relações, informaram-me, com um circo, que estava então na cidade de Washington; iam juntar-se a ele, tendo-o deixado por um curto período para fazer uma viagem ao norte com o objetivo de ver o país, e pagavam as contas com apresentações ocasionais. Também observaram que tiveram muita dificuldade em encontrar música para suas apresentações e que, se eu estivesse disposto a acompanhá-los até Nova York, me dariam um dólar por dia de serviço e três dólares adicionais por cada noite que eu tocasse em suas apresentações, além do suficiente para pagar as despesas de meu retorno de Nova York para Saratoga.

Aceitei imediatamente tão tentadora oferta, tanto pela recompensa prometida quanto por um desejo de visitar a metrópole. Eles estavam ansiosos para partir logo. Pensando que minha ausência seria curta, não julguei necessário escrever para Anne informando meu paradeiro; acreditava, na verdade, que meu retorno não demoraria mais que o dela. Assim, com um jogo de lençóis e meu violino, eu estava pronto para partir. O coche foi trazido — um coche coberto, puxado por dois cavalos baios, e o todo formava uma elegante aparelhagem. A bagagem deles, que consistia em três baús grandes, estava presa à boleia, e, subindo até o banco do condutor, enquanto eles tomavam seu assento na parte de trás, saí de Saratoga pela estrada que levava a

Albany, feliz da vida com minha nova situação, mais feliz do que jamais fora em qualquer dia de minha vida.

Passamos por Ballston e, logo além da estrada do despenhadeiro, como é chamada, se a minha memória não me falha, seguimos direto para Albany. Chegamos à cidade antes do anoitecer e paramos em um hotel ao sul do museu.

Nessa noite tive a oportunidade de testemunhar uma apresentação — a única, durante todo o período que estive com eles. Hamilton ficou parado junto à porta; eu compunha a orquestra, ao passo que Brown garantia a diversão. Que consistia em jogar bolas, dançar sobre uma corda, fritar panquecas num chapéu, fazer porcos invisíveis guincharem e outros atos semelhantes de ventriloquismo e prestidigitação. A plateia era incrivelmente esparsa e tampouco era formada por sujeitos muito selecionados, e o comentário de Hamilton quanto à bilheteria foi "apenas umas esmolas de nada".

Bem cedo na manhã seguinte retomamos nossa viagem. O âmago da conversa deles consistia agora na expressão de uma ansiedade por juntar-se ao circo o quanto antes. Apressavam-se, sem mais parar para se apresentar, e depois de certo tempo chegamos a Nova York, instalando-nos em uma casa no lado oeste da cidade, em uma rua que ia da Broadway até o rio. Supus que minha jornada estava chegando ao fim e esperava, em um ou no máximo dois dias, voltar para meus amigos e minha família em Saratoga. Brown e Hamilton, porém, começaram a me importunar para seguir com eles até Washington. Alegaram que assim que lá chegassem, agora que o verão estava se aproximando, o circo partiria para o norte. Eles me prometeram trabalho e um bom pagamento se eu os acompanhasse. Muito falaram sobre as vantagens que haviam para mim, e tão lisonjeiras eram as imagens que pintavam que acabei por aceitar a oferta.

Na manhã seguinte sugeriram que, considerando que estávamos para entrar em um estado escravocrata, calharia bem, antes de partir de Nova York, providenciar documentos que atestassem minha liberdade. A ideia me pareceu prudente, embora ache que dificilmente me teria ocorrido se eles não a tivessem proposto. Tratamos de ir logo para o que entendi como sendo a alfândega. Sob juramento eles afirmaram alguns fatos que demonstravam ser eu um homem livre. Um documento foi redigido e entregue a nós, com o caminho a ser tomado até o escritório do notário. Lá nós fomos e, tendo o escriturário acrescentado algo ao documento, pelo que recebeu seis xelins, voltamos à alfândega. Mais algumas formalidades foram realizadas até que tudo estivesse completo e, pagando ao oficial dois dólares, coloquei os papéis em meu bolso e parti com meus dois amigos na direção de nosso hotel. Preciso confessar que na época pensei que quase não valia a pena fazer aqueles documentos — já que a percepção do risco de minha segurança pessoal jamais tinha se manifestado a mim, nem da maneira mais tênue. O notário, a quem fomos indicados, lembro, fez um registro em um grande livro, que, imagino, ainda esteja no escritório. Uma referência às anotações do final de março, ou de 10 de abril de 1841, tenho certeza de que satisfará os incrédulos, pelo menos no que diz respeito a essa transação específica.

Com a comprovação da liberdade em minha posse, no dia seguinte à nossa chegada a Nova York pegamos a barca para Jersey City e tomamos a estrada para a Filadélfia. Lá permanecemos uma noite, seguindo viagem para Baltimore na próxima manhã bem cedo. No tempo esperado chegamos à cidade e paramos em um hotel perto do armazém da ferrovia, conhecido como Rathbone House e mantido por um certo sr. Rathbone. Durante todo o trajeto desde Nova York, a ansiedade deles para chegar ao circo parecia cada vez mais forte. Deixamos o coche em Baltimore e, entrando nos vagões, dirigimo-nos a Washington, aonde chegamos bem na hora do anoitecer, na noite anterior ao funeral do general Harrison,* e nos instalamos no Gadsby's Hotel, na avenida Pensilvânia.

Depois do jantar eles me chamaram a seu quarto e me pagaram quarenta e três dólares, um valor maior do que meus ganhos; tal ato generoso devia-se ao fato de, disseram, não terem se apresentado tanto durante nossa viagem desde Saratoga quanto me tinham feito esperar. Além disso, informaram-me que era intenção da companhia deixar Washington na manhã seguinte, mas que, em função do funeral, eles haviam decidido permanecer lá mais um dia. Os dois homens se portaram nessa ocasião, como sempre desde que primeiro travamos conhecimento, de uma forma extremamente gentil. Nenhuma chance foi desperdiçada de se dirigirem a mim com simpatia; ao mesmo tempo, por minha vez, eu estava muito bem-disposto em relação a eles. Afirmei-lhes minha confiança sem reservas e tranquilamente teria confiado neles para qualquer coisa. Suas constantes conversas e modos para comigo — a precaução de sugerirem a ideia dos documentos atestando minha liberdade e mais uma centena de pequenos gestos, que não precisam ser repetidos —, tudo indicava que fossem amigos de verdade, sinceramente interessados em meu bem-estar. Não sei. Não sei se foram inocentes da grande maldade da qual agora os considero culpados. Se foram acessórios de minha infelicidade — monstros ardilosos e desumanos na forma de homens —, dolosamente me atraindo para longe do lar e da família, e da liberdade, por ouro — aqueles que lerem estas páginas terão os mesmos meios que eu de determinar. Se eles eram inocentes, meu repentino desaparecimento de fato não deve ter sido culpa deles; mas, repassando mentalmente todas as circunstâncias, ainda não consegui agraciá-los com uma hipótese tão favorável.

---

* William Henry Harrison (1773-1841): militar e político americano. Foi o nono presidente dos Estados Unidos e o primeiro a falecer durante o mandato. (N.T.)

Depois que recebi o dinheiro, que pareciam ter em abundância, eles me recomendaram não sair para a rua à noite, já que eu não era conhecedor dos hábitos da cidade. Prometendo lembrar esse conselho eu os deixei e logo em seguida fui levado por um servente de cor para um quarto na parte de trás do hotel, no andar térreo. Deitei para descansar, pensando em meu lar, em minha esposa, em meus filhos e na longa distância que nos separava, até que peguei no sono. Mas nenhum anjo da piedade achegou-se à minha cama, urgindo-me a ir embora — nenhuma voz de misericórdia me advertiu, em meus sonhos, quanto às provações que estavam logo à frente.

No dia seguinte houve muito rebuliço em Washington. O bramido dos canhões e o badalo de sinos enchiam o ar, ao passo que muitas casas estavam envoltas em crepe preto e as ruas, negras de pessoas. À medida que o dia avançava, a procissão surgiu, vindo lentamente pela avenida, coche após coche, numa longa sucessão, enquanto milhares e mais milhares seguiam a pé — todos avançando ao som de uma música melancólica. Acompanhavam o corpo de Harrison até o túmulo.

Desde a manhãzinha estive constantemente na companhia de Hamilton e Brown. Eles eram as únicas pessoas que eu conhecia em Washington. Ficamos juntos enquanto a pompa do funeral passava. Lembro distintamente que os vidros das janelas se quebravam, caindo no chão com estardalhaço, após cada disparo de canhão no local do enterro. Fomos até o Capitólio e caminhamos durante bastante tempo por ali. À tarde passeamos pelos arredores da Casa do Presidente, e eles me mantiveram por perto o tempo todo e apontaram vários locais de interesse. Ainda assim, eu nada vira do tal circo. Na verdade, pouco pensara nele, se é que o fizera, em meio a toda a movimentação do dia.

Meus amigos, várias vezes durante a tarde, adentraram bares e pediram bebida. Mas eles não tinham o hábito, tanto quanto eu podia dizer, de se entregar a excessos. Nessas ocasiões, depois de se servirem, enchiam mais um copo e o entregavam a mim. Não fiquei embriagado, apesar do que poderiam imaginar a partir do que ocorreu a seguir. À tardinha, e logo depois de participar de uma dessas libações, comecei a ter as mais desagradáveis sensações. Senti-me extremamente mal. Minha cabeça começou a doer — uma dor surda, pesada, bastante desagradável. Na mesa do jantar, não tive apetite; a visão e o cheiro da comida eram enjoativos. Quando já era noite o mesmo serviçal me levou para o quarto que eu ocupara na noite anterior. Brown e Hamilton sugeriram que eu me recolhesse, aconselhando-me com gentileza e expressando seus votos de que eu estivesse melhor na manhã seguinte. Tirando apenas o casaco e as botas, joguei-me na cama. Não consegui dormir. A dor em minha cabeça continuou aumentando, até que se tornou quase insuportável. Em pouco tempo fiquei com sede. Meus lábios estavam ressecados. Eu não conseguia pensar noutra coisa que não água — lagos e rios caudalosos, córregos onde eu parava para beber, um balde transbordando, subindo com seu néctar fresco e abundante, lá do fundo do poço. Por volta da meia-noite, ou assim me pareceu, levantei, incapaz de suportar uma sede tão intensa. Eu era um estranho na casa e nada sabia da disposição dos quartos. Não havia ninguém acordado, tanto quanto pude perceber. Tateando a esmo, não sabia nem mesmo onde, encontrei, ao menos, o caminho que levava até uma cozinha no porão. Dois ou três serviçais de cor estavam por lá, um dos quais uma mulher que me deu dois copos de água. Isso me garantiu um alívio imediato, mas, quando cheguei ao meu quarto novamente, o mesmo insaciável desejo de beber e a mesma sede atormentadora estavam de volta. Era ainda mais excruciante do que antes, assim como a dor insana em minha cabeça, se é que isso era possível. Eu estava em apuros — numa agonia dilacerante! Parecia estar no limiar da loucura! A memória daquela noite de terrível sofrimento vai me acompanhar até o túmulo.

Ao longo de uma hora ou pouco mais desde meu retorno da cozinha tive a consciência de que alguém entrava em meu quarto. Pareciam ser várias pessoas — uma mistura de vozes —, mas quantas, ou quem eram, não sei dizer. Se Brown e Hamilton estavam entre elas, é apenas uma conjectura. Recordo-me somente, com algum grau de clareza, que me disseram que era necessário ir a um médico e obter um remédio, e que, calçando minhas botas, sem casaco nem chapéu, eu os segui por uma longa viela, ou beco, até a rua. Pareciam esquinas da avenida Pensilvânia. Do outro lado havia uma luz acesa em uma janela. Minha impressão é que havia então três pessoas comigo, mas mesmo isso é difuso e vago, como a memória de um sonho doloroso. Ir em direção à luz, que imaginei vir do consultório de um médico e que parecia diminuir à medida que eu avançava — eis a última e tremulante lembrança que hoje tenho. A partir daquele momento perdi a consciência. Quanto tempo permaneci nessa condição — se apenas aquela noite, ou se muitos dias e noites — não sei; mas, quando a consciência voltou, eu me vi sozinho, na mais completa escuridão, preso a correntes.

A dor em minha cabeça se atenuara um pouco, mas eu me sentia muito tonto e fraco. Estava sentado sobre um banco baixo, feito de tábuas, sem casaco nem chapéu. Minhas mãos estavam algemadas. Em torno de meus tornozelos havia um par de pesados grilhões. Uma ponta de corrente estava presa a um grande anel que saía do chão; a outra, aos grilhões em meus tornozelos. Em vão tentei me pôr de pé. Acordando desse transe tão doloroso, demorou algum tempo até eu conseguir organizar meus pensamentos. Onde estava? O que significavam as correntes? Onde estavam Brown e Hamilton? O que eu fizera para merecer ser encarcerado em tal masmorra? Eu não conseguia entender. Havia um branco de duração indefinida antes de eu acordar em tal lugar solitário, e os acontecimentos desse período não foram recordados nem mesmo com o maior esforço de memória. Agucei os ouvidos em busca de algum sinal ou som de vida, mas nada quebrou o silêncio opressivo, a não ser o clangor de minhas correntes, sempre que eu ousava me mexer. Falei em voz alta, mas o som de minha voz me surpreendeu. Apalpei meus bolsos, tanto quanto os grilhões permitiam — o suficiente, na verdade, para me certificar de que eu não apenas fora roubado em minha liberdade, mas que os documentos que a atestavam e meu dinheiro também tinham sido levados! Foi então que começou a ganhar espaço em minha mente a ideia, a princípio difusa e confusa, de que eu fora sequestrado. Mas isso me parecia impossível. Deveria ter havido algum mal-entendido — algum engano fatídico. Não era possível um cidadão livre de Nova York, que não fizera mal a homem nenhum, tampouco violara qualquer lei, ser tratado de forma tão desumana. Quanto mais eu contemplava minha situação, porém, mais tinha certeza de minha suspeita. Era um pensamento lamentável, de fato. Senti que não havia confiança ou misericórdia em homens desprovidos de sentimentos; e, voltando-me para o Deus dos oprimidos, deitei a cabeça sobre minhas agrilhoadas mãos e chorei lágrimas amargas.

3

Cerca de três horas se passaram, durante as quais permaneci sentado no banco baixo, absorto em reflexões pesarosas. À distância ouvia o cacarejar de um galo, e logo mais um estrondo ao longe, como coches passando aceleradamente pelas ruas, chegou até meus ouvidos, e eu soube que era dia. Nenhum raio de sol, porém, penetrou minha prisão. Finalmente ouvi passos que pareciam vir de cima, como de alguém caminhando de um lado para o outro. Ocorreu-me que decerto eu estava em um imóvel subterrâneo, e o cheiro de umidade e mofo do lugar confirmava minha suposição. O barulho acima continuou por pelo menos uma hora, quando, enfim, ouvi passos vindo de fora. Uma chave rangeu na fechadura — uma porta pesada fez ranger as dobradiças, permitindo uma inundação de luz, e dois homens entraram e se postaram à minha frente. Um deles era alto, forte, com uns quarenta anos de idade, talvez, cabelo castanho-escuro, ligeiramente salpicado de grisalho. Seu rosto era amplo, sua compleição, corada, seus traços, graúdos, expressando nada mais além de crueldade e astúcia. Tinha cerca de um metro e oitenta de altura, usava um traje completo, e sem qualquer preconceito tenho a permissão de dizer que era um homem de aparência sinistra e repugnante. Seu nome era James H. Burch, conforme fiquei depois sabendo — um negociante de escravos bem conhecido em Washington; e naquele momento, ou recentemente, ligado por negócios, na condição de sócio, a Theophilus Freeman, de New Orleans. A pessoa que o acompanhava era um simples lacaio chamado Ebenezer Radburn, que agia meramente como carcereiro. Esses dois homens ainda vivem em Washington, ou viviam na época em que, voltando da escravidão, passei por aquela cidade, em janeiro último.

A luz que penetrara pela porta aberta me permitiu observar o cômodo no qual eu estava confinado. Tinha cerca de três metros e meio por três metros e meio — com sólidas paredes de argamassa. O assoalho era de tábuas pesadas. Havia uma pequena janela, sobre a qual se cruzavam espessas barras de ferro, com um postigo externo, firmemente fechado.

Uma porta com armação de ferro levava para a cela ou cave adjacente, totalmente destituída de janelas ou qualquer abertura para a luz. A mobília do quarto no qual eu me encontrava consistia no banco de madeira em que eu estava sentado e em um fogão de ferro antiquado e sujo. Além disso, nas duas celas, não havia nem cama nem cobertor, absolutamente mais nada. A porta, pela qual Burch e Radburn haviam entrado, levava a um estreito corredor e, subindo um lance de escadas, até um quintal, cercado por uma parede de tijolos de três ou três metros e meio de altura, imediatamente atrás de uma construção de mesmo tamanho. O quintal se estendia atrás da casa uns nove metros. Numa parte do muro havia uma porta de ferro pesada que dava para uma passagem estreita e coberta, que por sua vez contornava uma das laterais da casa até a rua. O destino do homem de cor sobre o qual a porta da estreita passagem se fechava estava selado. O topo do muro suportava a extremidade de um telhado, que subia na direção da parte interna, formando uma espécie de recesso aberto. Abaixo do telhado havia um sótão circundante onde escravos, se assim quisessem, podiam dormir à noite, ou, na intempérie inclemente, buscar abrigo da tempestade. Era, no geral, como o celeiro de uma fazenda, a não ser pelo fato de ser construído de forma que o mundo lá fora jamais pudesse ver o gado humano ali mantido.

A construção à qual o quintal era adjacente tinha dois andares e dava para uma das ruas de Washington. Sua fachada tinha a aparência de uma residência particular sossegada. Um estranho que a olhasse jamais sonharia com seus usos execráveis. Por mais estranho que pareça, perfeitamente avistável dessa mesma casa, soberano em sua colina, ficava o Capitólio. As vozes de representantes patrióticos enchendo a boca para falar de liberdade e igualdade e o clangor das correntes dos pobres escravos quase que se mesclavam. Uma casa de escravos sob a sombra do Capitólio! Tal é a descrição correta de 1841 da casa de escravos de William, em Washington, em uma de cujas celas me vi tão inexplicavelmente confinado.

"Bem, meu rapaz, como se sente agora?", perguntou Burch ao passar pela porta aberta. Respondi que me sentia mal e perguntei a razão de meu cárcere. Ele respondeu que eu era seu escravo — que me comprara e que estava prestes a me mandar para New Orleans. Afirmei, em alto e bom som, que eu era um homem livre — morador de Saratoga, onde tinha mulher e filhos, que também eram livres — e que meu nome era Northup. Reclamei com amargura do estranho tratamento que recebera e fiz ameaças de, uma vez liberto, buscar vingança pelos males sofridos. Ele negou que eu fosse livre e com um xingamento enfático declarou que eu vinha da Geórgia. Repetidas vezes afirmei que não era escravo de ninguém e insisti para que ele retirasse minhas correntes imediatamente. Ele tratou de me silenciar, como se temesse que minha voz fosse ouvida. Mas eu não queria saber de ficar em silêncio e denunciei os autores de minha prisão, fossem quem fossem, como vilões irremediáveis. Percebendo que não podia me calar, ele se lançou num furor violento. Com xingamentos blasfemos me chamou de crioulo mentiroso, fugitivo da Geórgia, e todos os demais epítetos profanos e vulgares que a mente mais indecente poderia conceber.

Durante esse tempo Radburn manteve-se em pé e em silêncio. Sua função era supervisionar aquele estábulo humano, ou melhor, desumano, receber escravos, alimentá-los e açoitá-los, a uma taxa de dois xelins por cabeça por dia. Ele desapareceu, e em poucos momentos voltou com os seguintes instrumentos de tortura: o remo, como é chamado na nomenclatura dos castigos para escravos, ou pelo menos na nomenclatura com a qual primeiro me familiarizei, consistia numa tábua de madeira de uns cinquenta centímetros ou pouco mais escarvada nessa forma. A parte do remo em si, que tinha o tamanho de duas mãos espalmadas, fora furada com uma broca fina em vários lugares; o gato era uma corda grande de vários cordões — os cordões se abriam, com um nó na extremidade de cada um.

Assim que esses formidáveis flagelos apareceram, fui pego pelos dois homens e bruscamente privado de minhas roupas. Meus pés, como já fora dito, estavam presos ao chão. Colocando-me sobre o banco, com o rosto para baixo, Radburn pôs seu pesado pé sobre os grilhões entre meus punhos, mantendo-os dolorosamente junto ao chão. Com o remo, Burch começou a bater em mim. Golpe após golpe foi infligido sobre meu corpo nu. Quando seu incansável braço finalmente se fatigou, ele parou e perguntou se eu ainda insistia em ser um homem livre. Eu insisti, e então os golpes recomeçaram, mais rápidos e com mais força, se é que isso era possível. Quando se cansava ele repetia a mesma pergunta e, recebendo a mesma resposta, prosseguia em sua ação cruel. A essa altura o diabo encarnado praguejava as imprecações mais demoníacas. Com a força dos golpes o remo se quebrou, deixando o inútil cabo nas mãos de meu agressor. Ainda assim eu não capitulava. Todos aqueles golpes brutais não eram capazes de forçar meus lábios a proferir a mentira imunda de que eu era um escravo. Jogando com força contra o chão o cabo do remo quebrado, Burch pegou a corda. Foi mais doloroso ainda. Lutei com todas as minhas forças, mas foi em vão. Roguei por misericórdia, mas minhas preces só foram respondidas com imprecações e novos golpes. Pensei que morreria sob os açoites do bruto maldito. Até agora a carne se arrepia sobre meus ossos quando lembro da cena. Eu estava em fogo. Só posso comparar meus sofrimentos às agonias flamejantes do inferno!

Por fim fiquei em silêncio diante de suas repetidas perguntas. Eu não daria nenhuma resposta. Na verdade, estava quase incapacitado de falar. Ainda assim ele vergava o chicote sem descanso sobre meu pobre corpo, até parecer que a carne lacerada era arrancada de meus ossos a cada golpe. Um homem com uma centelha de misericórdia na alma não espancaria nem mesmo um cachorro dessa forma cruel. Ao fim e ao cabo Radburn disse que era inútil continuar me açoitando — que eu já ficara bastante machucado. Assim, Burch desistiu, dizendo, ao mesmo tempo que agitava ameaçadoramente o punho fechado junto a meu rosto, sibilando as palavras por entre seus dentes firmemente cerrados, que, se algum dia eu ousasse dizer mais uma vez que tinha direito à minha liberdade, que fora sequestrado ou qualquer coisa do tipo, o castigo que acabara de receber não seria nada em comparação com o que aconteceria. Jurou que ia me dobrar, ou me matar. Com essas palavras de consolo, os grilhões foram tirados de meus punhos, com meus pés ainda presos à argola do chão; o postigo da pequena janela gradeada, que havia sido aberto, foi novamente fechado, e, quando eles saíram, trancando a grande porta atrás de si, fui deixado numa escuridão tão densa quanto antes.

Uma hora depois, talvez duas, meu coração saltou até a garganta quando ouvi mais uma vez o barulho de chave na fechadura da porta. Eu, que estivera me sentindo tão solitário e que tanto ansiara por ver alguém, não importava quem fosse, agora estremecia ao pensamento da aproximação de um homem. Um rosto humano me causava medo, sobretudo um rosto branco. Radburn voltou, trazendo consigo, em um prato de lata, um pedaço murcho de carne de porco, uma fatia de pão e uma xícara de água. Perguntou como eu estava me sentindo e observou que eu recebera um açoitamento bastante forte. Ralhou comigo, dizendo que eu não tinha nada que afirmar minha liberdade. De uma maneira bastante condescendente e em tom de confidência, ele me disse, à guisa de conselho, que quanto menos eu falasse sobre isso, melhor seria para mim. O homem evidentemente tinha intenção de parecer gentil — se condoído pela visão de meu triste estado, ou se com vistas a que eu silenciasse qualquer outra manifestação de meus direitos, não é agora necessário conjecturar. Ele tirou os grilhões de meus tornozelos, abriu o postigo da janelinha e saiu, me deixando mais uma vez sozinho.

A essa altura eu me sentia alquebrado e com dor, meu corpo estava coberto por bolhas, e só com muita dor e dificuldade eu conseguia me mexer. Da janela eu podia ver apenas o telhado sobre o muro adjacente. À noite me deitei sobre o chão úmido e duro, sem um mísero travesseiro que fosse, nem coberta. Pontualmente, duas vezes por dia, Radburn vinha, com seu porco, seu pão e sua água. Eu tinha pouco apetite, embora me atormentasse sem parar uma sede infinita. Minhas feridas não permitiam que ficasse mais do que alguns minutos em qualquer posição; de forma que, sentado, ou em pé, ou me movimentando em círculos, passei dias e noites. Eu estava triste e desanimado. Pensamentos sobre minha família, sobre minha mulher e meus filhos, não cessavam de ocupar minha mente. Quando o sono levava a melhor sobre mim, eu sonhava com eles — sonhava que estava novamente em Saratoga, que podia ver seu rosto e ouvir sua voz me chamando. Ao acordar dos agradáveis fantasmas do sono para a dura realidade a meu redor, eu só podia gemer e chorar. Ainda assim, meu espírito não estava corrompido. Sonhava com uma fuga, e com uma fuga que não tardasse. Era impossível, raciocinei, que homens fossem tão injustos a ponto de me manter em cativeiro como um escravo uma vez que a verdade sobre meu caso se desse a conhecer. Burch, ao verificar que eu não era nenhum escravo fugido da Geórgia, certamente me deixaria ir embora. Apesar de as suspeitas contra Brown e Hamilton não serem pouco frequentes, eu não podia me reconciliar com a ideia de que eles haviam sido fundamentais na minha prisão. Com certeza eles iam procurar por mim — me tirar da servidão. Ai! Eu ainda não havia aprendido a extensão da "desumanidade de um homem para com outro homem", tampouco até que infinita medida de maldade um homem é capaz de ir pelo amor ao lucro.

Ao longo de vários dias, a porta externa era aberta com violência, permitindo-me a liberdade do pátio. Lá encontrei três escravos — um dos quais era um rapazinho de dez anos; os outros, homens jovens de cerca de vinte ou vinte e cinco anos. Não demorei a conhecê-los nem a saber seu nome e os detalhes de sua história.

O mais velho era um homem de cor chamado Clemens Ray. Morara em Washington; dirigira um arado e trabalhara em um estábulo durante muito tempo. Era muito inteligente e tinha total consciência de sua situação. A ideia de ir para o Sul o enchia de tristeza. Burch o comprara alguns dias antes e o pusera ali até que chegasse o momento em que estivesse pronto para mandá-lo ao mercado de New Orleans. Por ele fiquei sabendo pela primeira vez que eu me encontrava na casa de escravos de William, um lugar do qual jamais ouvira falar. Ele descreveu a mim para que o lugar era usado. Repeti-lhe os detalhes de minha infeliz história, mas Clemens Ray não podia fazer mais que me consolar com sua solidariedade. Também me aconselhou a ficar quieto, dali em diante, quanto à minha liberdade, pois, conhecendo a personalidade de Burch, me garantiu que este só seria aplacado com uma nova sessão de açoitamento. O outro rapaz se chamava John

Williams. Ele fora criado na Virgínia, não muito longe de Washington. Burch o levara consigo em pagamento de uma dívida, e ele nutria a esperança de que seu senhor voltaria a comprá-lo — esperança que acabaria por se concretizar. O menino era uma criança jovial, que respondia pelo nome de Randall. Durante a maior parte do tempo ficava brincando pelo pátio, mas às vezes chorava, chamando pela mãe e perguntando quando chegaria. A ausência dela parecia ser a maior e única tristeza de seu coração. Ele era jovem demais para entender a situação e, quando a lembrança da mãe não estava em sua cabeça, ele nos divertia com suas brincadeiras.

À noite, Ray, Williams e o menino dormiam na água-furtada da cabana, ao passo que eu era trancafiado na cela. Finalmente forneceram para cada um de nós cobertores, como os que são usados no lombo de cavalos — o único conforto para dormir que me foi permitido nos doze anos seguintes. Ray e Williams me fizeram muitas perguntas sobre Nova York: como as pessoas de cor eram tratadas lá; como podiam ter sua própria casa e família, sem ninguém para perturbá-las ou oprimi-las. E Ray, sobretudo, continuava sonhando com a liberdade. Tais conversas, porém, aconteciam às escondidas de Burch, ou do carcereiro Radburn. Aspirações como essas teriam trazido o açoite sobre nossas costas.

Neste relato, a fim de apresentar um retrato completo e verdadeiro de todos os principais acontecimentos da história de minha vida e de retratar a instituição da Escravatura tal como a vi e conheci, é necessário falar sobre locais bastante conhecidos e sobre muitas pessoas ainda vivas. Sou, e sempre fui, um total estrangeiro para Washington e seus arredores — a não ser por Burch e Radburn —, e não conheço nenhum homem lá, a não ser aqueles de quem eu poderia ter ouvido falar por meio de meus companheiros escravos. O que estou prestes a relatar, se falso, pode ser facilmente desmentido.

Fiquei na casa de escravos de William por cerca de duas semanas. Na noite anterior à minha partida, uma mulher foi trazida, chorando muito tristemente e trazendo pela mão uma criancinha. Eram a mãe e a meia-irmã de Randall. Ao vê-las ele ficou exultante, agarrando-se ao vestido da mãe, beijando a criancinha e dando todas as demonstrações de estar satisfeito. A mãe o tomou nos braços, abraçou-o com ternura e fitou-o afetuosamente através de suas lágrimas, chamando-o por apelidos carinhosos.

Emily, a criancinha, tinha sete ou oito anos de idade, pele clara e um rosto de admirável beleza. Seu cabelo caía em anéis em torno do pescoço, ao passo que o estilo e a riqueza de seu vestido, e o esmero de sua aparência indicavam que fora criada em meio à riqueza. Era de fato uma criança doce. A mulher também estava vestida em seda, com anéis nos dedos e adornos de ouro pendendo das orelhas. Sua atitude e suas maneiras, a correção e a adequação de sua linguagem — tudo mostrava, evidentemente, que ela algum dia se alçara acima do nível de escrava. Parecia surpresa de se encontrar em um lugar como aquele. Fora apenas um total e repentino acaso do destino que a levara até lá. De tanto encher o ar com suas reclamações, ela foi levada, com os filhos e comigo, para a cela. As palavras só podem dar uma ideia inadequada dos lamentos que essa mulher proferia de forma incessante. Jogando-se ao chão e circundando os filhos com os braços, deu vazão a palavras tão tocantes que apenas o amor e o afeto materno podem sugerir. Eles se aninharam junto a ela, como se apenas *ali* estivessem em segurança. Por fim dormiram, com a cabeça descansando sobre o colo da mãe. Enquanto dormiam, ela acariciava o cabelo junto à fronte dos filhos e falava com eles o tempo todo. Chamava-os de queridos — seus doces bebês —, pobres coisinhas inocentes que não desconfiavam da miséria que os esperava. Logo não teriam mais uma mãe para confortá-los — seriam tirados dela. O que seria deles? Oh! Ela não podia viver longe de sua pequena Emily e de seu querido menino. Sempre haviam sido crianças boazinhas e tinham maneiras adoráveis. Feriria seu coração, Deus era testemunha, ela dizia, se eles fossem levados para longe dela, mas sabia que tinham intenção de vendê-los, e que eles talvez fossem separados, e que talvez não pudessem mais se ver. Ouvir os deploráveis lamentos daquela mãe desolada e fora de si bastava para derreter corações de pedra. Seu nome era Eliza; e esta é a história de sua vida, conforme mais tarde relatou.

Eliza era escrava de Elisha Berry, um homem rico que vivia nos arredores de Washington. Ela nascera, acho que disse, na fazenda dele. Havia alguns anos, o homem caíra numa vida de dissipação e sempre discutia com a esposa. Logo após o nascimento de Randall, eles se separaram. Deixando a mulher e a filha na casa que sempre haviam ocupado, o homem construiu uma moradia ali perto, na mesma propriedade. Para essa casa levou Eliza; e, com a condição de que viveria com ele, ela e os filhos seriam emancipados. Eliza morou com ele ali durante nove anos, com criados para lhe servir, gozando de todos os confortos e luxos que a vida oferece. Emily era filha dele! Finalmente, sua jovem senhora, que permanecera com a mãe na quinta, casou-se com um tal sr. Jacob Brooks. Aos poucos, por alguma razão (assim entendi a partir de seu relato), à revelia de Berry, a propriedade foi dividida. Eliza e os filhos ficaram na parte que tocou ao sr. Brooks. Durante os nove anos em que morara com Berry, em função da posição que era forçada a ocupar, ela e Emily haviam se tornado objeto do ódio e da ojeriza da sra. Berry e de sua filha. O próprio Berry ela descrevia como um homem de coração naturalmente bom, que sempre lhe prometera que ela teria sua liberdade e que, Eliza não tinha dúvidas, a daria a ela, se estivesse em seu poder. Assim que passaram para a posse e o controle da filha, ficou claro que eles não viveriam juntos muito tempo. A mera visão de Eliza parecia execrável à sra. Brooks; ela tampouco suportava olhar para a criança, sua meia-irmã, e bela, ainda por cima!

No dia em que chegou à casa de escravos, Brooks a havia levado da propriedade rural para a cidade sob o pretexto de que chegara o momento em que os documentos de sua alforria seriam lavrados, conforme a promessa de seu senhor. Exultante à perspectiva da liberdade imediata, ela se vestiu, e à pequena Emmy, em suas melhores roupas, e trataram de acompanhá-lo com felicidade no coração. Ao chegar à cidade, em vez de serem batizadas na família de homens livres, ela foi entregue ao comerciante Burch. O documento que foi lavrado era um certificado de venda. A esperança de anos dissipou-se num instante. Nesse dia ela desceu das alturas da mais exultante felicidade para as mais sórdidas profundezas da infelicidade. Não era de admirar o tanto que chorava e o tanto que enchia a casa de escravos de lamúrias e de manifestações de um infortúnio confrangedor.

Agora Eliza está morta. Rio Vermelho acima, onde derrama suas águas preguiçosamente sobre as terras baixas e insalubres da Louisiana, ela descansa em seu túmulo, enfim — o único lugar de descanso do pobre escravo! De que forma todos os seus medos se realizaram — como ela carpiu, dia e noite, para além de qualquer consolo — e, conforme ela previra, seu coração foi estraçalhado com o fardo da tristeza maternal, será visto no decorrer da narrativa.

4

A intervalos constantes durante sua primeira noite de encarceramento na casa de escravos, Eliza reclamou muito de Jacob Brook, o marido de sua jovem senhora. Ela declarou que, se tivesse sabido que ele pretendia enganá-la, jamais teria sido carregada para lá viva. Haviam escolhido como oportunidade de levá-la embora uma ocasião em que o sr. Berry estava ausente da fazenda. Ele sempre fora gentil com ela. Eliza quis vê-lo; mas sabia que nem mesmo o sr. Berry poderia salvá-la. Então ela voltava a chorar — beijando os filhos, que dormiam —, falando primeiro com um, então com o outro, enquanto repousavam em seu torpor de sono com a cabecinha sobre o colo da mãe. Assim se passou a longa noite; e, quando o alvorecer raiou e a noite sobreveio novamente, ainda assim ela continuava chorando, e não se deixava consolar.

Por volta da meia-noite que se seguiu, a porta da cela foi aberta, e Burch e Radburn entraram, trazendo lanternas nas mãos. Burch, com uma imprecação, ordenou que enrolássemos nossos cobertores, sem mais tardar, e nos aprontássemos para embarcar em um navio que transportava telhas. Jurou que seríamos deixados para trás, a menos que nos apressássemos. Acordou as crianças com um chacoalhar brusco e disse que elas estavam mortas de sono, parecia. Saindo para o pátio, chamou Clem Ray, ordenando que deixasse a água-furtada e viesse até a cela, trazendo seu cobertor junto. Quando Clem apareceu, ele nos colocou lado a lado e nos prendeu um ao outro com algemas — minha mão esquerda com a mão direita de meu companheiro. John Williams havia sido levado um ou dois dias antes, já que seu senhor o recomprara, para sua felicidade. Fomos conduzidos até o quintal, de lá para o corredor coberto e para um lance de degraus acima através de uma porta lateral no cômodo superior, onde eu ouvira os passos indo de um lado para o outro. A mobília era composta de um fogão, algumas cadeiras velhas e uma mesa comprida, coberta de papéis. Tratava-se de um recinto de paredes brancas, sem nenhum tapete no chão, e parecia uma espécie de escritório. Junto a uma das janelas, lembro bem, pendia uma espada enferrujada, que me chamou a atenção. O baú de Burch estava lá. Obedecendo a suas ordens, peguei uma das alças com minha mão livre, enquanto ele pegava a outra alça, e saímos pela porta da frente para a rua, na mesma ordem em que deixáramos a cela.

A noite estava escura. Tudo estava silencioso. Eu podia ver luzes, ou reflexo de luzes, na direção da avenida Pensilvânia, mas não havia ninguém, nem mesmo um vagabundo, à vista. Eu estava quase decidido a tentar uma fuga. Se não estivesse algemado, a tentativa com certeza teria sido feita, independentemente de qual pudesse ser a consequência. Radburn vinha atrás, carregando um longo cajado e apressando as crianças até a velocidade máxima em que conseguiam caminhar. Então passamos, algemados e em silêncio, pelas ruas de Washington, atravessando a capital de uma nação cuja teoria de governo, dizem, repousa sobre a fundação do direito inalienável de qualquer homem à vida, à LIBERDADE e à busca da felicidade! Ave! Colúmbia, que terra feliz, de fato!

Ao chegar ao barco a vapor, fomos rapidamente precipitados para o compartimento de carga, entre barris e caixotes de mercadorias. Um criado de cor trouxe uma lâmpada, o sino dobrou e logo a embarcação começou a descer o Potomac, levando-nos para Deus sabe onde. Os sinos dobraram quando passamos pelo túmulo de Washington! Burch, é claro, tirando o chapéu da cabeça, inclinou-se de forma reverente diante das cinzas sagradas do homem que dedicou sua ilustre vida à liberdade de seu país.

Nenhum de nós dormiu naquela noite, a não ser Randall e a pequena Emily. Pela primeira vez Clem Ray se mostrou realmente abatido. Para ele a ideia de ir para o Sul era terrível ao extremo. Clem deixava para trás seus amigos e conhecidos da juventude, tudo o que lhe era querido e precioso — muito provavelmente para nunca mais voltar. Ele e Eliza uniram suas lágrimas, lamentando seu destino cruel. De minha parte, por mais difícil que fosse, esforcei-me para manter o moral alto. Remoía mentalmente centenas de planos de fuga e estava totalmente determinado a tentar escapar na primeira e desesperada oportunidade que me fosse oferecida. Porém, dessa vez eu pelo menos estava convencido de que minha verdadeira estratégia era não dizer nada mais sobre o assunto de ter nascido um homem livre. Apenas serviria para me expor a maus-tratos e diminuir minhas chances de libertação.

De manhã, depois do nascer do sol, fomos chamados a subir até o convés para tomar o café da manhã. Burch tirou nossas algemas e nos sentamos à mesa. Ele perguntou a Eliza se aceitaria um copo de bebida. Ela declinou, agradecendo de forma educada. Durante a refeição todos guardamos silêncio — nenhuma palavra sequer foi trocada entre nós. Uma mulher mulata que servia a mesa pareceu se interessar por nós — disse para nos alegrarmos e não ficarmos tão abatidos. Uma vez terminado o café da manhã, as algemas foram recolocadas, e Burch ordenou que fôssemos para a parte aberta do convés. Sentamo-nos perto uns dos outros, sobre alguns caixotes, ainda sem proferir uma palavra na presença de Burch. De quando em quando um passageiro vinha até onde estávamos, observava-nos um pouco, então silenciosamente se retirava.

Era uma manhã muito agradável. Os campos ao longo do rio estavam cobertos de verde, de forma muito mais adiantada do que eu estava acostumado a ver nessa estação do ano. O sol brilhava, cálido; pássaros cantavam em árvores. Passarinhos felizes — eu os invejava. Desejava ter asas como eles, poder cindir o ar na direção de onde meus filhotes esperavam, em vão, pelo retorno do pai, na região mais fria que era o Norte.

Durante a manhã o barco chegou a Aquia Creek. Lá os passageiros subiram em diligências — Burch e seus cinco escravos ocupando inteiramente uma delas. Ele ria com as crianças e numa das paradas chegou a comprar para elas um pedaço de biscoito de gengibre. Burch mandou-me erguer a cabeça e me aprumar. Disse que talvez eu conseguisse um bom senhor, se me comportasse bem. Não respondi. Seu rosto me dava ódio, e eu não conseguia olhar para ele. Fiquei sentado num canto, acalentando em meu coração a esperança, ainda não extinta, de algum dia encontrar aquele tirano nas terras do meu estado natal.

Em Fredericksburgh, fomos transferidos de uma diligência para um coche, e antes de escurecer chegamos a Richmond, principal cidade da Virgínia. Nessa cidade nos tiraram dos coches, e fomos conduzidos pelas ruas até uma casa de escravos, entre o armazém da ferrovia e o rio, mantida por um tal de sr. Goodin. Essa casa de escravos era semelhante à de Williams em Washington, exceto pelo fato de ser um tanto maior; além disso, havia duas pequenas cabanas em cantos opostos do pátio. Essas construções geralmente são encontradas em casa de escravos, sendo usadas como salas para exames de bens humanos pelos compradores antes de fechar uma negociação. Defeitos em um escravo, bem como em um cavalo, diminuem seu valor. Se nenhuma garantia é dada, um exame detalhado se torna de importância fundamental para o negociante de negros.

Fomos recebidos na entrada do quintal de Goodin pelo próprio cavalheiro — um homem baixo, gordote, com um rosto redondo e rechonchudo, cabelo preto e bigodes, e uma pele quase tão escura quanto a de alguns de seus negros. Tinha um olhar duro, severo, e devia estar por volta dos cinquenta anos de idade. Burch e ele se cumprimentaram de forma muito cordial. Evidentemente eram velhos amigos. Enquanto apertavam a mão um do outro com afeição, Burch comentou que trouxera companhia consigo e perguntou a que horas o brigue sairia. Recebeu a resposta de que provavelmente partiria no dia seguinte, por volta daquela hora. Goodin então se virou para mim, agarrou meu braço, me fez virar e me olhou com olhos afiados e o ar de alguém que se considerava um bom avaliador de mercadorias, como se estimando mentalmente quanto eu valia.

"Bem, meu rapaz, de onde você veio?"

Descuidando por um momento, respondi: "De Nova York".

"Nova York! Diabos! O que você fazia lá?", foi sua pergunta atônita.

Observando Burch nesse momento, olhando para mim com uma expressão de fúria que queria dizer algo que não era difícil de entender, imediatamente falei: "Oh, andei um pouco por lá", de modo a dar a entender que, embora tivesse ido até Nova York, era claro que não pertencia a esse estado livre, nem a qualquer outro.

Goodin então se voltou para Clem, e então para Eliza e as crianças, examinando-os severamente e fazendo várias perguntas. Ele gostou de Emily, como todo mundo que via a doce fisionomia da criança. Ela não estava tão arrumada como quando da primeira vez que a vi; seu cabelo estava agora um tanto desgrenhado; mas devido à sua naturalidade e à sua profusão delicada ainda brilhava ali um rostinho da mais insuperável doçura. Juntos éramos um belo grupo — um grupo para lá de bom, ele disse, reforçando tal opinião com mais de um adjetivo enfático não encontrável no vocabulário cristão. Passamos então para o pátio. Um número razoável de escravos, quase uns trinta, eu diria, estava andando por ali, ou sentados em bancos sob o alpendre. Estavam todos vestidos de forma muito esmerada — os homens com chapéu, as mulheres com lenço amarrado em volta da cabeça.

Burch e Goodin, depois de se separarem de nós, subiram os degraus dos fundos da casa principal e se sentaram junto ao batente da porta. Começaram a conversar, mas não pude ouvir qual era o assunto. Então Burch desceu novamente até o quintal, tirou meus grilhões e me fez entrar numa das pequenas cabanas.

"Você disse ao homem que vinha de Nova York", ele comentou.

Respondi: "Falei para ele que eu tinha ido até Nova York, claro, mas não falei que eu era de lá, nem que sou um homem livre. Não tive má intenção, Senhor Burch. Eu não teria dito, se tivesse pensado melhor".

Ele olhou para mim por um instante, como se prestes a me devorar, então, dando as costas, saiu. Em poucos minutos, voltou. "Se algum dia eu ouvir você falar alguma coisa sobre Nova York, ou sobre a sua liberdade, você morre — eu mato você; pode apostar nisso", ele ejaculou, com ferocidade.

Não tenho dúvidas de que ele entendia melhor do que eu os riscos e as punições de vender um homem livre como escravo. Burch sentiu a necessidade de calar meu bico contra o crime que sabia que estava cometendo. Claro que minha vida não pesaria mais que uma pena no caso de uma emergência que merecesse seu sacrifício. Sem dúvida ele falava para valer.

Sob o alpendre num dos lados do quintal fora construída uma mesa, ao passo que acima ficava a água-furtada onde os escravos dormiam — igual à da casa de escravos de Washington. Depois de fazermos nessa mesa nosso jantar de porco e pão, fui algemado a um homem grande e amarelado, bem parrudo e musculoso, com uma aparência que expressava a mais desolada melancolia. Era um homem inteligente e com informação. Acorrentados juntos, não demorou até tomarmos conhecimento da história um do outro. Seu nome era Robert. Como eu, ele nascera livre e tinha uma esposa e dois filhos em Cincinnati. Disse que fora para o Sul com dois homens que o haviam contratado na cidade onde ele morava. Sem ter documentos que comprovassem sua liberdade, fora pego em Fredericksburgh, preso e espancado até aprender, como eu aprendi, a necessidade da política do silêncio. Ele estava na casa de escravos de Goodin fazia três semanas. Apeguei-me muito a esse homem. Simpatizávamos um com o outro e entendíamos um ao outro. Foi com lágrimas e um coração pesado, não muitos dias depois, que o vi morrer e olhei pela última vez para seu corpo sem vida!

Robert e eu, junto com Clem, Eliza e seus filhos, dormimos aquela noite sobre nossos cobertores, numa das pequenas cabanas no pátio. Outras quatro pessoas, todas vindas da mesma fazenda, que haviam sido vendidas e estavam agora a caminho do Sul, também a ocupavam conosco. David e sua mulher, Caroline, ambos mulatos, estavam muito assustados. Morriam de medo da ideia de serem colocados à mercê do chicote e nos campos de algodão; mas sua maior fonte de ansiedade era o temor de serem separados. Mary, uma mocinha alta, com um cabelo preto como azeviche, era apática e parecia indiferente. Como muitos de sua classe, mal sabia da existência da palavra "liberdade". Criada à sombra da ignorância de um homem rude, ela tinha pouco mais que a inteligência de uma pessoa rude. Era uma daquelas pessoas, como há muitas, que nada temem a não ser o chicote de seu senhor e que não conhecem nenhuma outra obrigação senão obedecer à voz dele. A outra era Lethe. Era de uma personalidade inteiramente diferente. Ela tinha cabelos longos e lisos, e mais parecia uma índia do que uma mulher negra. Tinha olhos afiados e vingativos, e frequentemente dava voz ao ódio e ao desejo de vingança.

Seu marido fora vendido. Ela não sabia onde ela própria estava. Uma troca de senhores, tinha certeza, não podia significar uma situação pior. Lethe não se importava em ser levada para um lugar ou outro. Indicando as cicatrizes em seu rosto, aquela criatura desesperada desejava ver o dia em que poderia lavá-las com o sangue de um homem branco.

Enquanto aprendíamos a história das desventuras uns dos outros, Eliza estava sentada a um canto, sozinha, cantando hinos e rezando por seus filhos. Exausto pela falta de sono, eu não conseguia mais me manter acordado diante do assédio desse "doce restaurador" e, deitando-me ao lado de Robert, no chão, logo esqueci meus problemas e dormi até quase o raiar do dia.

De manhã, tendo varrido o pátio e nos lavado, sob a supervisão de Goodin, recebemos ordens de enrolar nossos cobertores e nos prepararmos para a viagem. Clem Ray foi informado de que não prosseguiria, já que Burch, por alguma razão, negociara levá-lo de volta a Washington. Clem ficou muito feliz. Dando as mãos, nós nos separamos na casa de escravos em Richmond, e nunca mais o vi. Mas, para minha surpresa, quando voltei, fiquei sabendo que ele escapou da servidão e, a caminho das terras livres do Canadá, passou uma noite na casa de meu cunhado em Saratoga, informando à minha família sobre meu paradeiro e as condições nas quais me deixara.

À tarde fomos preparados dois a dois, Robert e eu primeiro, e nessa ordem Burch e Goodin nos levaram pelas ruas de Richmond até o brigue *Orleans*. Era uma embarcação de tamanho respeitável, inteiramente aparelhada e carregada sobretudo com tabaco. Às cinco horas estávamos todos a bordo. Burch trouxe para cada um de nós uma caneca de lata e uma colher. Havia quarenta de nós no brigue, ou seja, todos os que estavam na casa de escravos, à exceção de Clem.

Com um pequeno canivete que não havia sido tirado de mim, comecei a gravar as iniciais de meu nome na caneca de lata. Os demais imediatamente se reuniram ao meu redor, pedindo que eu marcasse as suas do mesmo jeito. Depois de um tempo, satisfiz a todos, coisa que não pareceram esquecer.

Todos éramos guardados no depósito de cargas à noite, e a porta era trancada. Dormíamos sobre caixas, ou onde quer que fosse possível esticar o cobertor sobre o chão.

Burch não foi além de Richmond conosco, voltando à capital com Clem. Apenas depois de passados quase doze anos, em janeiro último, na delegacia de polícia de Washington, pus meus olhos sobre seu rosto novamente.

James H. Burch era um vendedor de escravos — comprando homens, mulheres e crianças a preços baixos e vendendo-os por mais. Era um especulador de carne humana — um talento vergonhoso e muito considerado no Sul. Por ora ele desaparece das cenas relembradas nesta narrativa, mas aparecerá de novo antes do fim, não na condição de um tirano que chicoteia escravos, mas como um criminoso preso e vil em uma Corte de Justiça, que não logrou lhe fazer justiça.

5

Depois que tínhamos todos embarcado, o brigue *Orleans* começou a descer o rio James. Passando por Chesapeake Bay, chegamos no dia seguinte ao outro lado da cidade de Norfolk. Enquanto estávamos ancorados, uma barcaça se aproximou de nós, vindo da cidade, e trouxe mais quatro escravos. Frederick, um rapaz de dezoito anos, nascera escravo, assim como Henry, alguns anos mais velho. Ambos tinham sido criados domésticos na cidade. Maria era uma moça de cor com uma aparência bastante doce, uma figura impecável, mas ignorante e extremamente fútil. A ideia de ir para New Orleans lhe agradava. Ela tinha uma opinião boa demais sobre seus próprios atrativos. Com um semblante altivo, declarou a seus companheiros que, assim que chegássemos a New Orleans, ela tinha certeza, algum cavalheiro rico e solteiro de bom gosto a compraria no mesmo instante!

O mais proeminente dos quatro era um homem chamado Arthur. Durante a aproximação da barcaça, ele lutou ferozmente com seus carcereiros. Apenas à custa de muita força foi arrastado para o brigue. Ele protestou, em voz alta, contra o tratamento que recebia e exigiu que o libertassem. Seu rosto estava inchado e coberto de feridas e machucados. Um lado estava completamente em carne viva. Arthur foi empurrado, com toda a pressa, para dentro do alçapão que levava ao compartimento de carga. Ouvi um resumo de sua história enquanto ele era levado, debatendo-se, e depois ele me forneceu um relato mais detalhado, que era assim. Havia muito Arthur morava na cidade de Norfolk e era um homem livre. Tinha uma família que morava lá e era pedreiro de profissão. Tendo ficado ocupado até mais tarde, voltava para casa certa noite quando foi atacado no subúrbio da cidade por um grupo de pessoas numa rua pouco frequentada. Lutou até que suas forças se esgotassem. Enfim dominado, foi amordaçado e amarrado com cordas, e espancado até perder a consciência. Durante vários dias o mantiveram escondido na casa de escravos de Norfolk — um estabelecimento bastante comum, parece, nas cidades do Sul. Na noite anterior ele fora tirado de lá e embarcado na barcaça que, se afastando um pouco da margem, esperou por nossa chegada. Durante algum tempo ele continuou a protestar, e estava totalmente indignado. Aos poucos, porém, foi ficando em silêncio. Caiu então num humor soturno e pensativo, e parecia conversar consigo próprio. Havia no rosto determinado daquele homem algo que sugeria pensamentos desesperados.

Depois de deixarmos Norfolk, as algemas foram retiradas, e durante o dia nos foi permitido permanecer no convés. O capitão escolheu Robert como garçom, e eu fui indicado para supervisionar a cozinha e a distribuição de comida e água. Tinha três assistentes: Jim, Cuffee e Jenny. A tarefa de Jenny era preparar o café, que consistia em bagaço de milho torrado numa chaleira, então fervido e adoçado com melado. Jim e Cuffee assavam o pão e ferviam o toucinho.

Em pé junto a uma mesa formada por uma tábua larga que repousava sobre barris, cortei e entreguei a cada pessoa um pedaço de carne e um pão, e da chaleira de Jenny também servia uma xícara de café para cada. Não usávamos pratos, e os negros dedos faziam as vezes de facas e garfos. Jim e Cuffee eram muito minuciosos e cuidadosos, um tanto lisonjeados pela condição de assistentes da cozinha, e sem dúvida sentiam que uma grande responsabilidade repousava sobre seus ombros. Eu era chamado de mordomo — apelido que me foi dado pelo capitão.

Os escravos eram alimentados duas vezes por dia, às dez e às cinco horas — sempre recebendo o mesmo tipo e a mesma quantidade de ração, como foi descrito. À noite éramos levados para o departamento de carga e agrilhoados com todo o cuidado.

Mal tínhamos perdido a visão da terra quando fomos atingidos por uma violenta tempestade. O brigue revolveu e mergulhou até recearmos que afundaria. Alguns ficaram enjoados, outros, de joelho, rezando, enquanto outros ainda se abraçaram, paralisados de medo. O enjoo deixou o local de nosso confinamento nojento e repugnante. Seria uma felicidade para a maior parte de nós — pouparia a agonia de centenas de açoites e mortes miseráveis por fim — se o generoso mar tivesse naquele dia nos subtraído das garras de homens sem coração. Imaginar Randall e a pequena Emily afundando para junto dos monstros das profundezas é mais agradável do que pensar neles como estão agora, talvez, levando vidas de trabalho forçado sem fim.

Quando avistamos as Bahamas, em um lugar chamado Old Point Compass, ou Buraco na Parede, tivemos bonança por três dias. Mal houve um sopro de ar. As águas do golfo tinham uma aparência branca muito singular, como água caiada.

Seguindo a ordem dos acontecimentos, chego agora ao relato de um fato que só com arrependimento consigo relembrar. Agradeço a Deus, que de lá para cá possibilitou que eu escapasse da servidão, o fato de, graças à sua piedosa intervenção, eu não ter encharcado minhas mãos no sangue de suas criaturas. Que aqueles que nunca foram colocados em tais circunstâncias me julguem com severidade. Até que tenham sido agrilhoados e espancados — até que se encontrem na situação em que eu estive, apartado de casa e da família, seguindo para uma terra de escravidão —, que se calem quanto ao que não fariam pela liberdade. Quão justificado eu teria sido aos olhos de Deus e dos homens é desnecessário especular agora. Basta dizer que posso me regozijar pelo fim inofensivo de um problema que correu o risco, durante certo tempo, de ter resultados sérios.

Perto da noite, no primeiro dia da calmaria, Arthur e eu estávamos na proa da embarcação, sentados no cabrestante. Conversávamos sobre o provável destino que nos aguardava e lamentávamos juntos a nossa má sorte. Arthur disse, e concordei com ele, que a morte era muito menos terrível do que a vida que se nos desvendava. Durante muito tempo falamos sobre nossos filhos, nossas vidas passadas e as probabilidades de fuga. Tomar o controle do brigue foi sugerido por um de nós. Discutimos a possibilidade de conseguirmos, se isso fosse feito, chegar até o porto de Nova York. Eu pouco entendia de bússolas; mas a ideia de tentar foi debatida com entusiasmo. Foram examinadas as chances a nosso favor e contra nós, caso houvesse uma disputa com a tripulação. Quem era de confiança e quem não era, a hora apropriada e o método de ataque foram todos repassados várias vezes. Desde o instante em que a ideia do complô surgiu, comecei a ter esperanças. Não saía de minha mente. À medida que dificuldades após dificuldades iam se apresentando, algum delírio pronto demonstrava de que forma tal dificuldade poderia ser suplantada. Enquanto os outros dormiam, Arthur e eu amadurecíamos nossos planos. Aos poucos, com muita precaução, Robert foi inteirado de nossas intenções. Ele as aprovou imediatamente e tomou parte na conspiração com um espírito muito zeloso. Não havia outro escravo em quem confiássemos. Criados em meio ao medo e à ignorância como eram, mal se pode imaginar quão servilmente eles se recolhem diante do olhar de um homem branco. Não era seguro confiar um segredo tão importante a qualquer um deles, e finalmente nós três decidimos tomar para nós sozinhos a temerosa responsabilidade da tentativa.

À noite, como já foi dito, éramos levados ao compartimento de carga, e a escotilha era trancada. De que maneira chegar ao convés foi a primeira dificuldade que se apresentou. Na proa do brigue, porém, eu havia observado o bote emborcado. Ocorreu-me que, se nos escondêssemos nele, não dariam por nossa falta no bando quando fosse mandado para o compartimento de carga à noite. Fui escolhido para fazer um teste, a fim de aferirmos a possibilidade. Na noite seguinte depois do jantar, conforme o combinado, procurando uma oportunidade, tratei de me esconder sob o bote. Deitado bem rente ao convés, eu podia ver o que se passava ao redor, totalmente despercebido. De manhã, quando todos vieram, saí de mansinho de meu esconderijo sem ninguém me ver. O resultado foi inteiramente satisfatório.

O capitão e seu imediato dormiam na cabine. Com o auxílio de Robert, que na condição de garçom tivera várias ocasiões de observar aquele alojamento, determinamos a posição exata de suas respectivas camas. Ele também nos informou que havia sempre duas pistolas e um cutelo sobre a mesa. O cozinheiro da tripulação dormia na cozinha, no convés, numa espécie de veículo sobre rodas que podia ser movido de acordo com a necessidade, ao passo que os marinheiros, que totalizavam apenas seis, dormiam ou no castelo de proa, ou em redes penduradas entre o cordame.

Finalmente os preparativos foram concluídos. Arthur e eu entraríamos sorrateiramente na cabine do capitão, pegaríamos as pistolas e o cutelo e mataríamos a ele e a seu colega o mais rápido possível. Robert, com um porrete, ficaria de guarda junto à porta que levava do convés até a cabine e, caso fosse necessário, afugentaria os marinheiros até que pudéssemos correr em seu auxílio. Então procederíamos conforme as circunstâncias requeressem.

Se o ataque fosse tão repentino e bem-sucedido que não permitisse resistência, a escotilha deveria permanecer fechada; senão, os escravos seriam chamados e, no meio da turba, da pressa e da confusão, estávamos decididos a reconquistar nossa liberdade ou perder a vida. Eu então assumiria o pouco familiar posto de piloto e, dirigindo o brigue para o Norte, confiávamos que algum vento bem-aventurado acabaria por nos levar à terra da liberdade.

O nome do imediato era Biddee, e o do capitão não consigo lembrar, embora quase nunca esqueça um nome. O capitão era um homem baixo e distinto, ereto e diligente, com uma atitude orgulhosa, e parecia a personificação da coragem. Se ainda está vivo, e se essas folhas calharem de cair em suas mãos, ele vai ficar sabendo de um fato relacionado à viagem do brigue, de Richmond a New Orleans, em 1841, que ficou de fora de seu diário de bordo.

Estávamos todos preparados e impacientemente esperando por uma oportunidade para executar nosso plano quando fomos frustrados por um acontecimento triste e inesperado. Robert caiu doente. Logo foi anunciado que tinha varíola. Ele continuou piorando e, quatro dias antes de nossa chegada a New Orleans, veio a falecer. Um dos marinheiros o costurou em seu cobertor, com uma grande pedra do lastro a seus pés, e então, colocando-o sobre uma tábua levantada sobre a murada com a ajuda de roldanas, o inanimado corpo do pobre Robert foi confiado às águas brancas do golfo.

Todos nós ficamos em pânico com o surgimento da varíola. O capitão ordenou que cal fosse espalhada pelo compartimento de carga e que outras precauções prudentes fossem tomadas. A morte de Robert, porém, e a presença da doença me oprimiram barbaramente, e passei a vislumbrar o grande infinito das águas com um espírito de fato desolado.

Uma ou duas noites após o enterro de Robert, eu estava debruçado sobre o alçapão perto do castelo de proa, tomado por pensamentos desanimadores, quando um marinheiro me perguntou em voz baixa por que estava tão abatido. O tom e a voz do homem me encorajaram, e respondi: porque eu era um homem livre e fora sequestrado. Ele observou que realmente era o suficiente para abater qualquer um e continuou a me fazer perguntas, até que ficou sabendo de todos os detalhes de minha história. Estava evidentemente muito interessado em mim e, na fala direta de um marinheiro, prometeu me ajudar tanto quanto possível, nem que "meu casco se rompa". Pedi que me fornecesse caneta, tinta e papel, a fim de que eu pudesse escrever para alguns amigos. Ele prometeu consegui-los — mas como eu poderia usá-los sem que ninguém percebesse era uma dificuldade. Se ao menos pudesse entrar no castelo de proa quando não estivesse sendo vigiado e os marinheiros estivessem dormindo, a coisa poderia ser realizada. O pequeno bote imediatamente me veio à mente. O marinheiro achava que não estávamos muito longe de Belize, na boca do Mississippi, e era necessário escrever a carta logo, ou a oportunidade se perderia. Assim sendo, conforme o combinado, na noite seguinte consegui me esconder mais uma vez sob o comprido bote. Seu turno de vigia terminava à meia-noite. Eu o vi passar e entrar no castelo de proa e depois de mais ou menos uma hora o segui. O marinheiro dormitava sobre uma mesa na qual tremeluzia uma luz fraca e na qual também havia uma caneta e uma folha de papel. Quando entrei ele se sobressaltou, fez um gesto para eu me sentar a seu lado e apontou para o papel. Enderecei a carta a Henry B. Northup, de Sandy Hill — disse que eu havia sido sequestrado, que estava naquele momento a bordo do brigue *Orleans*, a caminho de New Orleans, que me era impossível naquele momento conjecturar sobre meu destino final, e pedi que ele tomasse medidas para me resgatar. A carta foi selada e endereçada, e Manning, tendo-a lido, prometeu colocá-la no correio em New Orleans. Tratei de voltar ao meu lugar sob o bote e de manhã, quando os escravos saíram ao convés e se aproximaram, esgueireime de lá sem ser percebido e me misturei a eles.

Meu bom amigo, cujo nome era John Manning, era um inglês de nascimento, e o marinheiro de melhor coração e mais generoso que já pisou num convés. Morara em Boston — era um homem alto, bem construído, com cerca de vinte e quatro anos de idade, um rosto marcado pela varíola, mas inundado de uma expressão benévola.

Nada acontecia que alterasse a monotonia de nossa vida diária, até que chegamos a New Orleans. Ao acostar no píer e antes que a embarcação fosse atracada, vi Manning pular para a terra e se apressar na direção da cidade. Antes de desaparecer ele olhou para trás de forma eloquente, dando-me a entender o objetivo de seu passeio. Oportunamente voltou e, passando perto de mim, cutucou-me com o cotovelo, dando uma piscada peculiar, como se a dizer: "Correu tudo bem".

A carta, como fiquei depois sabendo, chegou a Sandy Hill. O sr. Northup foi até Albany e a apresentou ao governador Seward, mas, como não dava qualquer informação definitiva sobre meu provável paradeiro, não foi considerado, na época, aconselhável tomar medidas para minha libertação. Decidiram esperar, confiando que em algum momento pudesse ser obtida a informação sobre onde eu estava.

Uma cena feliz e tocante foi testemunhada assim que chegamos ao píer. Bem quando Manning deixava o brigue, a caminho do correio, dois homens se aproximaram e chamaram por Arthur em voz alta. Este, que os reconheceu, quase ficou louco de felicidade. Por pouco foi possível impedi-lo de se jogar por sobre a murada do brigue; em seguida quando se encontraram, ele pegou-os pelas mãos, que não soltou por muito, muito tempo. Eram homens de Norfolk, que foram até New Orleans para resgatá-lo. Seus sequestradores, eles o informaram, haviam sido presos, e estavam naquele momento confinados na prisão de Norfolk. Os dois homens conversaram brevemente com o capitão e então partiram, acompanhados por um Arthur muito alegre.

Mas na multidão reunida no cais não havia uma só pessoa que soubesse de mim ou se importasse comigo. Ninguém. Nenhuma voz familiar saudou meus ouvidos, tampouco havia lá um único rosto que eu já tivesse algum dia visto. Não tardaria até que Arthur se reunisse com sua família e tivesse a satisfação de ver seus males vingados: minha família, ai de mim, será que eu a veria novamente? Havia um sentimento de profunda desolação em meu coração, que o enchia de uma sensação desesperadora e de uma tristeza por eu não ter descido com Robert até o fundo do mar.

Em seguida negociantes e feitores subiram a bordo. Um deles, um homem alto de rosto magro, com pele clara e as costas um pouco curvadas, surgiu com um papel na mão. O grupo de Burch, que consistia em mim, Eliza e os filhos, Harry, Lethe e mais alguns que haviam se juntado a nós em Richmond, lhe foi designado. Esse cavalheiro era o sr. Theophilus Freeman. Lendo no papel que tinha em mãos, ele chamou: "Platt". Ninguém respondeu. O nome foi chamado repetidas vezes, mas ainda assim não houve resposta. Então Lethe foi chamada, então Eliza, então Harry, até que a lista toda foi percorrida, cada um dando um passo à frente quando seu nome era chamado.

"Capitão, onde está Platt?", perguntou Theophilus Freeman.

O capitão não sabia informá-lo, já que não havia ninguém a bordo que respondesse por esse nome.

"Quem açoitou *esse* crioulo?", ele novamente perguntou ao capitão, apontando para mim.

"Burch", respondeu o capitão.

"Seu nome é Platt — você combina com a descrição que eu tenho. Por que não se apresenta?", perguntou para mim, num tom de voz bravo.

Informei-lhe que esse não era o meu nome; que eu jamais fora chamado por ele, mas que não lhe tinha qualquer objeção.

"Bem, vou ensinar a você o seu nome", ele disse; "assim você também não vai esquecê-lo, diabos", acrescentou.

O sr. Theophilus Freeman, aliás, não ficava nem um pouco atrás do seu parceiro, Burch, no que dizia respeito a blasfêmias. Na embarcação eu fora chamado pelo nome de "Garçom", e aquela foi a primeira vez que eu fui chamado de Platt — o nome passado por Burch a seu parceiro. Da embarcação, observei os prisioneiros acorrentados trabalhando no píer. Passamos perto deles quando fomos levados até a casa de escravos de Freeman. Esse estabelecimento é muito parecido com o de Goodin, em Richmond, exceto pelo fato de o pátio ser cercado por tábuas, postas em pé, com as extremidades afiadas, em vez de muros de tijolos.

Contando conosco, havia agora pelo menos cinquenta naquela casa de escravos. Colocando nosso cobertor em uma das pequenas cabanas do pátio, e tendo sido chamados e alimentados, permitiram a todos nós passear por ali até o cair da noite, quando nos enrolamos em nosso cobertor e nos deitamos sob o telheiro, ou na água-furtada, ou a céu aberto, conforme a preferência de cada um.

Naquela noite só fechei os olhos por pouco tempo. Os pensamentos se agitavam em meu cérebro. Era possível que eu estivesse a milhares de quilômetros de casa — que tivesse sido arrastado pelas ruas como um animal idiota — que tivesse sido acorrentado e espancado sem dó —, que estivesse até então sendo pastoreado junto a um rebanho de escravos, como um deles? Os acontecimentos das últimas semanas eram de fato realidade? Ou será que eu estava apenas passando pelas fases sombrias de um sonho longo? Não era ilusão. Minha xícara de amargura estava cheia a ponto de transbordar. Então ergui minhas mãos para Deus e na calada da noite, cercado pelas formas dormentes de meus companheiros, implorei misericórdia para o pobre e esquecido cativo. Ao Pai Todo-Poderoso de todos nós — do homem livre e do escravo — desabafei as súplicas de um espírito alquebrado, implorando por forças lá de cima a fim de suportar o peso de meus problemas, até que a luz da manhã acordou os que dormiam, recebendo mais um dia de servidão.

6

O sr. Theophilus Freeman, muito amistoso e de um coração devotado, sócio ou consignatário de James H. Burch e mantenedor da casa de escravos de New Orleans, ia bem cedo de manhã para junto de seus animais. Graças a xingamentos ocasionais para os homens e mulheres mais velhos e muitos estalos de chicote nos ouvidos dos escravos mais jovens, não demorava até que todos estivessem se movimentando, bem acordados. O sr. Theophilus Freeman causava alvoroço de uma maneira muito habilidosa, aprontando sua propriedade para as vendas, com toda intenção, não resta dúvida, de fazer naquele dia algum bom negócio.

Primeiro exigiam que nos lavássemos cuidadosamente e, àqueles que tivessem barba, que se barbeassem. Então forneciam uma roupa nova para cada um de nós, uma roupa barata, porém limpa. Os homens recebiam chapéu, casaco, camisa, calça e sapatos; as mulheres, vestido de chita e lenço para enrolar na cabeça. Então éramos conduzidos a uma sala grande na parte da frente da construção adjacente ao quintal, para sermos devidamente treinados, antes que os clientes fossem admitidos. Os homens eram organizados em um dos lados da sala, as mulheres, noutro. O mais alto era colocado no início da fileira, então o seguinte mais alto, e daí em diante, seguindo a ordem. Emily estava no final da fileira das mulheres. Freeman nos cobrou que lembrássemos nossos lugares; exortou-nos a parecer elegantes e vivazes — às vezes ameaçando e, novamente, proferindo insultos. Durante o dia ele nos treinava na arte de "parecer elegante" e de se mover com precisão exata.

Depois de sermos alimentados, à tarde, éramos mais uma vez expostos e nos faziam dançar. Bob, um rapaz de cor que já havia algum tempo pertencia a Freeman, tocava o violino. Em pé perto dele, ousei perguntar se eu poderia tocar. Respondendo afirmativamente, ele me entregou o instrumento. Dedilhei o início de uma melodia e parei. Freeman ordenou que eu continuasse tocando e pareceu muito satisfeito, dizendo a Bob que eu era muito melhor que ele — observação que deixou meu colega músico muito acabrunhado.

No dia seguinte muitos clientes vieram para examinar o "novo lote" de Freeman. Ele estava muito falante, tagarelando infinitamente sobre nossas vantagens e qualidades. Freeman nos fazia erguer a cabeça de forma altiva, caminhar de um lado para o outro enquanto os clientes podiam apalpar nossas mãos, nossos braços e nosso corpo, fazer-nos virar, perguntar o que sabíamos fazer, fazer-nos abrir a boca e mostrar os dentes, exatamente do mesmo modo como um jóquei examina um cavalo que está prestes a comprar ou aceitar numa troca. Às vezes um homem ou uma mulher era levado novamente para a cabana pequena no pátio, desnudado e inspecionado de forma mais detida. Cicatrizes nas costas de um escravo eram consideradas provas de uma disposição rebelde ou desobediente, e diminuíam seu valor.

Um velho cavalheiro, que disse que precisava de um cocheiro, pareceu se interessar por mim. Por meio de sua conversa com Burch fiquei sabendo que ele era morador da cidade. Desejei muito que me comprasse, pois imaginei que não seria difícil fugir de New Orleans em alguma embarcação nortista. Freeman pediu a ele mil e quinhentos dólares por mim. O velho cavalheiro insistiu que era uma soma demasiada, já que eram tempos difíceis. Freeman, porém, declarou que eu era forte e saudável, de boa constituição e inteligente. Fez questão de sublinhar meus talentos musicais. O velho cavalheiro argumentou com bastante habilidade que não havia nada de extraordinário naquele negro e finalmente, para minha lástima, saiu, dizendo que voltaria depois. Durante o dia, porém, várias aquisições foram realizadas. David e Caroline foram comprados juntos por um fazendeiro de Natchez. Eles nos deixaram sorrindo, no ânimo mais feliz, pelo fato de não terem sido separados. Lethe foi vendida para um fazendeiro de Baton Rouge, e seus olhos faiscavam de raiva quando foi levada embora.

O mesmo homem também comprou Randall. Obrigaram o menino a pular e correr pelo quintal e fazer várias outras coisas para demonstrar sua energia e condição física. Durante todo o tempo em que transcorria a transação, Eliza mantinha-se aos prantos e torcia as mãos. Ela pediu ao homem para não comprá-lo, a menos que comprasse também a ela e a Emily. Eliza prometeu, nesse caso, ser a mais fiel escrava que jamais houve. O homem respondeu que não tinha dinheiro para isso, e então Eliza entrou numa crise de tristeza, chorando lamentosamente. Freeman virou-se para ela, irritado, com o chicote na mão erguida, ordenando que parasse com aquele barulho, senão a açoitaria. Ele não toleraria aquilo — aquela lamúria; e, a menos que ela parasse naquele minuto, ele a levaria para o pátio e a açoitaria cem vezes. Sim, ele a faria parar com aquela bobagem bem rapidinho, jurava por sua própria vida. Eliza se encolheu diante dele e tentou limpar suas lágrimas, mas foi em vão. Queria ficar com os filhos, ela disse, o pouco tempo que tinha para viver. A cara feia e todas as ameaças de Freeman não puderam silenciar inteiramente aquela mãe aflita. Ela continuou implorando e suplicando, da maneira mais lamentável, para que ele não separasse os três. Repetidas vezes ela lhe disse o quanto amava o menino. Muitíssimas vezes ela repetiu suas promessas — o quão fiel e obediente seria; o quão duro daria dia e noite, até o último momento de sua vida, se ele os comprasse juntos. Mas de nada adiantou; o homem não tinha dinheiro para isso. A negociação foi finalizada, e Randall precisou ir sozinho. Então Eliza correu na direção do filho; abraçou-o apaixonadamente; beijou-o várias vezes; disse-lhe para se lembrar dela — enquanto suas lágrimas inundavam o rosto do menino como chuva.

Freeman a xingou; chamou-a de chorona, de meretriz escandalosa, e ordenou que fosse para seu lugar e se comportasse; e que se desse o respeito. Jurou que não toleraria muito mais aquilo tudo. Logo logo ele lhe daria razão para chorar, se ela não tomasse muito cuidado, e *nisso* ela podia acreditar.

O fazendeiro de Baton Rouge, com suas recentes aquisições, estava pronto para partir.

"Não chore, mamãe. Vou ser um bom menino. Não chore", disse Randall, olhando para trás enquanto atravessavam a porta.

Sabe Deus o que foi feito do rapazinho. Foi uma cena triste de fato. Eu mesmo teria chorado, se tivessse tido a coragem.

Naquela noite, quase todos que haviam chegado no brigue *Orleans* caíram doentes. Reclamavam de uma dor violenta na cabeça e nas costas. A pequena Emily não parava de chorar — coisa pouco comum com ela. De manhã um médico foi chamado, mas não pôde determinar a natureza de nossos incômodos. Enquanto me examinava e perguntava sobre meus sintomas, emiti a opinião de que se tratava de uma epidemia de varíola — mencionando a morte de Robert como razão para minha crença. Podia ser, avaliou o homem, e ele ia mandar chamar o médico-chefe do hospital. Em pouco tempo o médico-chefe veio — um homem pequeno, de cabelos claros, a quem chamavam de dr. Carr. Ele diagnosticou varíola, o que causou um rebuliço no pátio. Logo que o dr. Carr foi embora,

Eliza, Emmy, Harry e eu fomos colocados em um carro e levados ao hospital, uma construção grande de mármore branco nos arredores da cidade. Harry e eu fomos instalados em um quarto em um dos andares mais altos. Caí muito doente. Por três dias, fiquei totalmente cego. Enquanto estava deitado nesse estado, certo dia Bob entrou, dizendo para o dr. Carr que Freeman o mandara para saber como estávamos. Diga-lhe, pediu o médico, que Platt está muito mal, mas que, se sobreviver até as nove horas, pode ser que se recupere.

Imaginei que ia morrer. Embora houvesse pouca coisa em minhas perspectivas futuras que fizesse com que valesse a pena viver, a proximidade da morte me perturbou. Pensei que poderia me resignar a dar meu último suspiro no seio de minha família, mas morrer nas mãos de estranhos, sob tais circunstâncias, era uma ideia amarga.

Havia muitas pessoas no hospital, de ambos os sexos e de todas as idades. Na parte de trás do prédio construíam-se caixões. Quando alguém morria, o sino dobrava — um sinal para o coveiro vir e levar o corpo para a vala comum. Com frequência, durante todos os dias e todas as noites, o agourento sino emitia sua voz melancólica, anunciando outra morte. Mas minha vez ainda não chegara. Passada a crise, comecei a reviver, e ao cabo de duas semanas e dois dias voltei com Harry para a casa de escravos, levando no rosto as marcas da doença, que até hoje o desfiguram. Eliza e Emily também foram levadas de volta no dia seguinte, num carro, e novamente foram expostas na sala de vendas, para inspeção e exame dos compradores. Eu ainda nutria a esperança de que o velho cavalheiro em busca de um cocheiro aparecesse de novo, conforme prometera, e me comprasse. Se isso acontecesse, eu tinha confiança de que logo voltaria a conquistar minha liberdade. Cliente após cliente entrou, mas o velho cavalheiro nunca voltou.

Certo dia, quando nos dirigíamos ao pátio, Freeman apareceu e ordenou que tomássemos nossos lugares na sala grande. Um cavalheiro estava esperando por nós quando entramos, e já que ele será várias vezes mencionado no curso desta narrativa, uma descrição de sua aparência e da minha avaliação de seu caráter à primeira vista pode não ser despropositada.

Era um homem acima da média de altura, um tanto quanto curvado à frente. Era vistoso e parecia ter chegado à metade de sua vida. Não havia nada de repulsivo em sua presença: ao contrário, havia algo de alegre e atraente em seu rosto e em seu tom de voz. O que havia de melhor estava gentilmente mesclado em seu peito, como todos podiam ver. Ele se movimentava entre nós fazendo muitas perguntas sobre nossas habilidades e os tipos de trabalho a que estávamos acostumados; se achávamos que gostaríamos de viver com ele e se nos comportaríamos caso ele nos comprasse, e outras interrogações do gênero.

Após um pouco mais de inspeção e conversa sobre preços, ele finalmente ofereceu a Freeman mil dólares por mim, novecentos por Harry e setecentos por Eliza. Se a varíola depreciara nosso valor, ou por que outra razão Freeman decidiu abrir mão de quinhentos dólares do preço em que anteriormente eu fora estimado, não sei dizer. Seja como for, após refletir um pouco de forma soturna, ele anunciou que aceitava a oferta.

Assim que Eliza ouviu isso, entrou de novo em agonia. Dessa vez estava desfigurada e com olhos fundos devido à doença e à tristeza. Seria um alívio se eu pudesse passar sem relatar a cena que se seguiu. Traz à mente lembranças mais tristes e aflitivas que qualquer língua pode expressar. Eu já vira mães beijando pela última vez o rosto do filho morto; já as vira olhando para baixo na direção da cova enquanto a terra caía com um baque surdo sobre seu caixão, escondendo-o de seus olhos para sempre; mas nunca havia eu visto a demonstração de uma tristeza tão intensa, desmedida e desenfreada como quando Eliza foi separada da filha. Ela saiu correndo de seu lugar na fileira das mu-

lheres e, precipitando-se para onde Emily estava, pegou-a
nos braços. A criança, sentindo algum perigo iminente,
instintivamente enlaçou os braços no pescoço da mãe e
aninhou a cabeça em seu colo. Freeman, com severidade,
mandou Eliza ficar quieta, mas ela não o atendeu. Ele a pegou pelo braço e a puxou rudemente, mas ela só se agarrava com mais força à criança. Então, com uma saraivada de
impropérios, ele lhe deu um golpe tão sem misericórdia que
Eliza deu um passo para trás e quase caiu. Oh! E como ela
então implorou e rogou e pediu que não fossem separadas.
Por que não podiam ser compradas juntas? Por que não
deixar que ela ficasse com um de seus amados filhos? "Piedade, senhor, piedade!", gritava, caindo de joelhos. "Por
favor, senhor, compre a Emily. Não vou conseguir trabalhar se ela for tirada de mim: vou morrer."

Freeman interveio de novo, porém, sem prestar atenção nele, ela implorou mais ainda, dizendo que Randall
fora levado dela — que nunca mais o vira e que isso era
terrível — oh, Deus! Era terrível, cruel demais, separá-la
de Emily — seu orgulho —, sua única afeição, que, por
ser tão jovem, não conseguiria viver sem a mãe!

Por fim, depois de mais um tanto de súplicas, o comprador de Eliza deu um passo à frente, evidentemente tocado, disse a Freeman que compraria Emily e perguntou
qual era seu preço.

"Qual é o preço *dela*? Quer *comprá-la*?", foi a pergunta com que Theophilus Freeman retorquiu. E, imediatamente respondendo, acrescentou: "Não vendo. Ela não
está à venda".

O homem observou que não precisava de alguém tão
jovem — que não lhe daria lucro, mas, já que a mãe era tão
apegada a ela, preferia pagar um preço razoável pelas duas
a vê-las separadas. No entanto Freeman não deu ouvidos
a essa proposta bastante humana. Por nada no mundo a
venderia naquele momento. Lucraria montes e mais montes
de dinheiro com ela, disse, quando crescesse alguns anos

mais. Havia muitos homens em New Orleans que dariam milhares de dólares para ter o espécime incomum, belo e agradável que Emily se tornaria. Não, não, ele não a venderia naquele momento. Ela era uma beleza — uma pintura — uma boneca — um puro-sangue — não um de seus crioulos de lábios grossos e cabeças pequenas, colhedores de algodão — nem por cima do seu cadáver.

Quando ouviu o quão determinado Freeman estava a não se separar de Emily, Eliza ficou totalmente fora de si.

"*Não* vou sem ela. Eles *não* vão tirá-la de mim", gritou, seus guinchos se mesclando com a voz alta e furiosa de Freeman, ordenando que ficasse quieta.

Enquanto isso Harry e eu tínhamos ido ao pátio e voltado com nosso cobertor, e estávamos junto à porta principal, prontos para ir embora. Nosso comprador estava perto de nós, olhando para Eliza com uma expressão que indicava arrependimento de tê-la comprado à custa de tanta tristeza. Esperamos algum tempo, até que, finalmente, Freeman, sem mais paciência, arrancou Emily da mãe à força, as duas se agarrando uma à outra com toda a energia de seu corpo.

"Não me deixe, mamãe — não me deixe", gritava a criança, enquanto a mãe era brutalmente empurrada para longe dela; "Não me deixe — volte, mamãe", ela ainda gritou, esticando os bracinhos numa súplica. Mas foi em vão. Porta afora e pela rua nos apressaram. Ainda podíamos ouvi-la chamando pela mãe: "Volte — não me deixe — volte, mamãe", até que sua voz de criança foi ficando cada vez mais fraca, sumindo aos poucos à medida que a distância se interpunha, e enfim se perdeu de todo.

Eliza nunca mais viu ou teve notícias de Emily ou de Randall. Mas não se passou um só dia nem uma só noite em que eles estivessem ausentes de sua memória. No campo de algodão, na cabana, sempre e em todo lugar ela falava neles — algumas vezes falava *com* eles, como se estivessem de fato presentes. Apenas quando absorvida por tal ilusão, ou dormindo, ela tinha algum momento de conforto.

Eliza não era uma escrava comum, conforme já foi dito. A uma grande parcela de inteligência natural, que ela possuía, acrescentava-se um conhecimento geral e informação sobre a maior parte dos assuntos. Gozava de privilégios como os que são oferecidos a muito poucos de sua oprimida classe. Havia sido erguida ao nível de uma vida mais distinta. Liberdade — liberdade para si e para seus filhos, durante muitos anos — fora sua nuvem durante o dia, sua coluna de fogo à noite. Em sua peregrinação pela selvageria que é a escravidão, com olhos fixos naquele farol inspirador, ela aos poucos ascendera ao "cume do Pisga" e enxergara a "terra prometida". Em um momento inesperado, fora profundamente dominada pelo descontentamento e pelo desespero. A gloriosa visão da liberdade sumiu de sua vista enquanto a levavam para o cativeiro. Agora ela "passa a noite chorando, pelas faces correm-lhe lágrimas. Não há quem a console entre os seus amantes; todos os seus amigos a traíram, tornaram-se seus inimigos".*

---

* Referência ao Livro das Lamentações 1,2. (N.T.)

Ao partir da casa de escravos de New Orleans, Harry e eu seguimos nosso novo senhor pelas ruas, enquanto Eliza, chorando e se virando para trás, era impelida à frente por Freeman e seus homens, até que embarcamos no vapor *Rodolph*, então atracado no píer. Em meia hora estávamos subindo o Mississippi, a caminho de algum ponto no rio Vermelho. Havia um número razoável de escravos além de nós, recentemente comprados no mercado de New Orleans. Lembro que um tal sr. Kelsow, de quem se dizia que era um reputado e grande fazendeiro, tinha consigo um grupo de mulheres.

O nome de nosso senhor era William Ford. Ele morava na propriedade chamada Great Pine Woods, na paróquia de Avoyelles, situada na margem direita do rio Vermelho, no coração da Louisiana. Ele é um pastor da igreja batista. Em toda a paróquia de Avoyelles, e sobretudo ao longo de ambas as margens de Bayou Boeuf, onde é mais bem conhecido, ele é considerado por seus concidadãos um ministro de Deus digno. Em muitas mentes nortistas, talvez, a ideia de um homem escravizar seu irmão e o tráfico de carne humana podem parecer de todo incompatíveis com as concepções correntes de moral ou vida religiosa. A partir de descrições de homens como Burch e Freeman, e outros que ainda serão mencionados, é-se levado a desprezar e execrar toda classe de proprietários de escravos, sem discriminação. Mas fui escravo seu durante certo tempo e tive oportunidade de conhecer bem sua personalidade e seu caráter, e nada mais faço senão justiça quando digo que, em minha opinião, nunca houve um cristão mais gentil, nobre, cândido do que William Ford. As influências e relações que sempre o cercaram o cegaram para o erro fundamental que está na base do sistema de escravidão. Ele nunca questionou o direito moral de um homem fazer de outro homem seu escravo. Olhando através das mesmas lentes que seu pai antes dele, via as coisas na mesma luz. Crescido em circunstâncias diferentes e sob outras influências, suas ideias sem dúvida teriam sido outras. Ainda assim, era um senhor modelo, trilhando caminho de forma justa, de acordo com a luz de seu entendimento, e felizardo era o escravo que entrasse para sua posse. Fossem todos os homens como ele, a Escravidão teria sido privada de mais da metade de sua amargura.

Estávamos a bordo havia dois dias e três noites no vapor *Rodolph*, e durante esse tempo nada de especial interesse aconteceu. Eu era conhecido como Platt, o nome que me fora dado por Burch e pelo qual fui designado durante todo o meu tempo de escravidão. Eliza fora vendida sob o nome de Dradey. Com esse nome ela foi transferida a Ford, conforme registrado pelo notário de New Orleans.

Durante nossa viagem, refleti constantemente sobre minha situação e ponderei sobre o melhor a fazer a fim de efetuar minha fuga. Às vezes, e não apenas naquela época, mas também depois, eu chegava quase ao ponto de confessar a Ford todos os fatos de minha história. Agora tendo a achar que isso me teria sido benéfico. A hipótese foi muito considerada, mas, de medo que falhasse, nunca foi posta em execução, até que por fim minha transferência e as dificuldades financeiras de meu senhor tornaram essa possibilidade evidentemente arriscada. Mais tarde, sob a posse de outros senhores, diferentes de William Ford, eu sabia muito bem que o menor conhecimento que fosse sobre minha real situação me mandaria imediatamente para as mais remotas profundezas da Escravidão. Eu era um bem muito caro para ser perdido e tinha total consciência de que seria levado mais além, para algum lugar ermo, perto da fronteira texana, talvez, e vendido; que seria descartado como o ladrão descarta seu cavalo roubado se meu direito à liberdade fosse mencionado ainda que brevemente. Então decidi guardar esse segredo com firmeza em meu coração — nunca expressar palavra ou sílaba sobre quem ou o que eu era — confiando na Providência e em minha própria perspicácia para me libertar.

Acabamos deixando o vapor *Rodolph* em um lugar chamado Alexandria, a várias centenas de quilômetros de New Orleans. Trata-se de uma pequena cidade na costa sul do rio Vermelho. Tendo pernoitado lá, entramos no trem da manhã e logo estávamos em Bayou Lamourie, um lugarejo ainda menor, a quase trinta quilômetros de Lamourie, na região de Great Pine Woods. Essa distância, foi-nos anunciado, precisa ser feita a pé, já que não há transporte público dali em diante. Assim fomos todos, na companhia de Ford. Era um dia quente demais. Harry, Eliza e eu ainda estávamos fracos, e a sola dos nossos pés estava muito sensível, como efeito da varíola. Avançávamos lentamente, com Ford nos dizendo para não nos apressarmos e sentarmos para descansar sempre que quiséssemos — privilégio de que muitas vezes usufruímos. Depois de partirmos de Lamourie e de cruzarmos duas fazendas, uma pertencente ao sr. Carnell, outra a um tal de sr. Flint, chegamos a Pine Woods, uma natureza selvagem que se estende até o rio Sabine.

Toda a região em volta do rio Vermelho é baixa e pantanosa. Pine Woods, como é chamada, é comparativamente mais alta, embora interrompida por alguns pequenos intervalos. Essa terra alta é coberta por inúmeras árvores — o carvalho-branco, a castanheira anã, parecida com a castanheira, e, sobretudo, o pinheiro amarelo. São árvores de grande porte, chegando a mais de dezoito metros, e perfeitamente retas. Os campos estavam cheios de gado, muito arisco e selvagem, que fugiu em rebanhos, com uma fungada sonora diante de nossa chegada. Alguns eram marcados ou queimados a ferro, o restante parecia estar em seu estado selvagem e indômito. São muito menores do que as espécies do Norte, e sua peculiaridade que mais atraiu minha atenção foram os cornos. Avançam das laterais da cabeça num ângulo perfeitamente reto, como dois espetos de ferro.

À tarde chegamos a uma clareira de três ou quatro acres. Nesse terreno havia uma casa de madeira pequena, sem pintar, um silo de milho ou, como diríamos, um celeiro, e uma cozinha feita de toras, a cerca de uma vara da casa. Era a residência de verão do sr. Martin. Os fazendeiros ricos que têm grandes estabelecimentos em Bayou Boeuf estão acostumados a passar a temporada mais quente nessa mata. Ali encontram água fresca e adoráveis sombras. Na verdade, esses retiros são para os fazendeiros dessa parte do país o que Newport e Saratoga são para os moradores mais ricos de cidades do Norte.

Fomos mandados para a cozinha e recebemos batatas-doces, pão de milho e toucinho defumado, enquanto o Senhor Ford jantava com Martin na casa. Havia vários escravos na casa. Martin saiu e deu uma olhada em nós, perguntando a Ford o preço de cada um, se éramos novatos e daí por diante, inquirindo sobre o mercado de escravos em geral.

Depois de um bom descanso partimos novamente, seguindo a estrada do Texas, que tinha a aparência de ser muito pouco usada. Passamos por mais de onze quilômetros de mata ininterrupta, sem avistar nenhuma morada. Aos poucos, à medida que o sol afundava no oeste, entramos em outra clareira, de uns doze ou quinze acres.

Nessa clareira ficava uma casa muito maior do que a do sr. Martin. Tinha dois andares de altura, com uma varanda na frente. Nos fundos também havia uma cozinha de toras, um galinheiro, silos de milho e várias cabanas de escravos. Junto à casa havia um pomar de pessegueiros, e jardins de laranjeiras e romãzeiras. O espaço era totalmente cercado pela floresta e coberto por um tapete de um verde viçoso. Era um lugar calmo, solitário e agradável — literalmente um espaço verde na natureza selvagem. Era a residência de meu senhor, William Ford.

À medida que nos aproximamos, uma moça parda — chamava-se Rose — mantinha-se em pé na varanda. Indo até a porta ela chamou por sua senhora, que veio correndo para fora para saudar o marido. Ela o beijou e, rindo, perguntou se ele havia comprado "aqueles negros". Ford respondeu que sim e nos mandou ir até a cabana de Sally para descansar. Atrás da casa encontramos Sally lavando — seus dois bebês perto dela, rolando na grama. Eles pularam e deram passos vacilantes em nossa direção, olharam para nós por um momento, como uma ninhada de coelhos, então correram na direção da mãe, como se com medo de nós.

Sally nos conduziu para o interior da cabana e disse para depormos nossas trouxas e nos sentarmos, pois tinha certeza de que estávamos cansados. Bem nesse momento, John, o cozinheiro, um menino de uns dezesseis anos de idade e mais preto que um corvo, chegou correndo, olhou com atenção para nossos rostos e então, voltando a dar as costas, sem sequer dizer "Como vão?", correu de volta para a cozinha, rindo sonoramente, como se nossa chegada fosse de fato uma grande piada.

Muito exaustos da caminhada, assim que escureceu, Harry e eu nos enrolamos em nosso cobertor e nos deitamos sobre o chão da cabana. Meus pensamentos, como sempre, se voltaram para minha mulher e meus filhos. A consciência da minha real situação e a desesperança de qualquer esforço a fim de escapar pelas amplas florestas de Avoyelles pesavam muito sobre mim, mas ainda assim meu coração estava em casa, em Saratoga.

Fui acordado de manhã cedo pela voz do Senhor Ford chamando por Rose. Ela se apressou a entrar na casa a fim de vestir as crianças, Sally tratou de ir para o campo ordenhar as vacas, enquanto John se mantinha ocupado na cozinha preparando o café da manhã. Enquanto isso, Harry e eu passeávamos pelo quintal, olhando para nossos novos aposentos. Logo após o café da manhã, um homem de cor, conduzindo três parelhas de bois presos a uma diligência carregada de lenha, se dirigiu para o horizonte. Era escravo de Ford e marido de Rose. Chamava-se Walton. Rose era nativa de Washington e havia sido trazida de lá cinco anos antes. Ela nunca vira Eliza, mas ouvira falar de Berry, e as duas conheciam as mesmas ruas e as mesmas pessoas, fosse pessoalmente ou de ouvir falar. Num instante se tornaram amigas e conversavam bastante sobre os velhos tempos e as amigas que haviam deixado para trás.

Ford era a essa altura um homem rico. Além de sua propriedade em Pine Woods, tinha uma grande madeireira em Indian Creek, a pouco mais de seis quilômetros dali, e também, por parte da mulher, uma grande fazenda e muitos escravos em Bayou Boeuf.

Walton chegara com seu carregamento de lenha proveniente das madeireiras de Indian Creek. Ford nos orientou a voltar com ele, dizendo que nos alcançaria assim que possível. Antes de partirmos, a Senhora Ford me chamou na despensa e me entregou, como lá chamam, um balde de lata contendo melado para Harry e para mim.

Eliza ainda estava desesperada e lamentava a perda dos filhos. Ford tentou consolá-la tanto quanto possível — disse que ela não precisava se preocupar muito; que podia ficar com Rose e auxiliar nas coisas da casa.

Andando com Walton na diligência, Harry e eu passamos a conhecê-lo bem muito antes de chegar a Indian Creek. Ele era um "escravo de nascimento" de Ford e falava nele com gentileza e afeto, como uma criança falaria do próprio pai. Em resposta às suas perguntas sobre minhas origens, eu disse que vinha de Washington. Ele ouvira falar muito dessa cidade por intermédio de sua mulher, Rose, e durante todo o caminho me encheu de perguntas extravagantes e absurdas.

Ao chegar às madeireiras de Indian Creek, encontramos mais dois escravos de Ford, Sam e Anthony. Sam também era originário de Washington e fora trazido na mesma leva de Rose. Havia trabalhado em uma fazenda perto de Georgetown. Anthony era ferreiro, de Kentucky, e estava a serviço de seu então senhor havia cerca de dez anos. Sam conhecia Burch e, ao ser informado de que ele fora o negociante que me enviara de Washington, foi incrível como concordamos quanto à sua exacerbada canalhice. Sam também fora enviado por ele.

Quando Ford chegou à madeireira, estávamos atarefados empilhando toras e cortando lenha, ocupações nas quais nos mantivemos durante o resto do verão.

Costumávamos passar os domingos na clareira, e nesses dias nosso senhor reunia todos os escravos à sua volta e lia e explicava as Escrituras. Ele buscava inculcar na nossa mente sentimentos de bondade para com os outros, de temor a Deus — anunciando as recompensas prometidas para aqueles que levassem uma vida reta e de orações. Sentado na porta de sua casa, cercado por seus serviçais homens e domésticas mulheres, que fitavam diretamente o rosto do bom homem, ele falava da amorosa bondade do Criador e da vida ainda por vir. Frequentemente a voz das orações se elevava de seus lábios para os céus, o único som que quebrava a solidão do lugar.

Durante o verão Sam se tornou muito crente, com sua mente se dedicando intensamente à religião. A senhora lhe deu uma Bíblia, que ele levava consigo para o trabalho. Qualquer folga que lhe fosse dada ele passava folheando o livro, embora só com grande dificuldade conseguisse dominar qualquer trecho. Eu muitas vezes lia para ele, favor que me pagava com abundantes agradecimentos. A piedade de Sam era frequentemente comentada por homens brancos que iam até a madeireira, e a observação que geralmente suscitava era a de que um homem como Ford, que permitia que seus escravos tivessem Bíblias, não era "feito para ter negros".

Ele, porém, não perdia nada com sua bondade. É um fato mais de uma vez por mim observado que aqueles que tratavam seus escravos de maneira mais leniente eram recompensados com mais trabalho. Sei por experiência própria. Era uma fonte de prazer surpreender o Senhor Ford com uma produção diária maior do que nos era pedida, ao passo que, mais tarde, sob outros senhores, não havia nada que suscitasse um empenho extra a não ser o chicote do feitor.

O desejo de ouvir a voz cheia de aprovação de Ford me sugeriu uma ideia que acabou lhe sendo proveitosa. A madeira que estávamos fabricando havia sido contratada para ser entregue em Lamourie. Até então fora transportada por terra, o que consistia numa despesa importante. Indian Creek, ao norte de onde as madeireiras eram situadas, era um riacho estreito porém fundo que corria na direção de Bayou Boeuf. Em alguns pontos não tinha mais do que quatro metros de largura e era muito obstruído por detritos de árvores. Bayou Boeuf era ligado a Bayou Lamourie. Verifiquei que a distância das madeireiras até o ponto nesta última localidade onde nossa madeira devia ser entregue era, por terra, apenas poucos quilômetros mais curto do que por água. Desde que o riacho fosse navegável por balsas, ocorreu-me que o custo de transporte diminuiria muito.

Adam Taydem, um homenzinho branco que havia sido soldado na Flórida e que acabara se aventurando naquela região distante, era capataz e superintendente das madeireiras. Ele ridicularizou minha ideia; mas Ford, quando lhe expus o que eu pensava, a recebeu favoravelmente e me permitiu fazer uma experiência.

Tendo removido os obstáculos, construí uma pequena balsa, que consistia em doze pequenas plataformas. Nisso acho que tive bastante êxito, não tendo esquecido minha experiência anos antes no canal Champlain. Dei duro, já que estava ansioso ao extremo por lograr êxito, tanto em função de um desejo de agradar a meu senhor quanto para mostrar a Adam Taydem que meu plano não era assim tão visionário, como ele incessantemente afirmava. Um homem conseguia conduzir três plataformas. Eu tomei conta das três primeiras e comecei a puxar a balsa pelo riacho. No tempo esperado entramos no primeiro afluente e chegamos ao nosso destino num período mais curto do que eu previra.

A chegada da balsa a Lamourie causou sensação, ao mesmo tempo que o Senhor Ford me enchia de elogios. Por todos os lados ouvi que o Platt de Ford era o "negro mais esperto de Pine Woods" — na verdade eu era o Fulton* de Indian Creek. Não fiquei insensível aos elogios à minha pessoa e me regozijei sobretudo com meu triunfo sobre Taydem, cuja troça semimaliciosa havia ferido meu orgulho. A partir de então o controle de todo transporte da madeira até Lamourie foi posto em minhas mãos, até que todo o carregamento foi entregue.

O fluxo do Indian Creek, em toda a sua extensão, passava por uma floresta magnífica. Vivia em sua margem uma tribo indígena remanescente dos Chickasaws ou Chickopees, se não me engano. Eles moravam em tendas simples, de três ou três metros e meio de lado, construídas com estacas de pinho e cobertas com cascas de árvores. Sobreviviam sobretudo da carne de veado, guaxinim e cangambá, todos os quais abundam naquelas matas. Às vezes trocavam carne de veado por um pouco de milho e uísque com os fazendeiros junto aos riachos. Sua vestimenta tra-

---

* Referência a Robert Fulton (1765-1815), engenheiro e inventor. (N.T.)

dicional consistia em calças de camurça e camisa de caça feita de chita, de cores fantásticas, abotoadas do cinto ao pescoço. Usavam argolas de bronze nos pulsos e também nas orelhas e no nariz. O vestido das índias era muito parecido. Gostavam de cachorros e cavalos — tinham muitos deste último, de uma raça pequena e forte — e eram cavaleiros habilidosos. Suas rédeas, cilhas e selas eram feitas de pele de animais; seus estribos, de certo tipo de madeira. Montados em seus pôneis, vi homens e mulheres adentrarem depressa na mata, no máximo da velocidade, seguindo trilhas estreitas e sinuosas, e se esquivando de árvores, de uma maneira que eclipsava os mais milagrosos feitos da equitação civilizada. Afastando-se em círculos em várias direções, a floresta ecoando repetidas vezes com seus gritos, não tardavam a voltar na mesma velocidade arrojada e impetuosa com a qual começaram. Sua aldeia ficava junto ao Indian Creek, numa região conhecida como Indian Castle, mas sua área se estendia até o rio Sabine. Ocasionalmente uma tribo do Texas aparecia para visitar e então havia de fato um carnaval em Great Pine Woods. O chefe da tribo chamava-se Cascalla; o segundo em importância, John Baltese, era seu genro; travei conhecimento com os dois, assim como com vários outros da tribo, durante minhas frequentes viagens pelo riacho com as balsas. Sam e eu mesmo frequentemente os visitávamos quando o trabalho do dia estava feito. Eram obedientes ao chefe; a palavra de Cascalla era lei. Eles eram um povo simples mas inofensivo, e aproveitavam seu modo selvagem de viver. Tinham pouco interesse no campo aberto, as terras abertas nas margens dos riachos; preferiam se esconder nas árvores da floresta. Cultuavam o Grande Espírito, adoravam uísque e eram felizes.

Em uma ocasião estive presente em uma dança, quando um grande grupo visitante acampou em sua aldeia. A carcaça inteira de um veado estava sendo assada diante de uma grande fogueira, que jogava suas luzes a uma longa distância por entre as árvores embaixo das quais eles estavam reunidos. Uma vez que formaram um círculo, com homens e mulheres alternadamente, uma espécie de violinista indígena começou uma melodia indescritível. Era um som ondeante, contínuo e melancólico, com as variações mais suaves possíveis. À primeira nota, se de fato havia mais de uma nota na melodia inteira, eles movimentaram-se em círculo, trotando um atrás do outro e fazendo um barulho gutural monotônico, tão indescritível quanto a música do violinista. Ao final da terceira volta, pararam de repente, gritaram como se seus pulmões fossem arrebentar e então saíram do círculo, juntando-se em duplas, homens e mulheres, cada um pulando para trás o mais longe possível do outro, então de novo para a frente — após esse feito gracioso ser realizado duas ou três vezes, formaram um círculo e saíram trotando novamente. O melhor dançarino parecia ser aquele que conseguisse gritar mais alto, pular o mais longe e fazer o barulho mais excruciante. Em intervalos, um ou mais saíam do círculo dançante e, indo até o fogo, cortavam da carcaça crepitante um pouco de carne.

Em um buraco na forma de um almofariz entalhado no tronco de uma árvore caída, eles socavam milho com um pilão de madeira e do bagaço faziam pão. Alternavam-se entre dançar e comer. Assim foram os visitantes do Texas recebidos pelos filhos e pelas filhas morenos dos Chicopees, e tal é a descrição, como a vi, de uma festividade indígena em Pine Woods de Avoyelles.

No outono deixei a madeireira e fui transferido para o campo aberto. Certo dia, a senhora pedia com urgência que Ford lhe conseguisse um tear, para que Sally pudesse começar a fazer o tecido para as vestimentas de inverno dos escravos. Ele não fazia ideia de onde podia conseguir um, quando sugeri que a maneira mais fácil seria construí-lo, informando-o, ao mesmo tempo, que eu era um "curinga" e que faria uma experiência, com sua permissão. Esta me foi dada prontamente, e pude ir ao fazendeiro vizinho para examinar um tear antes de começar a trabalhar. Depois de certo tempo o instrumento ficou pronto, e Sally anunciou que era perfeito. Ela podia facilmente tecer seus treze metros, ordenhar as vacas e além disso ter um tempo livre todos os dias. Funcionava tão bem que continuei no ofício de construir teares, que foram então levados à fazenda pelo riacho.

A essa altura um certo John M. Tibeats, carpinteiro, veio à clareira para fazer alguns reparos na casa do senhor. Recebi ordens de deixar os teares e ajudá-lo. Durante duas semanas fiquei em sua companhia, planejando e emparelhando tábuas para o teto, já que um cômodo rebocado era uma coisa rara na paróquia de Avoyelles.

John M. Tibeats era o oposto de Ford sob todos os aspectos. Era um homem baixo, intratável, de pavio curto, maldoso. Não tinha residência fixa, que eu tivesse ouvido falar, passando de uma fazenda a outra — onde quer que encontrasse emprego. Não tinha lugar na comunidade nem era estimado pelos homens brancos. Deixou a paróquia muito antes de mim, e não sei se ainda vive ou se morreu. O certo é que foi o mais infeliz dos dias aquele que nos reuniu. Durante o período em que morei com o Senhor Ford eu só havia visto o lado bom da escravidão. Sua mão não era um jugo pesado nos esmagando contra o chão. *Ele* apontava para cima e com palavras benignas e alegres se dirigia a nós como seus companheiros mortais, respondendo, como ele, ao Senhor de todos nós. Penso nele com afeição e, se minha família estivesse comigo, poderia ter continuado a servir esse cavalheiro, sem reclamar, todos os dias. Mas nuvens formavam-se no horizonte — prenúncio de uma tempestade cruel que logo romperia sobre mim. Eu estava fadado a passar por provações tão amargas como só são conhecidas pelo pobre escravo e a não mais levar a vida relativamente feliz que eu levara em Great Pine Woods.

8

William Ford, infelizmente, teve problemas financeiros. Um veredicto pesado foi decidido contra ele por ter sido fiador de seu irmão, Franklin Ford, morador do rio Vermelho, acima de Alexandria, que não honrara seus compromissos. Ele também tinha dívidas razoáveis com John M. Tibeats em função de seus serviços na construção da madeireira de Indian Creek e de uma tecelagem, de um silo de milho e de outras construções na fazenda em Bayou Boeuf, ainda incompletas. Portanto, era necessário, a fim de contemplar tais demandas, desfazer-se de dezoito escravos, eu entre eles. Dezessete, incluindo Sam e Harry, foram comprados por Peter Compton, um fazendeiro que também morava junto ao rio Vermelho.

Fui vendido a Tibeats, em função, sem dúvida, dos meus parcos talentos de carpinteiro. Isso foi no inverno de 1842. A negociação de minha pessoa de Freeman para Ford, conforme me certifiquei nos registros públicos de New Orleans quando de minha volta, foi datada de 23 de junho de 1841. Na ocasião de minha venda para Tibeats, como o preço acordado a ser pago por mim era maior do que a dívida, Ford conseguiu uma alienação fiduciária de quatrocentos dólares. Devo minha vida, como se verá mais adiante, a essa alienação.

Dei até logo a meus bons amigos na saída e parti com meu Senhor Tibeats. Descemos até a fazenda em Bayou

Boeuf, a quase quarenta e cinco quilômetros de Pine Woods, para finalizar o contrato. Bayou Boeuf é um riacho vagaroso, sinuoso — um depósito de água estagnada, comum naquela região, vindo desde o rio Vermelho. Ele se estende de um ponto não muito longe de Alexandra na direção do sudoeste e, seguindo seu curso tortuoso, tem mais de oitenta quilômetros de comprimento. Grandes plantações de algodão e açúcar ladeiam ambas as margens, chegando até o início de pântanos sem fim. Está cheio de crocodilos, tornando perigoso que porcos ou crianças escravas desavisadas passeiem ao longo de suas margens. Num cotovelo desse riacho, a pouca distância de Cheneyville, estava situada a plantação da Senhora Ford — seu irmão, Peter Tanner, um grande proprietário de terras, morava bem em frente.

Quando de minha chegada a Bayou Boeuf, tive o prazer de encontrar Eliza, a quem eu não via havia vários meses. Ela não agradara ao Senhor Ford, tendo estado mais ocupada em remoer suas tristezas do que em cuidar de suas tarefas, e em função disso fora mandada para trabalhar na lavoura. Emagrecera e ficara emaciada, e ainda chorava a perda dos filhos. Ela me perguntou se eu me esquecera deles, e muitas e muitas vezes perguntou se eu ainda lembrava o quão bonita a pequena Emily era — o quanto Randall a amava — e se perguntava se eles ainda estavam vivos, e onde seus queridos podiam estar. Ela capitulara sob o peso de uma tristeza desmedida. Sua figura caída e suas bochechas murchas também indicavam claramente que estava perto do fim da estrada.

O feitor de Ford nessa lavoura, que era o único encarregado ali, era o sr. Chapin, um homem de disposição bondosa e nativo da Pensilvânia. Assim como os outros, não tinha muita estima por Tibeats, o que, juntamente com a alienação de quatrocentos dólares, era um sinal de sorte para mim.

Fui então obrigado a trabalhar com muito afinco. Do raiar do dia até tarde da noite, não me era permitido um só momento de ócio. Apesar disso, Tibeats nunca estava satisfeito. Sempre praguejava e reclamava. Nunca dirigia uma palavra bondosa a mim. Eu era seu fiel escravo e lhe granjeava grandes ganhos todos os dias, e ainda assim ia para minha cabana à noite carregado de xingamentos e epítetos maldosos.

Tínhamos concluído o silo de milho, a cozinha etc., e estávamos trabalhando na tecelagem quando fui responsável por um ato que naquele estado era passível de pena de morte. Foi minha primeira briga com Tibeats. A tecelagem que estávamos construindo ficava no pomar, a poucas dezenas de metros da residência de Chapin, ou da casa-grande, como era chamada. Certa noite, tendo trabalhado até que ficou escuro demais para enxergar, Tibeats mandou que eu levantasse bem cedo de manhã, providenciasse um barrilete de pregos com Chapin e começasse a fixar as tábuas. Eu me retirei para a cabana extremamente cansado e, tendo jantado toucinho defumado e pão de milho e conversado um pouco com Eliza, que ocupava a mesma cabana, assim como Lawson e sua mulher, Mary, e um escravo chamado Bristol, deitei-me sobre o chão, mal imaginando o grande sofrimento que me esperava no dia seguinte. Antes do raiar do dia eu estava no pátio da casa-grande, esperando que o feitor Chapin aparecesse. Acordá-lo de seu sono e lhe anunciar a tarefa que eu deveria cumprir teria sido uma audácia imperdoável. Ele finalmente apareceu. Tirando meu chapéu, informei-lhe que o Senhor Tibeats mandara que eu o procurasse por causa de um barrilete de pregos. Indo até a despensa, ele o trouxe rolando, ao mesmo tempo que dizia que, se Tibeats preferisse outro tamanho de prego, tentaria fornecê-los, mas que eu podia usar aqueles até segunda ordem. Então, montando em seu cavalo, que estava selado e encilhado junto à porta, ele saiu pelo campo, onde os escravos o precediam, enquanto eu carregava o barrilete sobre os ombros e, tomando o rumo da tecelagem, começava a pregar as tábuas.

À medida que o dia se abria, Tibeats saiu da casa e veio até onde eu trabalhava com afinco. Naquela manhã ele parecia ainda mais moroso e desagradável do que de costume. Era meu senhor, por lei tendo direito sobre minha carne e meu sangue e de exercer um controle tão tirânico quanto sua natureza o urgisse; mas nenhuma lei podia impedir que eu o olhasse com intenso desprezo. Eu desprezava tanto sua disposição quanto seu intelecto. Estava me aproximando do barrilete para pegar mais um punhado de pregos, quando ele chegou à tecelagem.

"Pensei que tivesse dito para hoje você começar fixando as tábuas de revestimento", ele observou.

"Sim, senhor, e estou fazendo isso", foi minha resposta.

"Onde?", ele perguntou.

"No outro lado", foi o que respondi.

Tibeats foi caminhando até o outro lado e examinou meu trabalho durante um tempo, murmurando consigo mesmo num tom de quem não gosta do que vê.

"Não falei na noite passada para você pegar um barrilete de pregos com Chapin?", exclamou mais uma vez.

"Sim, senhor, e eu peguei; o feitor disse que pode conseguir pregos de outro tamanho, se o senhor quiser, quando ele voltar do campo."

Tibeats foi até o barrilete, olhou para seu conteúdo durante um tempo e então o chutou com violência. Vindo na minha direção, enfurecido, ele exclamou:

"Maldito seja! Achei que você *entendia* alguma coisa."

Respondi: "Tentei fazer como o senhor pediu. Não tive má intenção. O feitor disse que...". Mas ele me interrompeu com uma onda tão violenta de imprecações que não pude terminar a frase. Lá pelas tantas, Tibeats se pôs a correr na direção da casa e, indo até a varanda, pegou um dos chicotes do feitor. O chicote tinha um cabo curto de madeira, revestido de couro trançado e com uma extremidade mais grossa. As tiras tinham um metro de comprimento, mais ou menos, e eram feitas de cordão de couro cru.

De início fiquei bem assustado e tive o impulso de correr. Não havia ninguém por lá, exceto Rachel, a cozinheira, e a mulher de Chapin, e nenhuma delas estava à vista naquele momento. O resto estava no campo. Eu sabia que ele tinha a intenção de me açoitar, e era a primeira vez que uma pessoa tentava fazê-lo desde que cheguei a Avoyelles. Senti, além disso, que eu havia sido diligente — que não tinha culpa de nada e que merecia elogios, não punição. Meu medo se transformou em fúria e, antes que ele chegasse até mim, eu já havia tomado a decisão de não me deixar açoitar, resultasse disso vida ou morte.

Enroscando o chicote na mão e pegando a extremidade do cabo, ele caminhou até onde eu estava e, com um olhar maligno, mandou eu me despir.

"Senhor Tibeats", falei, encarando-o, "não vou tirar a roupa."

Eu estava prestes a dizer mais alguma coisa à guisa de justificativa, mas, sedento por vingança, ele pulou sobre mim, agarrando-me pelo pescoço com uma mão e erguendo o chicote com a outra, pronto para me golpear. Antes de o chicote descer, porém, eu o peguei pelo colarinho do casaco e o trouxe para junto de mim. Abaixando-me, peguei-o pelo tornozelo e, empurrando-o com a outra mão, fiz com que caísse no chão. Colocando um braço em volta de sua perna e segurando-a contra meu peito, de forma que apenas sua cabeça e seus ombros tocavam o chão, coloquei meu pé sobre seu pescoço. Ele estava completamente à minha mercê. Meu sangue fervia. Parecia correr em minhas veias como fogo. No frenesi de minha loucura tomei o chicote de suas mãos. Ele se debateu com toda a força, jurou que eu não viveria nem mais um dia e que arrancaria meu coração. Mas seus esforços e suas ameaças foram em vão. Não sei dizer quantas vezes lhe bati. Chicotada após chicotada caíram rápidas e fortes sobre seu corpo, que se contorcia. Ele começou a gritar — a gritar "assassino" —, e por fim o tirano blasfemo pediu a Deus por misericórdia.

Mas ele, que nunca demonstrava misericórdia, não a recebeu. O cabo duro do chicote entortou seu inofensivo corpo até que meu braço direito começou a doer.

Até esse momento eu estivera ocupado demais para olhar à minha volta. Parando por um instante, vi a sra. Chapin olhando para fora da janela e Rachel em pé na porta da cozinha. A atitude delas expressava grande agitação e alarme. Os gritos de Tibeats haviam sido ouvidos no campo. Chapin acorria tão rápido quanto lhe era possível cavalgar. Bati-lhe mais uma ou duas vezes, então o empurrei para longe de mim com um chute tão certeiro que ele saiu rolando pelo chão.

Pondo-se de pé e espanando a poeira do cabelo, ele ficou parado olhando para mim, pálido de raiva. Encaramos um ao outro em silêncio. Nem uma só palavra foi proferida até que Chapin ali chegou, galopando.

"Qual é o problema?", ele gritou.

"O Senhor Tibeats quer me açoitar por usar os pregos que o senhor me deu", respondi.

"Qual é o problema dos pregos?", ele perguntou, virando-se para Tibeats.

Tibeats respondeu dizendo que eram grandes demais, porém dando pouca atenção à pergunta de Chapin, antes mantendo seus olhos de cobra malignamente fixos em mim.

"Sou o feitor aqui", Chapin começou. "Eu disse a Platt para pegar esses pregos e usá-los, e que, se não fossem do tamanho certo, eu pegaria outros quando voltasse do campo. Não é culpa dele. Além disso, forneço os pregos que bem entender. Espero que entenda *isso*, sr. Tibeats."

Tibeats não respondeu nada, mas, cerrando os dentes e agitando o punho, jurou que se vingaria e que aquele assunto não estava terminado. Dito isto saiu, seguido pelo feitor, que lhe dirigia a palavra o tempo todo em voz baixa, com gestos eloquentes, e entrou na casa.

Fiquei onde estava, sem ter certeza se era melhor fugir ou arcar com as consequências, fossem quais fossem. Então Tibeats saiu da casa e, pondo a sela em seu cavalo, a única propriedade que tinha além de mim, partiu na estrada para Cheneyville.

Quando ele se foi, Chapin surgiu, visivelmente agitado, dizendo para eu não sair dali, não tentar deixar a fazenda de jeito nenhum. Então foi à cozinha e, chamando por Rachel, conversou com ela durante um tempo. Voltando, mais uma vez me urgiu, com muita seriedade, a não fugir, dizendo que meu senhor era um patife; que ele saíra de lá para aprontar alguma e que poderia haver confusão antes do cair da noite. Porém, acontecesse o que acontecesse, ele insistiu nisso, eu não devia mover o pé dali.

Enquanto eu lá estava, sentimentos de uma insuportável agonia tomaram conta de mim. Eu tinha consciência de que havia me sujeitado a uma punição inimaginável. A reação que se seguiu à minha ebulição de fúria produziu os mais dolorosos sentimentos de arrependimento. Um escravo sem amigos, inofensivo — o que podia eu *fazer*, o que podia eu *dizer*, a fim de justificar, minimamente que fosse, o ato hediondo que cometera, de recusar-me aos insultos e aos abusos de um homem *branco*? Tentei rezar — tentei implorar a meu Pai do Céu para me apoiar em meu doloroso desespero, mas a emoção sufocou minhas súplicas, e só consegui descansar a cabeça nas mãos e chorar. Durante pelo menos uma hora assim fiquei, encontrando consolo apenas nas lágrimas, quando, levantando o olhar, avistei Tibeats, acompanhado por dois cavaleiros, se aproximando junto ao riacho. Eles cavalgaram quintal adentro, pularam do cavalo e se aproximaram de mim empunhando grandes chicotes, um deles carregando também uma corda.

"Cruze os braços", ordenou Tibeats, acrescentando uma expressão de tão terrível blasfêmia que não é bem educado repetir.

"Não precisa me amarrar, Senhor Tibeats, estou pronto para ir com o senhor a qualquer parte", falei.

Então um de seus companheiros avançou, dizendo que, se eu demonstrasse qualquer resistência, ele quebraria minha cabeça, me partiria membro por membro e cortaria minha garganta de crioulo — e deu ampla vazão a outras expressões similares. Percebendo que qualquer impertinência seria em vão, cruzei os braços, me submetendo humildemente a qualquer coisa que quisessem fazer comigo. Imediatamente, Tibeats amarrou meus pulsos, enrolando a corda em torno deles com a máxima força. Então ele amarrou meus tornozelos do mesmo jeito. Enquanto isso os outros dois homens passaram uma corda pelos meus cotovelos, fazendo-a correr por minhas costas e a amarrando com firmeza. Era totalmente impossível mover mão ou pé. Com um pedaço que sobrara da corda Tibeats fez um laço desajeitado e o colocou em meu pescoço.

"E agora?", perguntou um dos companheiros de Tibeats, "onde vamos enforcar o crioulo?"

Um deles propôs o galho de um pessegueiro perto de onde estávamos. Seu companheiro fez uma objeção, alegando que o galho quebraria, e propôs outro lugar. Finalmente se decidiram pela segunda opção.

Durante essa conversa, e durante todo o tempo em que estiveram me amarrando, não disse uma só palavra. O feitor Chapin, durante o desenrolar da cena, caminhava, agitado, de um lado para o outro na varanda. Rachel estava chorando na porta da cozinha, e a sra. Chapin ainda olhava pela janela. A esperança morreu em meu coração. Com certeza era chegada a minha hora. Eu não veria a luz de mais um dia — nunca tornaria a ver o rosto de meus filhos, a doce expectativa que eu acalentara com tanto carinho. Enfrentaria, naquele momento, as temíveis agonias da morte! Ninguém me prantearia — ninguém me vingaria. Logo, logo meu corpo estaria apodrecendo naquela terra distante, ou talvez fosse jogado aos viscosos répteis que enchiam as águas estagnadas do riacho! Lágrimas correram por meu rosto, mas só o que fizeram foi provocar insultos por parte de meus carrascos.

Então, enquanto me arrastavam para junto da árvore, Chapin, que momentaneamente desaparecera da varanda, saiu da casa e caminhou em nossa direção. Ele tinha um revólver em cada mão e, tanto quanto consigo lembrar, falou numa voz firme e determinada o seguinte:

"Cavalheiros, tenho algumas palavras a dizer. É melhor vocês ouvirem. Quem mover esse escravo mais um passo de onde ele está é um homem morto. Para começar, ele não merece esse tratamento. Nunca conheci um sujeito mais fiel do que Platt. Você, Tibeats, está errado. Você é um patife, e eu sei disso, e mais do que merece o açoitamento que recebeu. Em segundo lugar, sou o feitor desta fazenda há sete anos e, na ausência de William Ford, sou eu que mando aqui. Meu dever é proteger os interesses dele, e vou cumprir esse dever. Você não é um homem responsável — não vale nada. Ford tem uma alienação fiduciária de quatrocentos dólares em Platt. Se você o enforcar, ele perde o dinheiro. Até que isso seja saldado você não tem o direito de tirar a vida dele. Não tem o direito de tirar a vida dele de qualquer jeito. Há uma lei para o escravo, assim como para o homem branco. Você não passa de um assassino.

"Quanto a vocês", dirigindo-se para Cook e Ramsay, feitores de fazendas próximas, "quanto a vocês — desapareçam! Se têm estima por sua própria integridade, desapareçam."

Cook e Ramsay, sem emitir nenhuma palavra, montaram em seus cavalos e se foram. Tibeats, em poucos minutos, claramente com medo e dominado pelo tom decidido de Chapin, saiu de fininho como o covarde que era e, montando em seu cavalo, seguiu os companheiros.

Fiquei em pé onde estava, ainda amarrado, com o laço no pescoço. Assim que eles se foram, Chapin chamou Rachel, dando-lhe ordens de ir até o campo e dizer a Lawson para vir correndo até a casa, sem demora, e para trazer consigo a mula, um animal muito valorizado por sua incomum velocidade. Então o rapazote apareceu.

"Lawson", disse Chapin, "você tem de ir até Pine Woods. Diga ao seu Senhor Ford para vir para cá imediatamente — que ele não perca um só segundo. Diga que estão tentando assassinar Platt. Vá, vá, garoto. Esteja em Pine Woods à tarde, nem que para isso precise matar a mula."

Chapin voltou para dentro de casa e redigiu um salvo-conduto. Quando voltou, Lawson estava na porta, montado em sua mula. Pegando o salvo-conduto, ele vergou o chicote com destreza no animal, que se precipitou para o quintal, e, seguindo junto ao riacho num galope constante, em menos tempo do que levei para descrever a cena estava fora de vista.

À medida que o sol se aproximava do meridiano aquele dia foi se tornando insuportavelmente quente. Os raios quentes castigavam o chão. A terra quase queimava o pé que lhe pisasse em cima. Eu estava sem casaco nem chapéu, em pé com a cabeça descoberta, exposto a seu fulgor furioso. Grossas gotas de suor escorriam por meu rosto, encharcando a pouca roupa com que eu estava vestido. Acima da cerca, um pouco mais além, os pessegueiros lançavam sua sombra fresca e deliciosa sobre a grama. Eu com alegria teria dado um ano de trabalho para poder trocar a fornalha onde me encontrava por um lugar sentado sob seus galhos. Mas ainda estava amarrado, a corda pendendo de meu pescoço, no mesmo lugar onde Tibeats e seus amigos haviam me deixado. Não conseguia me mexer um centímetro, tão fortemente havia sido atado. Conseguir me inclinar sobre a parede da tecelagem teria sido um luxo. Mas a construção não estava a meu alcance, embora estivesse a menos de sete metros. Eu queria me deitar, mas sabia que não conseguiria me levantar de novo. O chão estava tão ressecado e quente que eu sabia que só pioraria o desconforto de minha situação. Se pudesse pelo menos mudar de posição, ainda que só um pouco, teria sido um incrível alívio. Mas os raios quentes de um sol sulista, castigando durante todo um dia de verão minha cabeça nua, não produziam nem a metade do sofrimento que eu experimentava com meus membros doloridos. Meus punhos, meus tornozelos, minhas pernas e meus braços começaram a inchar, enterrando a corda que os amarrava na carne intumescida.

Todo o dia Chapin andou de um lado para o outro na varanda, mas não se aproximou de mim nem uma vez. Parecia muito desconfortável, olhando primeiro na minha direção, então na direção da estrada, como se esperando alguma chegada a qualquer momento. Não foi ao campo, como era seu costume. Era evidente por sua atitude que ele acreditava que Tibeats ia voltar com mais e melhor apoio armado, talvez, para retomar a disputa, e também era evidente que Chapin estava determinado a defender minha vida custasse o que custasse. Por que ele não me soltou — por que me obrigou a agonizar todo aquele longo dia — eu nunca soube. Não foi por falta de compaixão, tenho certeza. Talvez quisesse que Ford visse a corda em volta de meu pescoço e a maneira brutal com que eu fora amarrado; talvez sua interferência na propriedade alheia sobre a qual não tinha nenhum direito legal poderia ser considerada inadequada e o teria sujeitado às penalidades da lei. Por que Tibeats esteve todo o dia fora foi outro mistério que nunca pude entender. Eu sabia muito bem que Chapin não lhe faria mal a menos que ele persistisse em me prejudicar. Lawson me disse mais tarde que, quando passou pela fazenda de John David Cheney, viu os três homens, e eles se viraram e ficaram olhando enquanto passava correndo. Penso que a suposição deles foi que Lawson havia sido enviado pelo feitor Chapin a fim de chamar os fazendeiros vizinhos para ajudá-lo. Ele, portanto, agiu sobre o princípio de que "o segredo é a alma do negócio" e se manteve afastado.

Qualquer que seja o motivo que governou aquele tirano covarde e maligno, o fato é que não importa. Lá ainda estava eu, sob o sol da tarde, gemendo de dor. Não comia nada desde bem antes de o sol raiar. Estava ficando tonto de dor, sede e fome. Apenas uma vez, na parte mais quente do dia, Rachel, meio temerosa que estivesse agindo contra o desejo do feitor, se arriscou a chegar até mim e segurou uma xícara de água junto a meus lábios. A pobre criatura nunca soube, nem teria compreendido se as tivesse escutado, as bênçãos que invoquei sobre ela, por aquele gole balsâmico. Ela só sabia dizer: "Oh, Platt, como tenho pena de você", e então se apressou a voltar a seus afazeres na cozinha.

Nunca antes o sol se mexera tão lentamente no céu — nunca deitara raios tão ferventes e ferozes como naquele dia. Pelo menos foi o que me pareceu. Quais eram as minhas meditações — os inúmeros pensamentos que ocupavam meu cérebro distraído — é algo que não tentarei expressar. Basta dizer que durante todo o longo dia nem uma só vez cheguei à conclusão de que o escravo do Sul, alimentado, vestido, castigado e protegido por seu senhor seja mais feliz do que os cidadãos de cor livres do Norte. A tal conclusão nunca cheguei. Há muitos homens benevolentes e de boa-fé, porém, mesmo nos estados nortistas, que dirão que minha opinião é equivocada e com toda a seriedade do mundo tratarão de sustentar sua afirmação com argumentos. Ai! Eles nunca beberam, como eu, do copo amargo da escravidão. Bem na hora do pôr do sol meu coração pulou de uma desmedida alegria quando Ford chegou ao quintal cavalgando, com seu cavalo coberto de espuma. Chapin o encontrou junto à porta e, após conversarem por um curto período, ele veio diretamente até mim.

"Pobre Platt, você está péssimo." Foi a única coisa que lhe escapou dos lábios.

"Graças a Deus!", falei, "graças a Deus, Senhor Ford, que o senhor enfim chegou."

Tirando uma faca do bolso, ele, indignado, cortou a corda de meus punhos, braços e tornozelos, e tirou o laço do meu pescoço. Tentei caminhar, mas tropecei tal um bêbado, e como que caí no chão.

Ford voltou imediatamente para a casa, deixando-me sozinho de novo. Enquanto ele chegava à varanda, Tibeats e seus dois amigos se aproximavam a cavalo. Seguiu-se um longo diálogo. Eu podia ouvir o som de suas vozes, os tons suaves de Ford se misturando à furiosa ênfase de Tibeats, mas não distinguia o que era dito. Enfim os três partiram mais uma vez, aparentemente a contragosto.

Tentei erguer o martelo, com a intenção de mostrar a Ford que eu estava disposto a trabalhar, continuando com minhas tarefas na tecelagem, mas ele caiu de minha mão inerte. Ao anoitecer, arrastei-me para dentro da cabana e me deitei. Estava me sentindo miserável — todo doído e inchado —, e o menor movimento produzia um sofrimento excruciante. Logo os escravos chegaram do campo. Rachel, quando foi atrás de Lawson, contara a todos o que acontecera. Eliza e Mary grelharam para mim um pedaço de toucinho defumado, mas meu apetite se fora. Então elas socaram um pouco de milho e fizeram café. Foi só o que consegui ingerir. Eliza me consolou e foi muito gentil. Não demorou até que a cabana estivesse cheia de escravos. Eles se juntaram ao meu redor, fazendo muitas perguntas sobre a desavença com Tibeats naquela manhã — e sobre os detalhes de todas as ocorrências do dia. Então Rachel entrou e, com seu linguajar simples, repetiu tudo — demorando-se, enfaticamente, nos chutes que fizeram Tibeats rolar pelo chão, momento no qual se ouviram risinhos gerais no grupo. Então ela descreveu como Chapin saiu com sua pistola e me resgatou, e como o Senhor Ford cortou a corda com sua faca, parecendo um desvairado.

A essa altura Lawson já havia voltado. Ele precisou regalá-los com um relato de sua viagem até Pine Woods — de como a mula marrom o levara "mais rápido que um relâmpago" — de como ele deixara todos surpresos ao passar voando — de como o Senhor Ford se apressou — de como ele dissera que Platt era um negro bom e que não poderiam matá-lo, finalizando com algumas afirmações bem fortes de que não havia outro ser humano em todo o mundo que pudesse ter criado um furor como aquele na estrada, ou realizado um feito à la John Gilpin* como ele fizera aquele dia na mula marrom.

Aquelas criaturas gentis me inundaram com expressões de simpatia — dizendo que Tibeats era um homem duro, cruel, e exprimindo seus desejos de que "Sinhô Ford" me pegasse de volta. Desse jeito eles passaram o tempo, discutindo, conversando, repassando do início ao fim o excitante episódio, até que de repente Chapin surgiu junto à porta da cabana e me chamou.

"Platt", ele disse, "você vai dormir no chão da casa-grande esta noite; traga seu cobertor."

Levantei tão rápido quanto pude, peguei meu cobertor e o segui. No caminho ele me informou que não ficaria surpreso se Tibeats voltasse antes do raiar do dia — que ele tinha intenção de me matar — e que ele, Chapin, não queria que isso acontecesse sem testemunhas. Se ele me apunhalasse no coração na presença de cem escravos, nem um deles, de acordo com as leis da Louisiana, poderia depor contra Tibeats. Deitei no chão da casa-grande — a primeira e última vez que um local de descanso tão suntuoso me foi permitido durante meus doze anos de servidão — e tentei dormir. Perto da meia-noite, o cachorro começou a latir. Chapin levantou, olhou pela janela, mas não viu nada. O cachorro acabou ficando quieto. Ao voltar para seu quarto, ele disse:

"Acho, Platt, que aquele cretino está de tocaia em algum lugar das redondezas. Se o cachorro latir de novo e eu estiver dormindo, me acorde."

Prometi que assim faria. Depois de passada uma hora ou pouco mais, o cachorro recomeçou a latir, correndo na

---

* Personagem do folclore britânico que perde o controle do seu cavalo numa corrida desvairada. (N.T.)

direção do portão, então de volta para perto da casa, o tempo todo latindo furiosamente.

    Chapin saiu da cama sem esperar ser chamado. Nessa ocasião ele foi decidido para a varanda e ali ficou, em pé, um tempo considerável. Porém, não havia nada à vista, e o cachorro voltou para o canil. Não fomos perturbados novamente aquela noite. A dor excessiva que eu sentia e o temor por algum perigo iminente me impediram de descansar. Se Tibeats voltou ou não à fazenda aquela noite, buscando uma oportunidade para se vingar de mim, é um segredo que talvez só ele conheça. Porém, pensei naquela ocasião e ainda penso que ele esteve por lá. Fosse como fosse, ele tinha a disposição de um assassino — acovardando-se diante das palavras de um homem bravio, mas pronto a atacar sua vítima indefesa e distraída pelas costas, como mais tarde tive a comprovação.

    De manhã, com o sol já alto, levantei, doído e exausto, pouco tendo descansado. Ainda assim, depois de tomar o café da manhã que Mary e Eliza prepararam para mim na cabana, dirigi-me à tecelagem e comecei os trabalhos de mais um dia. Era costume de Chapin, como de todos os feitores, montar seu cavalo, sempre selado, encilhado e pronto para ele — tarefa especial de algum escravo —, imediatamente ao chegar e cavalgar campo adentro. Naquela manhã, por outro lado, ele veio até a tecelagem, perguntando se eu vira algum sinal de Tibeats. À minha resposta negativa ele observou que havia alguma coisa errada naquele sujeito — havia algum sangue ruim nele —, que eu deveria manter os olhos bem abertos, senão ele me faria mal algum dia, quando eu menos esperasse.

    Enquanto Chapin ainda estava falando, Tibeats chegou, amarrou seu cavalo e entrou na casa. Com Ford e Chapin por perto eu quase não lhe tinha medo, mas eles não podiam estar sempre ao meu lado.

    Oh!, quão pesado não foi o fardo da escravidão para mim naquele momento. Precisava trabalhar dia após dia, suportar abusos, insultos e escárnio, dormir no chão duro, subsistir da ração mais básica, e não apenas isso, mas viver como o escravo de um cretino vingativo, do qual eu doravante precisava ter constante medo e temor. Por que eu não havia morrido em meus primeiros anos — antes que Deus me desse filhos para amar e pelos quais viver? Quanta infelicidade e quanto sofrimento e quanta amargura não teriam sido evitados? Eu ansiava por liberdade; mas as correias do servo estavam à minha volta e não podiam ser afastadas. Só podia olhar melancolicamente para o norte e pensar nos milhares de quilômetros que me separavam da terra da liberdade, sobre a qual um homem livre *negro* não podia passar.

Tibeats, ao longo de meia hora, foi caminhando até a tecelagem, olhou para mim com olhos furiosos, então deu meia-volta e saiu sem dizer nada. Durante a maior parte da manhã ele ficou sentado na varanda, lendo um jornal e conversando com Ford. Depois do jantar, Ford partiu para Pine Woods, e foi de fato com muito lamento que o observei deixando a fazenda.

Mais de uma vez durante o dia, Tibeats veio até mim, deu-me alguma ordem e saiu.

Durante aquela semana a tecelagem foi terminada — nesse meio-tempo, Tibeats não fez nenhuma alusão à nossa desavença —, então descobri que ele havia me empregado junto a Peter Tanner, para trabalhar sob a direção de outro carpinteiro chamado Myers. Esse anúncio foi recebido com gratidão, já que era desejável qualquer lugar que me livrasse de sua odiosa presença.

Peter Tanner, conforme o leitor já foi informado, morava na margem oposta, e era irmão da Senhora Ford. Ele é um dos maiores fazendeiros de Bayou Boeuf e tem um grande número de escravos.

Lá me fui para a casa de Tanner, bastante alegre. Ele ouvira falar de minhas recentes dificuldades — na verdade, constatei que notícias do açoitamento de Tibeats logo se espalharam. Esse episódio, junto a meu experimento com a balsa, havia feito de mim um homem razoavelmente conhecido. Mais de uma vez ouvi dizer que Platt Ford, agora Platt Tibeats — o nome de um escravo muda de acordo com seu senhor —, era "um negro dos diabos". Mas eu estava fadado a fazer ainda mais barulho, conforme se verá agora, no pequeno mundo de Bayou Boeuf.

Peter Tanner tentou me transmitir a ideia de que ele era bastante severo, embora eu tenha percebido que havia uma veia de bom humor no sujeito, afinal de contas.

"Você é o negro", ele disse para mim quando cheguei, "você é o negro que açoitou seu senhor, é? O negro que chuta e agarra o carpinteiro Tibeats pela perna e lhe dá uma sova, não é? Eu bem que gostaria de ver você me pegar pela minha perna — eu bem que gostaria. Você é um sujeitinho importante — é um grande negro —, um negro memorável, não é? *Eu* açoitaria você — eu acabaria com a sua petulância. Agarre a minha perna, por favor. Nenhum de vocês faz pirraça por aqui, meu garoto, lembre-se *disso*. Agora vá trabalhar, seu patife chutador", concluiu Peter Tanner, sem conseguir esconder um sorriso meio cômico diante de seu próprio humor e sarcasmo.

Depois de ouvir essa saudação, fiquei a cargo de Myers e trabalhei sob sua direção por um mês, para sua e minha satisfação.

Como William Ford, seu cunhado, Tanner tinha o hábito de ler a Bíblia para seus escravos no domingo, mas num espírito bastante diferente. Ele era um comentador impressionante do Novo Testamento. No primeiro domingo após minha chegada àquela fazenda, ele reuniu todos e começou a ler o décimo segundo capítulo de Lucas. Quando chegamos ao quadragésimo sétimo verso, ele olhou deliberadamente em volta de si e continuou: "O servo que, apesar de conhecer a vontade de seu senhor" — aqui ele fez uma pausa, olhando em torno mais expressivamente do que antes e recomeçando — "apesar de conhecer a vontade de seu senhor, nada preparou" — outra pausa aqui — "nada preparou e lhe desobedeceu, será açoitado com numerosos golpes".

"Está ouvindo isso?", perguntou Peter, enfaticamente. "Golpes", repetiu, lenta e distintamente, tirando os óculos e se preparando para fazer algumas observações.

"O negro que não toma cuidado — que não obedece a seu senhor — seu mestre — estão vendo? —, esse negro deve ser açoitado com muitos golpes. Agora, 'muitos' significa um grande *número* — quarenta, cem, cento e cinquenta chibatadas. Assim é que é!", e então Peter continuou a elucidar o assunto por um bom tempo, para grande edificação de sua lúgubre plateia.

Ao término dos exercícios, chamando três de seus escravos, Warner, Will e Major, ele gritou para mim:

"Aqui, Platt, você segurou Tibeats pela perna; agora vamos ver se consegue segurar esses três canalhas do mesmo jeito, até que eu volte da reunião".

Então ele mandou que fossem para os troncos — uma coisa comum em fazendas da região do rio Vermelho. Os troncos são formados por duas tábuas, a mais baixa fixada pelas extremidades a dois postes baixos, fincados com firmeza no chão. A distâncias regulares, semicírculos são entalhados na beirada superior. A outra tábua é fixada a um dos postes por um anel, de forma que pode ser aberta ou fechada como a lâmina de um canivete é recolhida ou exposta. Na parte de baixo da tábua de cima, semicírculos correspondentes também são entalhados, de forma que, quando a tábua de cima é baixada, forma-se uma fileira de buracos grandes o bastante para acomodar a perna de um negro acima do tornozelo, mas não o suficiente para permitir que ele passe por lá seu pé. A outra extremidade da tábua de cima, oposta ao anel, é presa no poste com cadeado e chave. O escravo é obrigado a ficar sentado no chão, a tábua superior é levantada, suas pernas, logo acima dos tornozelos, são colocadas em uma das metades inferiores dos círculos e, fechando e trancando tudo novamente, ele fica preso. Muitas vezes o pescoço, e não o tornozelo, é aprisionado. Desse modo eles ficam presos durante o açoitamento.

Warner, Will e Major, de acordo com o relato de Tanner, eram ladrões de melancia, negros que não respeitavam o domingo, e, não aprovando tal desrespeito, ele considerou seu dever colocá-los nos troncos. Entregando-me a chave, ele, Myers, a Senhora Tanner e as crianças entraram num coche e partiram para ir à igreja em Cheneyville. Quando se foram, os rapazes me imploraram para tirá-los dali. Lamentei vê-los sentados no chão quente e lembrei-me de meus próprios sofrimentos ao sol. Mediante promessa de voltarem ao tronco a qualquer momento que lhes fosse solicitado, concordei em soltá-los. Gratos pela misericórdia, e em certa medida para recompensá-la, eles não puderam deixar, é claro, de me guiar até a plantação de melancias. Logo antes de Tanner voltar, estavam de volta ao tronco. Finalmente ele apareceu e, olhando para os rapazes, disse, com uma gargalhada:

"Haha! Vocês não tiveram um dia muito movimentado, não é? Eu vou lhes ensinar. Vou mostrar a vocês o que acontece com quem come melancias no dia do Senhor, seus negros desrespeitadores do domingo."

Peter Tanner tinha orgulho de sua rígida observância religiosa — era um diácono da Igreja.

Mas cheguei agora a um ponto de minha narrativa em que se torna necessário dar as costas a essas descrições leves a fim de abordar as questões mais graves e pesadas de uma segunda batalha com o Senhor Tibeats, e a fuga pelo grande pântano Pacoudrie.

Ao fim de um mês, como meus serviços não eram mais necessários a Tanner, fui mandado para o riacho novamente, para meu senhor, a quem encontrei atarefado com a construção de uma prensa de algodão. Isto se situava a uma boa distância da casa-grande, em um local bastante reservado. Comecei a trabalhar mais uma vez na companhia de Tibeats, passando a maior parte do tempo sozinho com ele. Eu me lembrava das palavras de Chapin, de seus alertas, seu conselho para tomar cuidado; no momento mais inesperado Tibeats poderia me atacar. Estavam sempre na minha mente, de forma que eu vivia num estado nem um pouco confortável de apreensão e medo. Um olho ficava em meu trabalho, o outro, em meu senhor. Decidi-me a não lhe dar nenhuma razão para se ofender, a trabalhar de forma ainda mais diligente, se possível, do que fizera antes, a aguentar qualquer que fosse o abuso que ele pudesse jogar sobre mim, menos ataques físicos, de forma humilde e paciente, esperando assim amolecer de alguma maneira sua disposição para com minha pessoa, até o abençoado momento em que eu pudesse me ver livre de suas garras.

Na terceira manhã após meu retorno, Chapin deixou a fazenda para ir a Cheneyville, de forma que se ausentaria até a noite. Tibeats, naquela manhã, estava tendo um de seus periódicos ataques de irritação e mau humor, aos quais era frequentemente sujeito, deixando-o ainda mais desagradável e venenoso do que o normal.

Eram cerca de nove horas da manhã e eu estava bastante atarefado passando a plaina em uma das estacas. Tibeats estava em pé junto à mesa de trabalho, encaixando um cabo no cinzel com o qual estivera cortando a ranhura de um parafuso.

"Você não está aplainando isso o suficiente", ele disse.

"Está parelho com a linha", respondi.

"Você é um maldito mentiroso", ele exclamou, sobressaltado.

"Oh, bem, senhor", falei, com voz neutra, "vou aplainar mais, se assim prefere", e imediatamente me pus a fazer conforme imaginei que ele queria. Antes que uma camada de madeira tivesse sido removida, porém, ele gritou, dizendo que eu agora havia aplainado demais a superfície — a madeira estava fina demais — e estragado a estaca completamente. A isso, seguiram-se xingamentos e imprecações. Eu tentara fazer exatamente como ele pedira, mas nada satisfazia aquele homem pouco razoável. Em silêncio e com medo, continuei junto à estaca, segurando a plaina na mão, sem saber o que fazer e sem ousar ficar sem fazer nada. Sua raiva aumentou mais e mais, até que, finalmente, com uma imprecação, uma imprecação tão amarga e atemorizante que somente Tibeats poderia proferir, ele apanhou um machadinho da mesa de trabalho e o agitou em minha direção, jurando que abriria minha cabeça.

Era um momento de vida ou morte. A lâmina afiada e reluzente do machadinho brilhou ao sol. Em mais um instante estaria enterrada em meu cérebro, e ainda assim naquele momento — tão rápido acorrem os pensamentos de um homem numa situação tão temerosa — pensei comigo mesmo. Se eu ficasse parado, meu destino era certo; se fugisse, dez chances contra uma que o machadinho, voando de sua mão com uma mira mortal e certeira, me atingiria nas costas. Só havia uma coisa a fazer. Pulando na direção dele com toda a minha força e o encontrando a meio caminho entre nós dois, antes que ele pudesse desferir o golpe, com uma mão peguei seu braço erguido, com a outra agarrei seu pescoço. Ficamos em pé olhando nos olhos um do outro. Nos olhos dele eu podia ver assassinato. Eu me sentia como se estivesse segurando uma serpente pelo pescoço, uma serpente espreitando o mínimo afrouxamento de meu punho para se enroscar em volta de meu corpo, esmagando-o e dando o bote que o levaria à morte. Pensei em gritar com toda a força, na esperança de que alguém ouvisse o barulho — mas Chapin estava longe; os escravos estavam no campo; não havia alma viva à vista ou ao alcance de meu grito.

O bom gênio, que até aquele momento da vida me poupara das mãos da violência, naquele instante sugeriu um pensamento venturoso. Com um chute vigoroso e repentino, que o fez cair com um gemido sobre um dos joelhos, soltei seu pescoço, apanhei o machadinho e o joguei para fora de nosso alcance.

Frenético de raiva, descontroladamente enlouquecido, ele apanhou um pau de carvalho-branco, de um metro e meio de comprimento, e da circunferência máxima que sua mão conseguia agarrar, que estava caído no chão. Novamente avançou na minha direção e novamente eu o confrontei, segurei-o pela cintura e, sendo o mais forte dos dois, levei-o ao chão. Naquela posição tomei posse do pau e, erguendo-me, também o joguei para longe.

Da mesma forma, ele se levantou e correu na direção do machado grande, na mesa de trabalho. Felizmente uma tábua pesada repousava sobre sua grande lâmina, de tal maneira que ele não conseguiu extraí-la antes que eu tivesse pulado sobre suas costas. Empurrando-o com força contra a tábua, de modo que o machado foi ainda mais pressionado contra a madeira debaixo do qual se encontrava, tentei, em vão, tirar suas mãos do cabo. Nessa posição ficamos alguns minutos.

Houvera momentos em minha infeliz vida, muitos, em que o vislumbre da morte como o fim de sofrimentos terrenos — do túmulo como um local de descanso para um corpo cansado e alquebrado — tinha sido agradável de imaginar. Mas tal contemplação desaparece na hora do perigo. Nenhum homem, em posse de suas forças, consegue ficar imperturbável na presença do "rei dos horrores". A vida é cara a qualquer coisa viva; o verme rastejante lutará por ela. Naquele momento, era cara para mim, escravizado e tratado tal como eu era.

Sem conseguir livrar a mão dele, novamente o peguei pelo pescoço e dessa vez com uma empunhadura medonha que logo o fez afrouxar a mão. Tibeats ficou enfraquecido e desmobilizado. Seu rosto, que estivera branco de paixão, estava agora preto de asfixia. Aqueles olhos miúdos de serpente que exalavam tanto veneno estavam agora cheios de horror — duas órbitas brancas precipitando-se para fora.

Havia um "demônio à espreita" em meu coração que me instava a matar o maldito cão naquele instante — a manter a pressão em seu odioso pescoço até que o sopro de vida se fosse! Não ousava assassiná-lo, mas não ousava deixá-lo viver. Se eu o matasse, minha vida teria de pagar pelo crime — se ele vivesse, apenas minha vida satisfaria sua sede de vingança. Uma voz lá dentro me dizia para fugir. Ser um andarilho nos pântanos, um fugitivo e um vagabundo sobre a Terra, era preferível à vida que eu estava levando.

Minha resolução não tardou a se formar, e, jogando-o da mesa de carpintaria para o chão, pulei uma cerca ali perto e atravessei correndo a fazenda, passando pelos escravos que então trabalhavam nas lavouras de algodão. Ao fim de uns quatrocentos metros cheguei a uma pastagem arborizada e não demorei a atravessá-la. Subindo numa cerca alta, eu podia avistar a prensa de algodão, a casa-grande e o espaço entre os dois. Era uma posição indefesa, da qual toda a fazenda podia ser avistada. Vi Tibeats cortar o campo na direção da casa e entrar nela — então saiu novamente; carregando sua sela, montou em seu cavalo e partiu galopando.

Eu estava desolado, mas grato. Grato por minha vida ter sido poupada — desolado e desanimado com as perspectivas à minha frente. O que seria de mim? Quem me ajudaria? Para onde deveria fugir? Oh, Deus! O Senhor, que me destes a vida, e implantastes em meu coração o amor pela vida, que o enchestes de emoções como outros homens, vossas criaturas, o encheram, não me abandoneis. Tende piedade do pobre escravo — não me deixeis perecer. Se vós não me protegerdes, estou perdido — perdido! Tais súplicas, silenciosas e não proferidas, subiram do mais recôndito de meu coração para o Céu. Mas não havia nenhuma voz em resposta — nenhum tom baixo e doce descendo das alturas, sussurrando para minha alma. "Sou eu, não tenha medo." Eu era o esquecido por Deus, parecia — o desprezado e odiado pelos homens!

Em cerca de três quartos de hora vários dos escravos gritaram e fizeram sinais para que eu retornasse. Então, olhando para o riacho, vi Tibeats e mais dois a cavalo, vindo num passo célere, seguidos por uma matilha de cães. Devia haver uns oito ou dez. Apesar de distante, eu os reconheci. Pertenciam à fazenda vizinha. Os cachorros usados em Bayou Boeuf para caçar escravos são um tipo de sabujo, mas de uma raça muito mais selvagem do que se encontra nos estados do Norte. Eles atacam um negro mediante ordens de seu dono e ficam grudados nele como um buldogue a um animal de quatro patas. Frequentemente seu latido alto é ouvido nos pântanos, e então se especula em que momento o fugitivo vai ser alcançado — do mesmo jeito como um caçador de Nova York para a fim de ouvir os cachorros ladeando as colinas e sugere a seu companheiro que a raposa poderá ser abatida em determinado lugar. Nunca soube de nenhum escravo que tenha escapado com vida de Bayou Boeuf. Uma das razões para isso é que não lhes permitem aprender a arte de nadar, e eles são incapazes de cruzar o menor dos riachos. Em sua fuga, os escravos não vão muito adiante sem chegar a um córrego, quando se lhes apresenta a alternativa inevitável de se afogar ou ser apanhado pelos cachorros. Quando jovem eu praticara nado nos riachos límpidos que cortam meu distrito natal, até que me tornei um exímio nadador e me sentia à vontade na água.

Fiquei em pé sobre a cerca até que os cachorros chegaram à prensa de algodão. Em mais um instante seus latidos longos e selvagens anunciaram que eles estavam no meu encalço. Pulando da minha posição, corri na direção do pântano. O medo me granjeou forças, e dei tudo de mim. Eles estavam se aproximando. Cada latido parecia mais e mais perto. A cada momento eu esperava que eles pulassem sobre minhas costas — esperava sentir seus longos dentes afundando em minha carne. Havia tantos deles que eu sabia que iam me retalhar, perseguir até a morte. Engolfei todo o ar que eu pude — cuspi uma semiproferida e abafada prece ao Todo-Poderoso para me salvar — para me dar força de alcançar algum riacho mais largo e mais fundo onde eu pudesse despistá-los, ou então afundar em suas águas. Cheguei a um denso palmeiral. Enquanto passava por entre as árvores, elas faziam um barulho alto e farfalhante, não alto o suficiente, porém, para abafar os latidos dos cachorros.

Continuando meu caminho na direção do sul, tanto quanto posso julgar, cheguei a ficar com os sapatos encobertos pela água. Os cachorros, naquele momento, não podiam estar a mais de vinte e cinco metros atrás de mim. Eu podia ouvi-los lançando-se entre as palmeiras e quebrando seus galhos, seus rosnados altos, sedentos, fazendo todo o pântano ecoar seu som. Minhas esperanças se renovaram um pouco quando cheguei à água. Se fosse um pouco mais funda, talvez eles perdessem a pista de meu cheiro e assim, desconcertados, me dariam oportunidade de escapar. Por sorte as águas ficavam mais e mais profundas quanto mais eu avançava — então com água acima de meus tornozelos — então na altura das canelas — ora afundando até a cintura — ora emergindo em locais mais rasos. Os cachorros não tinham voltado a se aproximar de mim desde que eu chegara à água. Evidentemente estavam confusos. Agora suas entonações selvagens ficavam cada vez mais distantes, dando-me a certeza de que eu os estava deixando para trás. Finalmente parei para escutar, mas os longos uivos chegavam pelo ar novamente, dizendo-me que eu ainda não estava a salvo. De brejo para brejo, onde eu havia pisado, eles ainda podiam seguir minha trilha, embora prejudicados pela água. Aos poucos, para minha grande alegria, cheguei a um riacho mais largo e, pulando lá dentro, logo venci sua corrente lamacenta chegando à outra margem. Ali, com certeza, os cachorros se confundiriam — a corrente levando todos os traços daquele cheiro leve, misterioso, que permite que o de faro apurado siga a trilha do fugitivo.

Depois de cruzar esse riacho a água ficou tão funda que não pude mais correr. Eu estava agora no que mais tarde descobri ser o "Grande Pântano Pacoudrie". Era cheio de imensas árvores — sicômoros, eucaliptos, choupos e ciprestes — e se estendia, fui informado, até a beira do rio Calcasieu. Por cinquenta ou sessenta quilômetros era totalmente desprovido de habitantes, a não ser por animais selvagens — ursos, gatos selvagens, tigres e grandes e viscosos répteis, que rastejam por todos os lados. Muito antes de eu chegar ao riacho, na verdade, do momento em que alcancei a água até que emergi do pântano na minha volta, esses répteis me cercavam. Vi centenas de cobras mocassim. Cada tora e cada brejo, cada tronco de árvore caído sobre o qual eu era obrigado a pisar ou o qual tinha que escalar estava vivo, cheio delas. Iam embora rastejando quando eu me aproximava, mas às vezes, na pressa, eu quase colocava minha mão ou meu pé sobre elas. São serpentes venenosas — sua mordida é mais venenosa do que da cascavel. Além disso, eu perdera um sapato — a sola caíra completamente, deixando a parte superior pendendo do meu tornozelo.

Também vi muitos crocodilos, grandes e pequenos, deitados na água, ou sobre pedaços de madeira à deriva. O barulho que eu fazia geralmente os assustava, quando então eles se afastavam e mergulhavam nos recantos mais profundos. Às vezes, porém, eu dava de cara com um monstro, sem me dar conta. Nesses casos, eu recuava, voltava atrás correndo e desse modo os assustava. Para a frente eles conseguem correr uma curta distância em pouco tempo, mas não têm a capacidade de se virar. Numa corrida desigual, não há dificuldade em fugir deles.

Por volta das duas da tarde ouvi pela última vez os latidos. Provavelmente eles não haviam cruzado o riacho. Molhado e exausto, mas aliviado da sensação de perigo constante, segui adiante, porém com mais cautela e receio de cobras e crocodilos do que tivera na primeira parte da minha fuga. Agora, antes de pisar em uma poça lamacenta, eu golpeava a água com um graveto. Caso se movesse, eu a contornava, se não, aventurava-me a atravessá-la.

Enfim o sol se pôs, e o manto negro da noite cobriu com escuridão o grande pântano. Eu ainda avançava tropegamente, temendo a cada instante sentir a picada temível das mocassins, ou ser esmagado pelas mandíbulas de algum crocodilo incomodado. O medo que eu tinha deles agora quase se igualava ao medo dos cães farejadores. A lua surgiu após algum tempo, com sua luz suave avançando sobre os galhos protuberantes, carregados de musgo longo e pendente. Segui avançando até depois da meia-noite, esperando o tempo todo me encontrar em alguma região menos desolada e perigosa. Mas a água ficava mais e mais profunda, e caminhar, mais difícil do que nunca. Percebi que seria impossível prosseguir muito mais, tampouco sabia, além de tudo, em que mãos poderia cair, caso conseguisse chegar a uma morada humana. Sem ter um salvo-conduto, qualquer homem branco poderia me prender e me colocar na prisão até que meu senhor comprovasse minha posse, pagasse os custos e me levasse embora. Eu era um fujão e, se tivesse a má sorte de encontrar um cidadão seguidor da lei da Louisiana, ele consideraria seu dever para com seu vizinho, talvez, colocar-me sem demora no cativeiro. Realmente, era difícil determinar o que eu deveria temer mais — cachorros, crocodilos ou homens!

Depois da meia-noite, porém, eu parei. A imaginação não pode se aproximar de quão medonho era a cena. O pântano ressoava o grasnar de inúmeros patos! Desde a criação da Terra, provavelmente, uma pegada humana nunca antes penetrara o recesso dos pântanos. Não havia silêncio agora — aquele silêncio que torna tudo opressivo —, como quando o sol estava brilhando nos céus. Minha intrusão na calada da noite acordara as tribos plumadas, que pareciam afluir ao charco em centenas de milhares, e suas gargantas tagarelas proferiam os sons mais variados — havia um farfalhar de asas tal —, mergulhos tão repentinos nas águas ao meu redor, que fiquei assustado e apavorado. Todas as aves do ar e todas as criaturas rastejantes da terra pareciam ter se juntado naquele local específico, com o objetivo declarado de enchê-lo de clamor e ruídos. Não de moradas humanas — não apenas de cidades populosas são as visões e os sons da vida. Os locais mais selvagens da Terra estão cheios deles. Até mesmo o coração daquele pântano sinistro Deus proveu com um refúgio e uma morada para milhões de coisas vivas.

A lua agora se erguera sobre as árvores, e me decidi por um novo plano. Até então eu tentara me dirigir para o sul tanto quanto possível. Virando-me, avancei na direção noroeste, meu objetivo sendo chegar a Pine Woods, nas proximidades da propriedade do Senhor Ford. Uma vez à sombra de sua proteção, eu sentia que estaria razoavelmente a salvo.

Minhas roupas estavam em farrapos, minhas mãos, meu rosto e corpo, cobertos por arranhões dos nós afiados de árvores caídas e de passar por cima de moitas e madeira à deriva. Meu pé descalço estava cheio de espinhos. Eu estava todo besuntado de esterco e lama, e do limo verde acumulado na superfície das águas paradas, na qual eu estivera imerso até o pescoço várias vezes durante o dia e à noite. Hora após hora, e por mais cansativo que tenha se tornado, continuei a abrir caminho em minha rota para noroeste. A água começou a ficar menos funda, e o chão, mais firme sob meus pés. Por fim cheguei a Pacoudrie, o mesmo riacho largo no qual eu nadara na primeira parte de minha fuga. Nadei nele novamente e logo em seguida pensei ouvir o cacarejar de um galo, mas o som era fraco e pode ter sido meu ouvido me pregando peças. A água desaparecia de minhas pegadas — eu havia deixado o charco para trás —, agora eu estava em terra firme, que lentamente se elevava para formar uma planície, e sabia que estava em algum lugar de Great Pine Woods.

Bem na hora do raiar do dia cheguei a uma clareira — uma espécie de pequena lavoura —, mas que nunca vira antes. Na beirada da floresta me aproximei de dois homens, um escravo e seu jovem senhor, ocupados em apanhar cães selvagens. O homem branco eu sabia que pediria meu salvo-conduto e, sendo eu incapaz de lhe apresentar um, me prenderia. Eu estava exausto demais para fugir mais uma vez e desesperado demais para ser preso, então adotei um subterfúgio que se mostrou exitoso. Adotando uma expressão feroz, caminhei diretamente em sua direção, olhando-o com firmeza no rosto. À medida que eu me aproximava, ele recuava com um ar assustado. Estava claro que estava muito assustado — que ele me via como um monstro infernal, recém-emergido das entranhas do pântano!

"Onde vive William Ford?", perguntei, num tom seco.
"Ele mora a onze quilômetros daqui", foi a resposta.

"Qual o caminho até a casa dele?", mais uma vez perguntei, tentando parecer mais feroz do que nunca.

"Está vendo aqueles pinheiros ali?", ele perguntou, apontando para dois pinheiros a um quilômetro e meio de distância que se erguiam sobre as outras árvores como duas sentinelas altas que supervisionassem a amplidão da floresta.

"Estou vendo", foi a resposta.

"Nos pés daqueles pinheiros", ele continuou, "corre a estrada que leva ao Texas. Vire à esquerda, e ela vai levá-la até William Ford."

Sem mais conversa, precipitei-me adiante, enquanto ele ficava feliz da vida, sem dúvida, de impor a maior distância possível entre nós. Chegando à estrada que levava ao Texas, dobrei à esquerda, conforme me fora indicado, e logo passei por uma grande fogueira, onde ardia um monte de troncos. Aproximei-me, pensando que secaria minhas roupas; mas a luz cinza da manhã estava se dissipando — homens brancos que passassem por ali poderiam me ver; além disso, o calor me sobrecarregava com vontade de dormir; então, sem mais me deter por lá, continuei minha jornada e finalmente, por volta das oito horas, cheguei à casa do Senhor Ford.

Os escravos não estavam nos alojamentos, estavam todos trabalhando. Pisando na varanda, bati na porta, que logo foi aberta pela Senhora Ford. Minha aparência estava tão mudada — eu estava numa situação tão desolada e desamparada — que ela não me reconheceu. Quando perguntei se o Senhor Ford estava em casa, o bom homem apareceu, antes que a pergunta fosse respondida. Contei-lhe sobre minha fuga e todos os detalhes ligados a ela. Ele ouviu com atenção e, quando terminei, falou comigo de forma gentil e cheia de compaixão e, levando-me à cozinha, chamou John e deu ordens para me preparar comida. Eu nada comera desde o raiar do dia anterior.

Quando John pôs a refeição diante de mim, a senhora

apareceu com uma tigela de leite e várias outras coisas gostosas que um escravo raramente tem a chance de experimentar. Eu estava com fome, estava exausto, mas nem a comida nem o descanso me proporcionaram metade do prazer de ouvir aquelas abençoadas vozes falando de gentileza e consolo. Eram o óleo e o vinho que o Bom Samaritano de Great Pine Woods estava disposto a derramar sobre o espírito ferido do escravo que foi até ele, despido de seus trajes e alquebrado.

Deixaram-me na cabana para que eu pudesse descansar. Abençoado seja o sono! Visita todos de igual maneira, descendo como o orvalho do céu sobre os servos, assim como sobre os homens livres. Não demorou a se instalar no meu peito, levando para longe os problemas que o oprimiam e me conduzindo àquela região cheia de sombras onde mais uma vez vi os rostos e ouvi as vozes de meus filhos, quem, ai de mim!, pelo que sabia de minhas horas de vigília, eu imaginava terem caído nos braços daquele *outro* sono, do qual *jamais* se ergueriam.

11

Depois de um longo sono, em algum momento da tarde acordei, revigorado, mas com muita dor e enrijecido. Sally apareceu e conversou comigo, enquanto John preparou o jantar para mim. Sally estava em apuros, assim como eu, pois um de seus filhos estava doente e ela temia que ele não sobrevivesse. Terminado o jantar, depois de caminhar pelas redondezas por algum tempo, visitar a cabana dela e dar uma olhada na criança doente, caminhei pelos jardins da senhora. Embora fosse uma época do ano em que as vozes dos passarinhos estão em silêncio e as árvores encontram-se despidas de suas glórias veranis em locais com clima mais fresco, ainda assim a ampla variedade de rosas florescia e as longas e luxuriantes vinhas desciam pelas estruturas. Os frutos carmim e dourados pendiam semiescondidos entre as flores mais jovens e mais velhas do pessegueiro, da laranjeira, da ameixeira e da romãzeira; pois, naquela região de quase perpétua calidez, as folhas caem e os botões se abrem durante todo o ano.

Eu nutria os sentimentos mais gratos em relação ao Senhor e à Senhora Ford e, desejando de alguma maneira recompensar sua bondade, comecei a aparar as vinhas, e em seguida a tirar as ervas daninhas da grama entre a laranjeira e a romãzeira. Esta última cresce até chegar a dois metros e meio ou até três metros de altura, e seu fruto, embora grande, é de aparência similar à daquela flor usada em geleias. Tem o sabor doce do morango. Laranjas, pêssegos, ameixas e a maior parte dos outros frutos são nativos do solo rico e quente de Avoyelles; mas a maçã, o fruto mais comum de todos em latitudes mais frias, raramente é vista.

A Senhora Ford apareceu, dizendo que era louvável de minha parte, mas que eu não estava em condições de trabalhar e podia descansar na cabana até que o senhor descesse a Bayou Boeuf, o que não seria naquele dia, talvez nem no dia seguinte. Eu disse a ela que era verdade que eu não estava me sentindo bem, estava dolorido e que meu pé estava me incomodando muito, tão machucado havia sido por tocos e espinhos, mas que achava que um pouco de exercício não me faria mal e que era um prazer imenso trabalhar para uma senhora tão boa. Assim ela voltou à casa-grande, e durante três dias trabalhei com afinco no jardim, limpando as passarelas, arrancando erva daninha dos canteiros de flores e puxando mato de debaixo das trepadeiras de jasmim, as quais a mão gentil e generosa de minha protetora me ensinara a fazer subir pelas paredes.

Na quarta manhã, estando outra vez recuperado e novo em folha, o Senhor Ford ordenou que eu me preparasse para acompanhá-lo até o riacho. Havia apenas um cavalo selado, todas as demais selas tendo sido mandadas com as mulas para a lavoura. Falei que eu podia caminhar e, dando adeus a Sally e a John, deixei a propriedade, trotando ao lado do cavalo.

Aquele pequeno paraíso em Great Pine Woods era o oásis no deserto na direção do qual, durante muitos anos de escravidão, meu coração se voltava com adoração. Eu me afastava dele agora com tristeza e amargura, não tão grandes, porém, quanto seriam se me tivesse sido dito que eu nunca mais voltaria para lá.

O Senhor Ford me instava a tomar seu lugar algumas vezes no cavalo, para descansar; mas eu dizia que não, não estava cansado, e era melhor eu caminhar do que ele. Ele disse muitas coisas gentis e reconfortantes para mim no caminho, cavalgando lentamente para que eu pudesse acompanhá-lo. A bondade de Deus era manifesta, ele declarava, em minha milagrosa fuga do pântano. Tal como Daniel se apresentou ileso saído da cova dos leões, e assim como Jonas fora preservado na barriga da baleia, da mesma forma eu fora livrado do mal pelo Todo-Poderoso. Ele me fez perguntas sobre os vários temores e as várias emoções que eu experimentara durante o dia e a noite, e se eu sentira, em qualquer momento, desejo de rezar. Eu me sentira esquecido pelo mundo, respondi, e rezava mentalmente o tempo todo. Nesses momentos, ele disse, o coração do homem se volta instintivamente na direção do Senhor. Na prosperidade, e quando não há nada para feri-lo ou assustá-lo, o homem não se lembra Dele e está pronto a desafiá-lo; mas exponha-o a perigos, apartado de qualquer auxílio humano, deixe a cova se abrir diante dele — é então, na hora dessa tribulação, que o homem cético e descrente se volta a Deus pedindo ajuda, sentindo que não existe nenhuma outra esperança, ou refúgio, ou salvação, a não ser no Seu braço protetor.

Assim falou aquele bondoso homem comigo desta vida e da vida mais além; da bondade e da força de Deus, e da vaidade das coisas terrenas, enquanto viajávamos pela estrada solitária na direção de Bayou Boeuf.

Quando estávamos a uns oito quilômetros da fazenda, avistamos ao longe um homem montado, galopando em nossa direção. À medida que ele se aproximava, vi que era Tibeats! Ele olhou para mim por um momento, mas não me dirigiu a palavra e, virando-se, passou a galopar lado a lado com Ford. Caminhei em silêncio junto às patas traseiras dos cavalos, ouvindo a conversa. Ford o informou de minha chegada a Pine Woods três dias antes, do triste estado em que eu estava e das dificuldades e perigos que eu encontrara.

"Bem", exclamou Tibeats, omitindo, na presença de Ford, seus xingamentos usuais, "nunca vi uma fuga assim antes. Aposto cem dólares que ele consegue vencer qualquer negro da Louisiana. Ofereci a John David Cheney vinte e cinco dólares para pegar ele, morto ou vivo, mas escapou dos cachorros de Cheney numa bela corrida. Os cachorros dele não são grande coisa, afinal de contas. Os cachorros de Dunwoodie o teriam apanhado antes de chegar aos palmeirais. De alguma maneira os animais perderam a trilha e tivemos de desistir da caçada. Fomos com os cavalos tão longe quanto possível e então continuamos a pé até que a água chegou a um metro de profundidade. Os rapazes disseram que ele tinha se afogado, com certeza. Admito que eu queria lhe dar um tiro certeiro. Desde então tenho varrido toda a região, mas sem muita esperança de encontrá-lo — pensei que estivesse morto, por certo. Oh, aquele crioulo foi feito para correr — sim, senhor!".

Desse modo, Tibeats continuou, descrevendo sua busca no pântano e a incrível velocidade com que eu fugira dos cachorros. Quando terminou, o Senhor Ford respondeu dizendo que eu sempre fora um rapaz bem-disposto e fiel para com ele; que lamentava que tivéssemos tido tal problema; que, de acordo com a história de Platt, ele havia sido tratado de forma desumana; e que ele, Tibeats, estava errado. Usar um machadinho num escravo era algo vergonhoso e não deveria ser permitido, ele observou. "Isso não é maneira de lidar com eles, quando chegam à nossa região. Tem uma influência perniciosa e faz com que todos tentem fugir. Os pântanos estão cheios deles. Um pouco de gentileza seria muito mais eficaz para cativá-los e torná-los obedientes do que o uso dessas armas mortais. Todo fazendeiro da região deveria rejeitar tal tratamento desumano. É do interesse de todos não agir assim. Está mais do que claro, sr. Tibeats, que o senhor e Platt não podem viver juntos. O senhor não gosta dele e não hesitaria em matá-lo, e, sabedor disso, ele vai fugir novamente, temendo pela própria vida. Assim, Tibeats, você deve vendê-lo, ou pelo menos encontrar um emprego para ele. Até que faça isso, vou tomar providências para tirá-lo de seu controle."

Foi nessa linha que Ford se dirigiu a ele durante o resto do trajeto. Não abri a boca. Ao chegar à fazenda, eles se dirigiram para a casa-grande, enquanto eu fui para a cabana de Eliza. Ao voltarem do campo os escravos ficaram surpresos de me encontrar lá, achando que eu havia me afogado. Naquela noite, mais uma vez, eles se juntaram na cabana para ouvir a história de minha aventura. Imaginavam que eu seria açoitado e que a coisa seria grave, já que a penalidade por fugir era de quinhentas chibatadas.

"Pobre sujeito", disse Eliza, pegando minha mão, "teria sido melhor se você tivesse se afogado. Tem um senhor cruel, e ele vai matar você, receio."

Lawson sugeriu que, nesse caso, o feitor Chapin seria designado a aplicar a punição, que não seria severa, ao passo que Mary, Rachel, Bristol e outros esperavam que fosse o Senhor Ford, e nesse caso não haveria chicotada nenhuma. Todos tinham pena de mim e tentavam me consolar, tristes com a perspectiva do castigo que me aguardava, exceto Kentucky John. As gargalhadas dele não tinham limites; ele enchia a cabana com escárnio, segurando a própria barriga para evitar uma explosão, e a razão da sua risada ruidosa era o fato de eu ter deixado os cachorros para trás. De alguma maneira, ele via a coisa toda sob uma luz cômica. "Eu *sabia* que eles não o pegariam quando ele saiu correndo pela lavoura. Oh, Sinhô, se Platt não deu sebo nas canelas, hein? Quando os cachorros chegavam onde ele estava, ele não estava mais *lá* — hahaha! Oh, Sinhô Todo-Poderoso!" — e então Kentucky John caía em outro sonoro ataque de riso.

Bem cedo na manhã seguinte, Tibeats deixou a fazenda. Durante a manhã, enquanto eu passava pela casa da bolandeira, um homem alto e bem-apessoado veio até mim e perguntou se eu era o menino de Tibeats — esse termo jovial era aplicado indiscriminadamente para escravos mesmo que já tivessem passado dos treze anos. Tirei o chapéu e respondi que sim.

"O que acharia de trabalhar para mim?", ele perguntou.

"Oh, eu gostaria muito", falei, inspirado por uma súbita esperança de me livrar de Tibeats.

"Você trabalhou com Myers na propriedade de Peter Tanner, não foi?"

Respondi que sim, acrescentando algumas observações elogiosas que Myers fizera a meu respeito.

"Bem, meu menino", ele disse, "contratei você do seu senhor para trabalhar para mim em Big Cane Brake, a sessenta quilômetros daqui, descendo o rio Vermelho."

O homem em questão era o sr. Eldret, que vivia um pouco abaixo da fazenda de Ford, no mesmo lado do riacho. Eu o acompanhei até sua fazenda e de manhã parti com seu escravo, Sam, e um carregamento de provisões levado por quatro mulas, para Big Cane, sendo que Eldret e Myers haviam partido antes de nós, a cavalo. Esse Sam era nativo de Charleston, onde tinha uma mãe, um irmão e irmãs. Ele "admitia" — uma palavra comum tanto entre negros quanto entre brancos — que Tibeats era um homem mau e esperava, assim como eu, que seu senhor me comprasse.

Prosseguimos a descida pela margem sul do riacho, cruzando-o na altura da fazenda de Carey; de lá fomos para Huff Power e em seguida chegamos à estrada que leva a Bayou Rouge, seguindo o rio Vermelho. Depois de passar pelo pântano de Bayou Rouge, e bem na hora do pôr do sol, saindo da estrada, adentramos o Big Cane Brake. Seguimos por uma trilha virgem, cuja largura mal permitia a passagem da diligência. As canas, tais como são usadas para pescaria, eram tão grossas quanto possível. Não dava para avistar uma pessoa a cinco metros de distância através delas. Trilhas de animais selvagens cruzavam o canavial em várias direções — o urso e o tigre americano são abundantes naqueles matagais, e, onde quer que haja uma bacia de água parada, esta é cheia de crocodilos.

Seguimos em nosso percurso solitário pelo Big Cane durante vários quilômetros, quando então entramos em uma clareira conhecida como Sutton's Field. Muitos anos antes, um homem chamado Sutton havia penetrado a amplidão de canaviais nativos até esse lugar solitário. Segundo a tradição, ele lá se refugiara não de trabalho, mas da justiça. Ali ele morou sozinho — recluso e ermitão dos pântanos — com as próprias mãos plantando as sementes e dando conta da colheita. Um dia um grupo de índios interrompeu sua solidão e, após uma batalha sangrenta, o dominou e massacrou. Num raio de quilômetros, nos alojamentos dos escravos e nas varandas das casas-grandes, onde as crianças brancas ouvem contos folclóricos, a história assim corre: aquele lugar, no coração do Big Cane, é assombrado. Durante mais de um quarto de século, vozes humanas raras vezes, se tanto, perturbaram o silêncio da clareira. Mato e plantas nocivas cobriram o campo outrora cultivado — serpentes tomavam sol junto à porta da cabana decadente. Era de fato uma imagem melancólica de desolação.

Passando por Sutton's Field, seguimos mais uns três quilômetros por uma trilha recém-aberta, o que nos levou até o fim dela. Tínhamos chegado às terras selvagens do sr. Eldret, onde ele pretendia abrir uma grande lavoura. Fomos trabalhar na manhã seguinte com nossos facões e limpamos uma área suficiente para permitir a construção de duas cabanas — uma para Myers e Eldret, outra para mim, Sam e os escravos que se juntariam a nós. Estávamos agora no meio de árvores de enorme porte, cujos galhos, projetando-se para todos os lados, quase bloqueavam totalmente a luz do sol, enquanto o espaço entre os troncos era uma massa impenetrável de canas, com um palmeiral ocasional aqui ou ali.

O loureiro e o sicômoro, o carvalho e o cipreste, chegam a um tamanho sem igual naquelas terras baixas e férteis que ladeiam o rio Vermelho. De todas as árvores, além disso, pendem longas e grandes massas de musgo, apresentando aos olhos que não lhe são acostumados uma aparência impressionante e singular. Esse musgo é mandado para o Norte em grandes quantidades e lá é usado como matéria-prima.

Derrubamos carvalhos, cortamos no formato de tábulas e com elas construímos cabanas temporárias. Cobrimos o teto com a folha larga da palmeira, um excelente substituto para telhas, por sua durabilidade.

O maior desconforto que encontrei ali foram pequenas moscas, pernilongos e mosquitos. Eles enchiam o ar. Penetravam o pavilhão da orelha, o nariz, os olhos, a boca. Fartavam-se sobre a nossa pele. Era impossível afugentá-los ou derrotá-los. Parecia, de fato, que iam nos devorar — nos carregar em pedacinhos em suas atormentadoras boquinhas.

Seria difícil conceber um local mais ermo, ou mais desagradável, do que o centro do Big Cane Brake; e ainda assim para mim era o paraíso, em comparação com qualquer outro lugar na companhia do Senhor Tibeats. Eu trabalhava duro, e nos momentos de folga estava exausto e cansado, e ainda assim conseguia me deitar à noite em paz e levantar de manhã sem temor.

Ao longo de duas semanas, quatro moças negras vieram da fazenda de Eldret — Charlotte, Fanny, Cresia e Nelly. Eram todas largas e parrudas. Machados foram colocados em suas mãos, e elas foram mandadas na minha companhia e de Sam para cortar árvores. Eram excelentes lenhadoras, com o maior carvalho ou sicômoro resistindo por pouco tempo diante de seus golpes pesados e bem direcionados. Ao empilhar troncos, eram iguais a qualquer homem. Há lenhadoras assim como lenhadores nas florestas do Sul. Na verdade, na região de Bayou Boeuf, elas participam do trabalho braçal na fazenda. Aram, cavam, conduzem grupos, limpam áreas selvagens, trabalham nas estradas, e daí por diante. Alguns fazendeiros que têm grandes plantações de algodão e cana não contam com outra coisa senão o trabalho de escravas. Um deles é Jim Burns, que vive na margem norte do riacho, oposto à fazenda de John Fogaman.

Quando de nossa chegada àquele matagal, Eldret me prometeu que, se eu trabalhasse bem, em quatro semanas poderia ir visitar meus amigos na fazenda de Ford. Na noite de sábado da quinta semana lembrei-lhe da promessa, e ele me disse que eu me saíra tão bem que poderia ir. Eu contava com isso, e o anúncio de Eldret me cobriu de prazer. Deveria voltar a tempo na manhã de terça-feira para começar os trabalhos do dia.

Enquanto eu me regozijava na expectativa de encontrar meus velhos amigos novamente, a forma odiosa de Tibeats apareceu entre nós. Ele perguntou como Myers e Platt se davam, o que lhe foi dito — muito bem —, e que Platt estava indo para a fazenda de Ford na manhã seguinte, para uma visita.

"Puf, puf!", grasnava Tibeats, "não vale a pena — o negro vai relaxar. Ele não pode ir."

Mas Eldret insistiu que eu trabalhara com afinco — que ele me prometera e que, naquelas circunstâncias, eu não deveria ser decepcionado. Então, como já estava quase escuro, eles entraram numa cabana e eu noutra. Não podia desistir da ideia de ir; seria uma enorme decepção. Durante a noite decidi que, se Eldret não se opusesse, eu partiria de qualquer jeito. Ao raiar do dia eu estava à sua porta, com meu cobertor enrolado numa trouxa e pendurado num galho sobre meu ombro, esperando por um salvo-conduto. Tibeats apareceu em um de seus humores desagradáveis, lavou o rosto e se aproximou de um cepo ali perto, sentando-se nele, aparentemente muito ocupado com os próprios pensamentos. Depois de ficar por ali durante um bom tempo, fiz menção de partir, impelido por um súbito impulso de impaciência.

"Você vai sem um salvo-conduto?", ele gritou para mim.

"Sim, senhor, pensei em fazer isso", respondi.

"E como acha que vai chegar lá?", ele perguntou.

"Não sei", foi a minha resposta.

"Você seria detido e levado à prisão, onde, aliás, deveria estar, antes sequer de chegar perto de lá", ele acrescentou, passando pela cabana enquanto falava. Tibeats voltou logo com o salvo-conduto na mão e, me chamando de "maldito negro que merecia uma centena de chibatadas", jogou-o no chão. Eu o apanhei e tratei de dar no pé sem mais demora.

Um escravo pego longe da fazenda de seu senhor sem um salvo-conduto pode ser preso e açoitado por qualquer homem branco que encontre. O salvo-conduto que eu recebera naquela ocasião estava datado e dizia:

Platt tem permissão para ir até a fazenda de Ford, em Bayou Boeuf, e voltar até terça de manhã.
JOHN M. TIBEATS

Esse é o texto-padrão. Durante a viagem muitas pessoas pediram para vê-lo, então o leram e seguiram seu caminho. Aqueles com ar e aparência de cavalheiros, cujas vestimentas indicavam posse de riquezas, frequentemente não prestavam nenhuma atenção nele; mas um sujeito maltrapilho, sem dúvida um vagabundo, nunca deixava de me parar, escrutinar e examinar da cabeça aos pés. Pegar fugitivos pode ser um negócio rentável. Se, depois de feito o anúncio, nenhum proprietário aparece, o escravo pode ser vendido a quem pagar mais; e algumas taxas vão para a pessoa que o encontrou, por seus serviços, de todo jeito, mesmo se o escravo é reclamado. "Um branco malvado", portanto — nome aplicado ao espécime vagabundo — considera então uma sorte encontrar um negro desconhecido sem um salvo-conduto.

Não há pousadas ao longo das estradas naquela parte do estado onde eu pudesse pernoitar. Estava completamente sem dinheiro, tampouco carregava comigo provisões para a viagem de Big Cane até Bayou Boeuf; porém, com seu salvo-conduto em mãos, um escravo nunca precisa passar fome ou sede. Apenas é necessário apresentá-lo ao senhor ou feitor de uma fazenda e dizer o que precisa, quando então é mandado à cozinha, sendo recebido com comida e abrigo, de acordo com suas necessidades. O viajante para em qualquer casa e pede uma refeição com tanta liberdade quanto se fosse uma taberna pública. É o costume da região. Sejam quais forem seus erros, é certo que os habitantes ao longo do rio Vermelho e em torno dos riachos no interior da Louisiana não pecam pela falta de hospitalidade.

Cheguei à fazenda de Ford perto do pôr do sol, passando a noite na cabana de Eliza, com Lawson, Rachel e outros conhecidos. Quando deixamos Washington, a aparência de Eliza era roliça e bem fornida. Ela mantinha-se bem ereta, e com suas habilidades e joias demonstrava uma figura de graciosa força e elegância. Agora ela não era mais que uma pálida sombra de sua antiga pessoa. Seu rosto se tornara terrivelmente encovado, e seu corpo, outrora reto e ativo, estava curvado, como se suportando o peso de cem anos. Agachada no chão da sua cabana e vestida com as roupas rústicas de um escravo, o velho Elisha Berry não teria reconhecido a mãe de seu filho. Nunca voltei a vê-la. Tendo perdido a utilidade para a lavoura de algodão, ela foi vendida por uma ninharia para um homem que morava nas redondezas da fazenda de Peter Compton. A tristeza corroera impiedosamente seu coração, até que suas forças se foram; e por isso, seu último dono, dizem, a açoitou e abusou dela da maneira mais desapiedada. Mas ele não conseguiu, por meio de açoites, trazer de volta o antigo vigor de sua juventude, tampouco endireitar aquele corpo alquebrado para sua velha forma ereta, tal como era quando seus filhos estavam com ela e a luz da liberdade brilhava sobre seu caminho.

Fiquei sabendo dos detalhes relativos à sua partida

deste mundo por alguns dos escravos de Compton, que foram pelo rio Vermelho até o riacho para ajudar a madame Tanner durante a "temporada". Aos poucos, Eliza se tornou, disseram, totalmente imprestável, dependente da solidariedade de seus companheiros de servidão para obter um pouco de água e um pedaço de comida. Seu dono não lhe golpeou a cabeça, como às vezes é feito para acabar com o sofrimento de algum animal, mas a abandonou sem cuidados nem proteção para atravessar uma vida de dor e miséria até seu encerramento natural. Quando os escravos voltaram dos campos certa noite, encontraram-na morta! Durante o dia, o Anjo do Senhor, que se move invisivelmente por toda a Terra, fazendo sua colheita de almas expirantes, silenciosamente entrara na cabana da moribunda e a tirara de lá. Finalmente ela se viu *livre*!

No dia seguinte, enrolando meu cobertor, comecei meu retorno para Big Cane. Depois de viajar quase oito quilômetros, o sempre presente Tibeats me encontrou na estrada, em um lugar chamado Huff Power. Perguntou por que eu estava voltando tão cedo e, quando informado que eu estava ansioso por voltar no dia e na hora que me foram determinados, disse que eu não precisava ir além da próxima fazenda, já que naquele dia ele me vendera para Edwin Epps. Fomos até o quintal, onde encontramos esse senhor, que me examinou e fez as perguntas normalmente feitas por compradores. Tendo sido devidamente transferido, mandaram que eu fosse para os alojamentos dos escravos e no mesmo momento me orientaram a fazer uma enxada e um cabo de machadinho para mim mesmo.

Eu não era mais propriedade de Tibeats — seu cachorro, seu animal, temeroso de sua violência e de sua crueldade dia e noite; e fosse quem fosse meu novo senhor, com toda certeza não me ressentiria da mudança. De forma que foi uma boa notícia quando a venda foi anunciada, e com um suspiro de alívio sentei-me pela primeira vez em minha nova morada.

Tibeats não tardou a desaparecer daquela parte da região. Uma vez, e somente uma vez, mais tarde, o vi de relance. Foi a muitos quilômetros de Bayou Boeuf. Ele estava sentado junto ao batente da porta de uma loja de bebidas barata. Eu passava, em um grupo de escravos, pela paróquia de St. Mary.

Edwin Epps, de quem muito falarei no restante desta história, é um homem grande, espadaúdo, parrudo, com cabelo claro, maçãs do rosto salientes e nariz aquilino de dimensões extraordinárias. Ele tem olhos azuis, pele clara e um metro e oitenta de altura, segundo minha estimativa. Tem a expressão aguda e inquisitiva de um jóquei. Suas maneiras são repulsivas e rudes, e seu linguajar dá mostras rápidas e inequívocas de que ele nunca gozou das vantagens de uma educação formal. Tem a capacidade de dizer as coisas mais perturbadoras, nisso ganhando até mesmo do velho Peter Tanner. Na época em que passei à sua posse, Edwin Epps gostava de uma garrafa, e suas bebedeiras às vezes duravam mais de duas semanas inteiras. Recentemente, porém, ele mudara seus hábitos, e quando o deixei era um espécime da mais alta temperança que se podia achar em Bayou Boeuf. Quando embriagado, o Senhor Epps se transformava num sujeito fanfarrão, violento, barulhento, cujo principal deleite era dançar com seus negros ou açoitá-los no quintal com seu longo chicote, só pelo prazer de ouvi-los gemer e gritar quando as grandes tiras se cravavam em suas costas. Quando sóbrio, ele era quieto, reservado e meditabundo, e não nos surrava indiscriminadamente, como em seus momentos de bebedeira, mas mandava a extremidade de seu chicote de couro cru para um lugar frágil do corpo de um escravo sob punição com uma destreza maliciosa toda sua.

Na juventude ele fora motorista e feitor, mas naquela época tinha uma fazenda em Bayou Huff Power, a quatro quilômetros de Holmesville, quase trinta de Marksville e quase vinte de Cheneyville. A propriedade pertencia a Joseph B. Roberts, tio de sua mulher, e era arrendada por Epps. Seu principal negócio era plantar algodão, e já que possivelmente muitos dos que lerão este livro nunca viram um campo de algodão, uma descrição de seu cultivo pode não ser de todo em vão.

O solo é preparado revirando-se as fileiras com o arado — inversão, chama-se. Gado e mulas, as últimas quase que exclusivamente, são usados para a aragem. Tanto as mulheres quanto os homens fazem esse trabalho, alimentando e instigando suas equipes, cuidando delas, e fazendo, em última análise, todo o trabalho de campo e estábulo, exatamente do mesmo jeito como fazem os jovens lavradores do Norte.

As fileiras têm um metro e oitenta de largura, isto é, de sulco de água a sulco de água. Um arado puxado por uma mula é então passado pelo topo ou centro da fileira, fazendo uma trilha, dentro da qual geralmente uma moça deposita as sementes, que ela carrega numa bolsa pendurada no pescoço. Atrás dela vêm a mula e a grade, tapando a semente, de forma que duas mulas e três escravos, um arado e uma grade são empregados no plantio de uma fileira de algodoeiros. Isso é feito nos meses de março e abril. O milho é plantado em fevereiro. Quando não há chuvas frias, o algodão geralmente aparece em uma semana. Depois de oito ou dez dias começa a primeira aragem. Isso é feito em parte com a ajuda do arado e da mula. O arado passa tão rente quanto possível do algodão, em ambos os lados, tirando dele quaisquer crostas. Escravos vão atrás com suas enxadas, capinando grama e algodão, deixando montes separados por uns setenta centímetros. Esse é o desbaste do algodão. Em mais duas semanas tem início a segunda aragem. Dessa vez a enxada é dirigida ao algodão. Apenas uma haste, a maior, é deixada em cada monte. Em mais doze dias ele é arado pela terceira vez, jogando a terra na direção do algodão da mesma maneira de antes e matando toda a grama entre as fileiras. Por volta do dia 10 de julho, quando tem cerca de trinta centímetros de altura, é revirado pela enxada uma quarta e última vez. Agora todo o espaço entre as fileiras está revolvido, deixando um sulco fundo de água no meio. Durante todas essas aragens, o feitor ou o capataz segue os escravos num cavalo com um chicote, tal como foi descrito. Quem ara mais rápido vai na fileira principal. Essa pessoa normalmente está cinco metros à frente de seus companheiros. Se alguém lhe ultrapassa, é açoitada. Se alguém fica para trás ou ocioso por um instante, é açoitada. Na verdade, o chicote voa da manhã até a noite, durante todo o dia. A temporada de arar a terra continua de abril até julho; mal um campo é terminado, logo começa tudo de novo.

Na última parte de agosto começa a temporada da colheita do algodão. Nessa época cada escravo recebe uma saca. A cada saca é presa uma alça, que passa em volta do pescoço, segurando a boca da saca na altura do peito, enquanto o fundo da saca quase chega ao chão. Cada um recebe uma cesta grande que tem capacidade para quase dois barris. Essa cesta é para colocar o algodão quando a saca ficar cheia. As cestas são carregadas para os campos e postas no início de cada fileira. Quando um novo escravo, não habituado à tarefa, é mandado pela primeira vez ao campo, ele recebe muitas chibatas e naquele dia o fazem colher o mais rápido possível. À noite a produção é pesada, de forma que sua capacidade para colheita de algodão seja aferida. Nas noites seguintes esse escravo deverá trazer o mesmo peso. Se trouxer menos, é considerado uma prova de que ele foi preguiçoso, e um número variável de açoites é a punição.

O trabalho de um dia normal rende noventa quilos. Um escravo que esteja habituado a colher é punido se trouxer uma quantidade menor do que isso. Há uma diferença muito grande entre os escravos no que diz respeito a esse tipo de trabalho. Alguns parecem ter um jeito natural, ou rapidez, que os permite colher com mais celeridade, e com ambas as mãos, ao passo que outros, por maior que seja a prática e o cuidado, são completamente incapazes de dar conta da quantidade média. Esses escravos são retirados dos algodoais e empregados em outras tarefas. Patsey, de quem voltarei a falar, era conhecida como a mais incrível colhedora de algodão de Bayou Boeuf. Colhia com ambas as mãos e com uma rapidez tão surpreendente que mais de duzentos e vinte quilos não era uma produção incomum para ela.

Cada um recebe sua incumbência, portanto, de acordo com suas habilidades para a colheita; ninguém, porém, deve chegar com menos de noventa quilos. Eu, sem jamais ter tido prática nisso, teria deixado meu senhor satisfeito trazendo essa quantidade, ao passo que, por outro lado, Patsey com certeza seria surrada se não produzisse o dobro.

O algodão cresce de um metro e meio a pouco mais de dois metros de altura, cada arbusto tendo muitos galhos, que se expandem em todas as direções, sobrepondo-se uns aos outros sobre o sulco de água.

Há poucas visões mais agradáveis aos olhos do que um grande algodoal em flor. Tem uma aparência de pureza, como uma massa imaculada de neve leve e caída há pouco.

Às vezes o escravo colhe um lado de uma fileira e volta para colher o outro lado, mas o mais comum é haver um em cada lado da fileira, juntando tudo o que floresceu e deixando os botões que ainda não se abriram para a colheita seguinte. Quando cheia, a saca é esvaziada na cesta, e pisa-se em cima do algodão. É preciso ter extremo cuidado na primeira vez que se passa pelo campo, para não quebrar os galhos do pé. Os botões não se abrem num galho que foi quebrado. Epps nunca deixava de infligir a punição mais severa no servo infeliz que, por negligência ou de forma inevitável, tivesse o mínimo de culpa quanto a isso.

Os escravos precisam estar no campo de algodao assim que há luz de manhã cedo e, à exceção de dez ou quinze minutos que lhes são dados na hora do almoço para engolir sua ração de toucinho defumado frio, não lhes é permitido nenhum momento de descanso até que esteja escuro demais para enxergar, e quando a lua está cheia, muitas vezes eles trabalham inclusive à noite. Eles não ousam parar nem mesmo no horário do jantar, nem para voltar a seus alojamentos, por mais tarde que seja, até que a ordem de cessar seja dada pelo capataz.

Terminado o trabalho do dia no campo, as cestas são "transportadas", em outras palavras, levadas até a bolandeira, onde o algodão é pesado. Não importa o quão cansado ou exausto ele possa estar — não importa o quanto necessite dormir e descansar —, um escravo nunca leva sua cesta até a casa da bolandeira com outro sentimento que não o medo. Se a produção pesa menos do que deveria — se não desempenhou à altura do que esperavam dele, sabe que pagará por isso. E se ele superou a expectativa em quatro ou nove quilos, provavelmente seu senhor vai estimar sua quantidade do dia seguinte de acordo. Então, tenha ele a menos ou a mais, sua aproximação da casa da bolandeira é sempre feita com medo e tremor. O mais comum é os escravos terem uma produção insuficiente, e portanto não ficam muito ansiosos em deixar o campo. Depois da pesagem, vem o açoite; e então as cestas são carregadas até o depósito de algodão e seu conteúdo é armazenado como feno, com todos os escravos sendo usados para pisar sobre ele. Se o algodão não está seco, em vez de levá-lo diretamente para a bolandeira ele é colocado sobre plataformas de pouco mais de meio metro de altura e cerca de um metro e meio de largura, cobertas com tábuas ou pranchas, com estreitas trilhas para se caminhar entre elas.

Feito isto, o trabalho do dia ainda não é dado por terminado, de modo nenhum. Cada um deve então realizar seus respectivos afazeres. Um alimenta as mulas, outro os porcos, outro corta lenha, e daí por diante; além disso, o empacotamento é todo feito à luz de velas. Finalmente, bem tarde, os escravos vão para os alojamentos, sonolentos e vencidos pelo trabalho do longo dia. Então um fogo precisa ser aceso na cabana, o milho, moído no pilão pequeno, e o jantar, bem como o almoço para o dia seguinte no campo, é preparado. Tudo o que lhes é permitido é milho e toucinho defumado, que é distribuído junto ao silo de milho e da defumadora todo domingo de manhã. Cada um recebe, como ração semanal, um quilo e meio de toucinho defumado e milho o suficiente para uma refeição leve. Isso é tudo — nada de chá, café, açúcar e, com exceção de uma pequena pitada de vez em quando, nada de sal. Posso dizer, após ter morado durante dez anos com o Senhor Epps, que nenhum escravo seu corre o risco de sofrer de gota em função de uma dieta muito farta. Os porcos do Senhor Epps eram alimentados com milho em grão — aos seus "pretos", o milho era jogado na espiga. O porco, ele pensava, engordaria mais rápido com o milho debulhado, sobretudo encharcado de água — os negros, talvez, se tratados da mesma maneira, poderiam ficar gordos demais para trabalhar. O Senhor Epps era um calculador meticuloso e sabia como lidar com seus animais, bêbado ou sóbrio.

O moinho de milho fica no quintal, sob um telhado. É como um moedor comum de café, o funil de carga tendo capacidade para quase seis litros. Havia um privilégio que o Senhor Epps dava livremente a qualquer escravo seu. Eles podiam moer seu milho à noite, nas pequenas quantidades que suas necessidades diárias requeressem, ou podiam moer toda a ração semanal de uma vez só, no domingo, conforme preferissem. Um homem muito generoso o Senhor Epps!

Eu guardava meu milho em uma caixinha de madeira, a refeição numa cabaça; aliás, a cabaça é um dos utensílios mais convenientes e necessários em uma fazenda. Além de substituir qualquer cerâmica na cabana de um escravo, é usada para carregar água até os campos. Outra cabaça, igualmente, contém o almoço. Isso torna dispensáveis baldes, colheres, tigelas e qualquer outro tipo de utensílio supérfluo de lata ou madeira.

Quando o milho é moído, o fogo é aceso e o toucinho é tirado do prego de onde pende, uma fatia é cortada e jogada sobre o carvão para assar. A maioria dos escravos não tem faca, que dirá um garfo. Cortam seu toucinho com o machado sobre uma madeira. O farelo de milho é cozido com um pouco de água, posto no fogo e assado. Quando fica marrom, as cinzas são raspadas; e, colocado sobre um pedaço de madeira que faz as vezes de mesa, o morador da cabana de escravos está pronto para sentar-se sobre o chão para comer. Por essa hora é geralmente meia-noite. O mesmo medo de punição com o qual se aproximam da bolandeira os domina novamente na hora de deitar para descansar. É o medo de dormir demais no dia seguinte. Tal ofensa certamente seria tratada com não menos do que vinte chibatadas. Com uma reza pedindo para estar de pé e acordado no primeiro soar do sinal, ele sucumbe ao sono, todas as noites.

Os sofás mais macios do mundo não são encontrados nas cabanas de toras do escravo. Aquilo em que me deitei ano após ano era uma tábua de trinta e cinco centímetros de largura e três metros de comprimento. Meu travesseiro era um pedaço de madeira. As roupas de cama consistiam num cobertor puído e nem mais um retalho ou farrapo. Musgo poderia ser usado, não fosse pelo fato de que cria uma multidão de pulgas.

A cabana é construída com toras de madeira, sem assoalho nem janela. Esta última é de todo desnecessária, já que os vãos entre as toras admitem bastante luz. Durante tempestades, a chuva entra por esses vãos, tornando a cabana desconfortável e extremamente desagradável. A porta rústica é presa com o auxílio de grandes dobradiças de madeira. Numa ponta é construída uma lareira canhestra.

Uma hora antes do raiar do dia o sinal é dado. Então os escravos se levantam, preparam seu café da manhã, enchem uma cabaça com água, noutra colocam seu almoço de toucinho frio e pão de milho, e correm para o campo mais uma vez. Ser encontrado nos alojamentos depois do raiar do dia é uma ofensa passível de açoite. Então os temores e labores de outro dia começam; e até seu encerramento não há nenhum descanso. O escravo teme ser pego atrasado ao longo do dia; teme se aproximar da bolandeira com sua cesta cheia de algodão à noite; teme, ao se deitar, dormir demais na manhã seguinte. Tal é uma descrição e um retrato verdadeiro, fiel, sem exageros, da vida diária de um escravo durante a época da colheita, nas margens do Bayou Boeuf.

No mês de janeiro, geralmente, a quarta e última colheita é completada. Então começa a colheita do milho. Esta é considerada uma safra secundária e recebe muito menos atenção do que o algodão. É plantada, como já mencionado, em fevereiro. O milho é cultivado naquela região com o propósito de engordar porcos e alimentar os escravos; muito pouco, se tanto, é vendido. É da variedade branca, de espigas grandes, com o pé atingindo quase dois metros e meio, frequentemente até três. Em agosto as folhas são arrancadas, secadas no sol, amarradas em pequenos maços e guardadas como forragem para mulas e gado. Depois disso os escravos passam pelo campo, virando a espiga para baixo, para impedir que as chuvas penetrem o grão. O milho é assim deixado até que a colheita do algodão termine, seja mais cedo ou mais tarde. Então as espigas são tiradas do pé e depositadas nos silos de milho ainda com a palha; senão, despidas da palha, o gorgulho as destruiria. Os pés de milho são deixados no campo.

A "carolina", ou batata-doce, também é cultivada nessa região. Mas não serve de alimento a porco ou gado, e é considerada de pouca importância. São preservadas ao serem postas no chão, com uma fina cobertura de terra ou talos de milho. Não há um só porão em Bayou Boeuf. As terras são tão baixas que o encheriam de água. Batatas-doces valem de dois a três "pilas" ou xelins o barril; o milho, exceto quando há escassez, pode ser comprado pelo mesmo preço.

Assim que as safras de algodão e milho estão garantidas, os pés são arrancados, amontoados e queimados. A aragem tem início nessa mesma época, revolvendo as fileiras novamente, como preparativo para outro plantio. O solo, nas paróquias de Rapides e Avoyelles, e até onde pude observar em todo o país, é de uma riqueza e de uma fertilidade inigualáveis. É de uma espécie de marga, de uma cor marrom ou avermelhada. Não necessita daqueles compostos revigorantes necessários em solos mais estéreis, e na mesma terra a mesma espécie é cultivada por vários anos sucessivamente.

Arar, plantar, colher algodão, reunir o milho e cortar e queimar pés são atividades que ocupam todas as quatro estações do ano. Derrubar árvores e cortar lenha, pisotear o algodão, engordar e matar porcos são apenas tarefas incidentais.

No mês de setembro ou outubro, os porcos são corridos dos pântanos por cachorros e confinados em chiqueiros. Numa manhã fria, geralmente por volta do Ano-Novo, são carneados. Cada carcaça é cortada em seis partes, que são então empilhadas uma sobre a outra em meio ao sal, sobre mesas grandes no defumadouro. Desse jeito permanecem por uma quinzena, quando então são penduradas e um fogo é preparado e mantido durante mais da metade do tempo no restante do ano. Essa longa defumagem é necessária para evitar que o toucinho seja infectado por vermes. Num clima assim tão quente é difícil preservá-lo, e muitas vezes eu mesmo e meus companheiros recebemos nossa ração semanal de um quilo e meio infestada de vermes nojentos.

Embora os pântanos transbordem de gado, nunca se faz deles uma fonte de lucro considerável. O fazendeiro corta sua marca na orelha ou queima suas iniciais na lateral do bicho e o leva para o pântano, para vaguear livremente em seus limites quase infinitos. São de raça espanhola, pequenos e de cornos pontudos. Fiquei sabendo de rebanhos sendo levados de Bayou Boeuf, mas trata-se de uma ocorrência muito rara. O valor das melhores vacas é cerca de cinco dólares cada. Dois litros numa ordenha seria considerado um grande volume. Dão pouco sebo, e de uma qualidade macia, inferior. Apesar da grande quantidade de vacas que povoam os brejos, os fazendeiros dependem do Norte para queijo e manteiga, que são comprados no mercado de New Orleans. Carne de gado salgada tampouco é um artigo alimentício, seja na casa-grande, seja na cabana.

O Senhor Epps se habituou a participar de concursos de tiro a fim de conseguir a carne de gado fresca de que necessitava. Essas disputas esportivas aconteciam semanalmente no vilarejo vizinho de Holmesville. Exemplares de gado gordo são levados até lá e atira-se neles, com um preço estipulado sendo cobrado por tal privilégio. O sortudo que for o melhor atirador divide a carne entre seus amigos, e dessa forma os fazendeiros lá presentes ficam devidamente abastecidos.

O grande número de gado doméstico e selvagem que inunda as florestas e os brejos de Bayou Boeuf é o que provavelmente sugeriu tal nome aos franceses, ainda mais considerando que o termo, traduzido, significa o riacho ou córrego do gado selvagem.

Hortaliças, como couve, rabanete e coisas do tipo, são cultivadas para consumo do senhor e de sua família. Eles têm verduras e legumes em todas as épocas do ano. "A grama murcha e a flor fenece" diante dos ventos desoladores do outono no frio das latitudes setentrionais, mas um verdor perpétuo cobre as quentes terras baixas, e flores brotam no coração do inverno na região de Bayou Boeuf.

Não há campinas apropriadas ao cultivo de capim para pasto. As folhas do milho fornecem alimento suficiente para o gado de lida, ao passo que o resto se alimenta sozinho durante o ano todo nas pastagens, que não param de crescer.

Há muitas peculiaridades no clima, nos hábitos, nos costumes e no modo de viver e trabalhar do Sul, mas o acima descrito, supõe-se, dará ao leitor um vislumbre e uma ideia geral da vida em uma fazenda de algodão na Louisiana. O modo de cultivar a cana, e o processo de manufatura do açúcar, será mencionado mais adiante.

Quando de minha chegada à propriedade do Senhor Epps, em obediência às suas ordens, a primeira tarefa à qual me dediquei foi fazer uma machadinha. Os cabos que lá se usam são simplesmente um pedaço de pau reto de forma arredondada. Fiz um torto, no formato daqueles com os quais eu estava acostumado no Norte. Quando terminado e apresentado a Epps, ele olhou para a ferramenta com surpresa, incapaz de determinar exatamente do que se tratava. Nunca antes vira tal tipo de cabo, e, quando expliquei suas vantagens, ficou visivelmente estupefato com a novidade. Ele o guardou na casa por um bom tempo e, quando seus amigos chegavam, o exibia como uma curiosidade.

Era época de revolver a terra. Primeiro fui mandado ao milharal e em seguida para desbastar algodão. Nisso fiquei até o período de revolver o solo estar quase no fim, quando então comecei a apresentar sintomas de uma doença. Fui atacado por calafrios, que eram sucedidos por uma febre ardente. Fiquei magro e emaciado, e muitas vezes tão tonto que chegava a cambalear e tropeçar como um bêbado. Ainda assim, queria cuidar da minha fileira. Quando com saúde, eu tinha pouca dificuldade em acompanhar meus colegas lavradores, mas agora isso parecia simplesmente impossível. Frequentemente ficava para trás, e então o chicote do capataz não deixava de castigar minhas costas, infundindo ao meu corpo doente e decaído um pouco de energia temporária. Minha saúde continuou a declinar até que o chicote perdeu completamente o efeito. Nem mesmo a mais forte beliscada do cordão de couro era capaz de me estimular. Finalmente, em setembro, quando a época mais atarefada da colheita de algodão estava bem próxima, certo dia não fui capaz de sair de minha cabana. Até esse momento eu não tinha recebido nenhum remédio ou cuidado de meu senhor ou de minha senhora. A velha cozinheira me visitava ocasionalmente, preparando um pouco de café de milho para mim e às vezes cozinhando um pedaço de toucinho defumado, depois que fiquei fraco demais para fazê-lo eu mesmo.

Quando disseram que eu ia morrer, o Senhor Epps, não estando disposto a arcar com o prejuízo que a morte de um animal de mil dólares lhe infligiria, decidiu incorrer na despesa de mandar buscar em Holmesville o dr. Wines. O médico anunciou para Epps que se tratava de efeito do clima e que ele talvez me perdesse. Aconselhou-me a não comer carne e não ingerir nada mais que o estritamente necessário para sobreviver. Muitas semanas se passaram, durante as quais, sob a parca dieta à qual fui submetido, me recuperei parcialmente. Certa manhã, bem antes de estar em condições adequadas para trabalhar, Epps surgiu na porta da cabana e, entregando-me uma saca, mandou que me dirigisse ao campo de algodão. Até essa ocasião eu não tinha nenhuma experiência em colher algodão. Era uma coisa difícil, de fato. Ao passo que outros usavam ambas as mãos para agarrá-lo e depositá-lo na boca da saca, com uma precisão e rapidez que me eram incompreensíveis, eu tinha que pegar o capulho com uma mão e extrair a fibra branca e abundante com a outra.

Além disso, pôr o algodão no saco era uma dificuldade que demandava habilidade das mãos, assim como dos olhos. Eu o pegava do chão onde caíra quase tão frequentemente quanto do galho onde nascera. Também me atrapalhava com os galhos, carregados ainda com capulhos não colhidos, em função da saca longa e desajeitada, que balançava de um lado para o outro de uma maneira que não é admitida num algodoal. Depois de um dia muito exaustivo, cheguei à casa da bolandeira com meu carregamento. Quando a balança indicou que o peso era de apenas quarenta e poucos quilos, menos da metade exigida do colhedor mais ineficaz, Epps me ameaçou com um açoitamento pesado, mas, em consideração por eu ser um "colhedor virgem", decidiu me perdoar naquela ocasião. No dia seguinte, e em muitos dias sucessivos, voltei à noite com a mesma produção — evidentemente eu não era feito para aquele tipo de trabalho. Não tinha a habilidade — os dedos ágeis e os movimentos rápidos de Patsey, que conseguia voar de um lado de uma fileira de algodão, desnudando-o de sua imaculada e velosa brancura de uma forma milagrosamente rápida. Prática e açoitamento não surtiam efeito, e Epps, enfim ciente do fato, praguejou que eu era uma desgraça — que eu não merecia conviver com um negro colhedor de algodão —, que eu não conseguia colher o suficiente em um dia para que valesse a pena pesá-lo e que eu não iria mais ao algodoal. Então fui designado a cortar e carregar madeira e transportar o algodão do campo até a casa da bolandeira, e fazia qualquer outra tarefa que me fosse requerida. Não é necessário dizer que nunca me foi permitido ficar ocioso.

Raramente passava-se um dia sem um ou mais açoitamentos. Isso acontecia na hora em que o algodão era pesado. O infrator cuja produção ficara aquém era levado para fora, despido, forçado a deitar no chão, com o rosto para baixo, e então recebia a punição na proporção do seu delito. É a verdade nua e crua que o estalo do chicote e o gemido do escravo podem ser ouvidos do cair da noite até a hora de dormir na fazenda de Epps, quase todos os dias durante o período da colheita do algodão.

O número de açoites é calculado de acordo com a natureza de cada caso. Vinte e cinco são considerados mera reprimenda, infligidos, por exemplo, quando uma folha seca ou um fragmento de capulho é encontrado no algodão, ou quando um galho é quebrado no campo; cinquenta é a punição-padrão que aguarda todas as faltas da faixa seguinte de gravidade; cem açoites é uma punição considerada severa: é o infligido para o delito grave de ficar no campo sem fazer nada; de cento e cinquenta a duzentos é a punição determinada para quem briga com companheiros de cabana; e quinhentas, bem caprichadas, além das mordidas lacerantes dos cachorros, talvez, com certeza afligirão o infeliz fugitivo, sem direito à misericórdia, por semanas a fio de dor e agonia.

Durante os dois anos em que Epps ficou na fazenda de Bayou Huff Power, ele tinha o hábito, uma vez a cada duas semanas, de chegar em casa vindo de Holmesville embriagado. As partidas de tiro quase que invariavelmente eram concluídas com uma farra. Nessas ocasiões ele ficava escandaloso e como que ensandecido. Frequentemente quebrava pratos, cadeiras e qualquer mobília que caísse em suas mãos. Quando satisfeito com a diversão em casa, pegava o chicote e saía decidido para o quintal. Então instava os escravos a serem vigilantes e extremamente aplicados. O primeiro que chegasse perto sentiria o estalo de seu chicote. Às vezes durante horas Epps os mantinha correndo em todas as direções, esgueirando-se por trás das cabanas. Ocasionalmente ele se aproximava de um incauto e, se conseguisse infligir uma chicotada bem executada, esse feito o deleitava. As crianças menores e os mais velhos que tivessem se tornado inativos sofriam. No meio da confusão, Epps traiçoeiramente se postava atrás de uma cabana, esperando com o chicote erguido, para descê-lo no primeiro rosto negro que surgisse cautelosamente à espreita por trás daquela parede.

Outras vezes ele voltava para casa num humor um pouco menos brutal. Nesses casos, era preciso haver uma festa. Todos tinham de dançar de acordo com uma melodia. Então o Senhor Epps regalava seus ouvidos melodiosos com a música de um violino. Ele ficava expansivo, descontraído, alegremente "batendo coxa" pelo quintal e pela casa.

Na ocasião em que fui vendido, Tibeats informara que eu sabia tocar violino. Ficara sabendo disso por intermédio de Ford. À força da insistência da Senhora Epps, seu marido fora induzido a me comprar durante uma viagem a New Orleans. Frequentemente eu era chamado para a casa a fim de tocar diante da família, já que a senhora adorava música.

Todos éramos reunidos na sala da casa-grande sempre que Epps voltava para casa num ânimo dançante. Não importava quão exaustos ou cansados estivéssemos, urgia que houvesse uma dança geral. Uma vez devidamente instalado, eu começava a dedilhar uma melodia.

"Dancem, negros malditos, dancem", Epps gritava.

Então não podia haver pausa ou atraso, nem movimentos lentos ou lânguidos; tudo precisava ser rápido, alegre e alerta. "Sobe, desce, para a frente, para trás, lá vamos nós", era a ordem. A forma espadaúda de Epps se misturava com a de seus negros, movimentando-se rapidamente por todos os labirintos da música.

Normalmente o chicote ficava em sua mão, pronto para recair na orelha do escravo presunçoso que ousasse descansar um momento ou até mesmo fazer uma pausa para recuperar o fôlego. Quando ele próprio ficava exausto, havia uma breve pausa, mas muito breve. Com uma chicotada e um estalo, seguidos de um floreio do chicote, ele gritava mais uma vez: "Dancem, negros, dancem", e lá se iam eles novamente, atrapalhados, enquanto eu, agitado por um toque ocasional do chicote, ficava sentado em um canto, extraindo de meu violino uma maravilhosa e rápida melodia. A senhora muitas vezes o repreendia, declarando que voltaria para a casa do pai em Cheneyville; ainda assim havia vezes em que ela não conseguia segurar uma explosão de risos, ao testemunhar as tumultuadas brincadeiras do marido. Frequentemente éramos mantidos assim até quase de manhã. Alquebrados pelo trabalho em excesso — de fato ansiando por um descanso restaurador e sentindo praticamente que poderíamos nos jogar no chão e chorar —, muitas noites na casa de Edwin Epps seus infelizes escravos foram obrigados a passar dançando e rindo.

Não bastassem tais privações a fim de realizar o capricho de um senhor pouco razoável, tínhamos que estar no campo assim que houvesse luz e durante o dia éramos obrigados a desempenhar as tarefas costumeiras. Essas obrigações não podiam justificar, junto às balanças, um carregamento menos pesado, ou, no milharal, não arar com a costumeira rapidez. As chicotadas eram tão severas quanto se tivéssemos começado a manhã fortalecidos e revigorados pelo repouso de uma noite. Na verdade, após tais noitadas frenéticas, ele ficava sempre mais amargo e selvagem do que antes, distribuindo punições por ninharias e usando o chicote com uma energia ainda mais vingativa.

Durante dez anos trabalhei para aquele homem sem nenhuma compensação. Dez anos de meu trabalho incessante contribuíram para aumentar o grosso de suas propriedades. Durante dez anos fui obrigado a lhe dirigir a palavra com olhos baixos e cabeça descoberta — com a atitude e o linguajar de um escravo. Não lhe sou grato por absolutamente nada, a não ser por abusos e chibatadas não merecidos.

Fora do alcance de seu desumano jugo, e em pé no solo do estado livre em que nasci, graças aos Céus posso erguer minha cabeça uma vez mais entre homens. Com olhos confiantes posso falar das injustiças que sofri e daqueles que as infligiram. Mas não tenho vontade de falar dele ou de qualquer outra pessoa senão de forma verdadeira. E, no entanto, falar a verdade sobre Edwin Epps equivaleria a dizer: eis um homem em cujo coração não se encontram as qualidades de gentileza ou de justiça. Uma energia bruta, rude, combinada a uma mente não cultivada e um espírito avarento, são suas características principais. Ele é conhecido como "domador de negros", distingue-se por sua capacidade de destruir o ânimo de um escravo, e orgulha-se dessa reputação, tal como um jóquei se regozija de sua habilidade de lidar com um cavalo refratário. Epps olhava para um homem de cor não como um ser humano, responsável diante do Criador pelo pequeno talento que lhe foi legado, mas como uma "propriedade", como mera posse viva, não melhor, exceto em valor, do que uma mula ou um cachorro. Quando lhe foi apresentada a prova clara e indiscutível de que eu era um homem livre, com tanto direito à minha liberdade quanto Epps à dele — quando, no dia em que fui embora, foi informado de que eu tinha mulher e filhos, tão caros para mim quanto seus filhos a ele, Epps apenas se agitou e praguejou, denunciando a lei que me tirava dele e declarando que descobriria quem fora o homem que enviara a carta que revelava o local de meu cativeiro, se é que havia alguma virtude ou poder no dinheiro, e lhe tiraria a vida. Não pensou em nada além de seu prejuízo e me maldisse por ter nascido livre. Ele poderia assistir inabalável à língua de seus escravos sendo arrancada — os veria queimar até as cinzas em fogo lento, ou serem estraçalhados até a morte por cachorros, se isso lhe trouxesse lucro. Um homem assim duro, cruel e injusto é Edwin Epps.

Só havia um homem ainda mais selvagem do que ele em Bayou Boeuf. A fazenda de Jim Burns era cultivada, conforme já foi mencionado, exclusivamente por mulheres. Esse bárbaro mantinha suas costas tão machucadas que elas não conseguiam sequer desempenhar as tarefas diárias esperadas de um escravo. Ele se vangloriava de sua crueldade, e em toda a região era conhecido como um homem mais extremo e bravo até mesmo do que Epps. Um bruto, Jim Burns não tinha uma partícula de misericórdia por seus embrutecidos escravos, e como um tolo açoitava e minava a própria força da qual dependiam seus ganhos.

Epps ficou em Huff Powers durante dois anos, quando, tendo acumulado uma quantia razoável de dinheiro, o gastou na compra de uma plantação na margem oriental de Bayou Boeuf, onde ainda mora. Ele tomou posse de tal propriedade em 1845, após as festas de fim de ano. Carregou consigo para lá nove escravos, todos os quais — menos eu e Susan, que morreu — ainda estão todos lá. Ele não aumentou seu séquito, e durante oito anos foram meus companheiros de alojamento: Abram, Wiley, Phebe, Bob, Henry, Edward e Patsey. Todos esses, exceto Edward, lá nascido, foram comprados de um lote por Epps durante a época em que ele fora feitor de Archy B. Williams, cuja fazenda fica às margens do rio Vermelho, não muito longe de Alexandria.

Abram era alto, uma cabeça mais alto do que qualquer homem. Tinha sessenta anos e nasceu no Tennessee. Vinte anos antes fora comprado por um negociante, levado para a Carolina do Sul e vendido para James Buford, do condado de Williamsburgh, nesse mesmo estado. Quando jovem era conhecido por sua incrível força, mas a idade e o trabalho incessante de alguma forma alquebraram sua estrutura e enfraqueceram suas faculdades mentais.

Wiley tinha quarenta e oito anos. Nasceu na propriedade de William Tassle e durante muitos anos cuidou da ferrovia desse homem junto ao Big Black River, na Carolina do Sul.

Phebe era uma escrava de Buford, vizinho de Tassle, e, como se casara com Wiley, seu senhor o comprou, mediante a insistência dela. Buford era um senhor bom, xerife do condado e, naqueles dias, um homem rico.

Bob e Henry são filhos de Phebe com um antigo marido, e o pai deles fora abandonado para dar lugar a Wiley. Esse jovem sedutor se insinuara às afeições de Phebe, e assim a infiel mulher gentilmente expulsou seu primeiro marido porta afora de sua cabana. Edward já nascera em Bayou Huff Power.

Patsey tinha vinte e três anos e também vinha da fazenda de Buford. Ela não tinha nenhuma conexão com os demais, mas se vangloriava do fato de ser filha de um "negro da Guiné" levado para Cuba em um navio negreiro e em função de negócios transferido para Buford, que era dono de sua mãe.

Este é um relato genealógico dos escravos de meu senhor, conforme fiquei sabendo por eles. Durante anos estavam juntos. Frequentemente lembravam-se de outrora e suspiravam ao retraçar seus passos até seu velho lar, na Carolina. Problemas sobrevieram sobre seu senhor Buford, o que trouxe ainda mais problemas para eles. Ele se envolveu em dívidas e, incapaz de fazer face à decadência de sua fortuna, foi obrigado a vendê-los, assim como outros escravos. Foram acorrentados em grupo e levados desde além do Mississippi até a fazenda de Archy B. Williams. Edwin Epps, que durante muito tempo fora seu capataz e feitor, estava para estabelecer seu próprio negócio quando de sua chegada, e aceitou-os como pagamento por seus serviços.

O velho Abram era um ser de bom coração — uma espécie de patriarca entre nós, que gostava de divertir seus irmãos mais jovens com discursos solenes e sérios. Era profundamente versado na filosofia tal qual é ensinada na cabana do escravo; mas o grande e maior hobby de Pai Abram era o general Jackson, a quem seu jovem mestre no Tennessee seguira nas guerras. Ele adorava se transportar, na sua imaginação, para o lugar de seu nascimento e recontar as cenas de sua juventude durante aqueles tempos agitados, quando a nação pegara em armas. Fora atlético e mais vivaz e forte do que a maioria de sua raça, mas agora seus olhos estavam opacos e sua força natural se arrefecera. Muito frequentemente, de fato, enquanto discutia o melhor método de assar o pão de enxada, ou enquanto discorria longamente sobre as glórias de Jackson, ele esquecia onde havia deixado o chapéu, ou sua enxada, ou sua cesta; e então riam dele, se Epps estava ausente, ou era açoitado, se o senhor estivesse presente. Ele ficava permanentemente perplexo e suspirava ao pensar que estava envelhecendo e se dirigindo à decadência. A filosofia, Jackson e o esquecimento haviam lhe pregado uma peça, e era evidente que essa combinação estava rapidamente levando os cabelos grisalhos de Pai Abram para o túmulo.

Mãe Phebe havia sido uma excelente escrava de campo, mas recentemente fora colocada na cozinha, onde ficara, exceto em tempos de muita correria. Era uma velha criatura astuta, extremamente tagarela quando não estava na presença de seu senhor ou de sua senhora.

Wiley, ao contrário, era quieto. Cumpria suas tarefas com um murmúrio ou resmungo, poucas vezes se lançando ao luxo da fala, exceto para expressar o desejo de estar longe de Epps e outra vez na Carolina do Sul.

Bob e Henry haviam atingido as idades de vinte e vinte e três, e não se distinguiam por nada extraordinário ou pouco comum, ao passo que Edward, um rapaz de treze anos, que ainda não tinha sequer a capacidade de cuidar de sua fileira no milharal ou no algodoal, era mantido na casa-grande para servir os filhos de Epps.

Patsey era magra e esguia. Mantinha-se sempre tão ereta quanto a forma humana é capaz de se manter. Havia algo de imponente em seus movimentos, que nem o trabalho pesado nem a exaustão nem a punição conseguiam destruir. Na verdade, ela era um animal esplêndido, e, se a escravidão não houvesse amortalhado seu intelecto em uma escuridão absoluta e permanente, seria líder de seu povo. Patsey era capaz de pular a cerca mais alta, e apenas um cachorro ágil era capaz de vencê-la numa corrida. Nenhum cavalo conseguia derrubá-la de seu lombo. Ela era uma carroceira habilidosa. Abria sulcos na terra tão bem quanto o melhor escravo, e ao rachar troncos de madeira não havia ninguém que pudesse superá-la. Quando a ordem de cessar era ouvida à noite, ela levava suas mulas ao estábulo, tirava-lhes os arreios e alimentava e escovava os animais muito antes de Pai Abram achar seu chapéu. Porém, não era conhecida por nada disso. Os movimentos de seus dedos eram tão rápidos como os de nenhum outro, e assim, na época da colheita do algodão, Patsey se tornava a rainha do campo.

Tinha um temperamento cordial e agradável, e era fiel e obediente. Era, é claro, uma criatura alegre, uma moça risonha e leve, que se regozijava com a mera ideia de existir. Ainda assim, porém, Patsey chorava com frequência e sofria mais do que qualquer um de seus companheiros. Ela fora literalmente esfolada. Suas costas tinham as cicatrizes de mil açoites; não porque fosse negligente em seu trabalho, tampouco por ser de um ânimo descuidado ou rebelde, mas porque quis o destino que ela fosse escrava de um senhor atrevido e de uma senhora ciumenta. Patsey se encolhia diante do olhar cobiçoso do primeiro e corria até mesmo risco de vida nas mãos da outra; entre um e outro, era de fato amaldiçoada. Na casa-grande, por dias a fio havia palavras gritadas e furiosas, cenas e desacordos dos quais ela era a causa inocente. Nada deleitava tanto a senhora quanto vê-la sofrer, e mais de uma vez, quando Epps se recusara a vendê-la, ela me tentou com ofertas para matá-la em segredo e enterrar seu corpo em algum lugar solitário às margens do brejo. Com alegria Patsey teria saciado essa alma rancorosa se tivesse podido fazê-lo, mas, diferentemente de José, não ousava fugir do Senhor Epps, deixando suas vestes nas mãos dele.* Patsey caminhava sob uma nuvem. Se pronunciasse uma palavra que contrariasse o desejo de seu senhor, recorria-se ao chico-

---

* Referência ao episódio do Gênesis em que José, chegado ao Egito e comprado como escravo por Potifar, membro da corte do faraó, é assediado pela mulher de seu senhor e, para não ceder, foge dela, deixando seu manto em suas mãos. (N.T.)

te imediatamente para fazê-la obedecer; se não prestasse atenção quando em sua cabana, ou quando vagando pelo quintal, um pedaço de madeira, ou uma garrafa quebrada, talvez, arremessada pela mão de sua senhora, a atingiria inesperadamente no rosto. Vítima escravizada da luxúria e do ódio, Patsey não tinha descanso nessa vida.

Esses eram meus companheiros e colegas de servidão, com quem eu costumava ser levado para o campo e com quem me coube morar durante dez anos nas cabanas de toras de Edwin Epps. Eles, se vivos, ainda estão mourejando nas margens de Bayou Boeuf, destinados a jamais respirar, tal como agora eu faço, o ar abençoado da liberdade, tampouco a se livrar das pesadas correntes que os aprisionam, até que se deitem eternamente sob a terra.

No primeiro ano da residência de Epps na região, 1845, as lagartas quase que totalmente destruíram a lavoura de algodão. Havia pouco a ser feito, de forma que os escravos estavam necessariamente ociosos metade do tempo. Porém, chegou um rumor a Bayou Boeuf de que os salários eram altos e de que se necessitava muito de trabalhadores nas fazendas açucareiras na paróquia de St. Mary. Ela fica situada na costa do Golfo do México, a cerca de duzentos e vinte quilômetros de Avoyelles. O rio Teche, um curso de água considerável, corre de St. Mary até o golfo.

Foi determinada pelos fazendeiros, ao saber disso, a formação de um grupo de escravos a serem enviados para Tuckapaw, na paróquia de St. Mary, para serem empregados nos canaviais. Assim, no mês de setembro, cento e quarenta e sete haviam sido reunidos em Holmesville, incluindo Abram, Bob e eu. Cerca de metade eram mulheres. Epps, Alonson Pierce, Henry Toler e Addison Roberts eram os homens brancos designados para acompanhar o lote e se encarregar dele. Eles tinham uma carroça puxada por dois cavalos e outros dois cavalos com sela para seu uso. Uma grande diligência, puxada por quatro cavalos e conduzida por John, um rapazote que pertencia ao sr. Roberts, carregava os cobertores e as provisões.

Por volta das duas horas da tarde, após termos sido alimentados, foram feitos os preparativos para a partida.

A tarefa que me foi designada era me encarregar dos cobertores e das provisões, e me certificar de que nada fosse perdido pelo caminho. A carroça ia à frente, seguida pela diligência; atrás vinham os escravos, enquanto dois homens montados seguiam na retaguarda, e nessa ordem nossa procissão saiu de Holmesville.

Naquela noite chegamos à fazenda de um tal sr. Mc-Crow, a uma distância de quinze ou vinte e cinco quilômetros, então recebemos a ordem de parar. Enormes fogueiras foram acesas, e cada um se deitou no chão, sobre seu cobertor estendido. Os homens brancos foram hospedados na casa-grande. Uma hora antes do amanhecer fomos acordados por capatazes que vieram para o meio de nós, estalando seus chicotes e ordenando que nos levantássemos. Então os cobertores foram enrolados e, uma vez entregues para mim e guardados na diligência, a procissão partiu novamente.

Na noite seguinte, choveu com violência. Ficamos todos ensopados, com as roupas encharcadas de lama e água. Chegando a uma clareira, a rigor uma casa de bolandeira, encontramos abrigo. Não havia espaço para todos nós nos deitarmos. Lá ficamos, embolados, noite adentro. De manhã prosseguimos em nossa caminhada, como de costume. Durante a jornada éramos alimentados duas vezes por dia, cozinhando nosso toucinho e assando nosso pão de milho na fogueira do mesmo modo como o fazíamos em nossas cabanas. Passamos por Lafayetteville, Mountsville e New Town até Centreville, onde Bob e Pai Abram foram contratados. Nosso número caía à medida que avançávamos — já que quase todas as fazendas de açúcar necessitavam dos serviços de um ou mais.

No trajeto passamos pelo Grand Cocteau, uma vastidão de campo plano e monótono, sem uma árvore sequer, exceto uma ou outra que tivessem sido transplantadas junto a alguma moradia decadente. Fora uma vez densamente povoada e cultivada, mas por alguma razão havia sido abandonada. O negócio dos raros habitantes que agora lá vivem é basicamente a criação de gado. Rebanhos imensos lá pastavam quando passamos. No centro do Grand Cocteau, uma pessoa se sente como no oceano, longe da vista da terra. Tão longe quanto o olho pode ver, em todas as direções, nada mais há além de uma vastidão arruinada e deserta.

Eu fui empregado pelo juiz Turner, um homem distinto e grande fazendeiro cuja maior propriedade fica em Bayou Salle, a poucos quilômetros do golfo. Bayou Salle é um pequeno riacho que deságua na baía de Atchafalaya. Durante alguns dias fui empregado na propriedade de Turner para reparar seu engenho de açúcar, quando então um machete foi colocado em minhas mãos e com mais trinta ou quarenta escravos fui mandado para o campo. Ao aprender a arte de cortar cana, não encontrei a mesma dificuldade que na colheita de algodão. Era algo que eu fazia de forma natural e quase intuitiva, e em pouco tempo eu era capaz de acompanhar o mais rápido no facão. Antes do fim da colheita, porém, o juiz Tanner me transferiu do campo para o engenho de açúcar, para trabalhar lá na função de capataz. Desde o início do processo da manufatura do açúcar até o fim, a moagem e o cozimento não param, nem de dia nem de noite. O chicote me foi dado com orientação de usá-lo em qualquer um que fosse pego vagabundeando. Se eu falhasse em obedecer-lhes ao pé da letra, havia outro chicote reservado para as minhas costas. Além disso, meu dever era chamar e dispensar os diferentes grupos no momento devido. Eu não tinha nenhum intervalo regular de descanso e nunca conseguia dormir mais do que uns poucos momentos a cada vez.

É costume na Louisiana, como presumo ser em outros estados escravagistas, permitir que o escravo tome para si qualquer compensação que ele julgue apropriada para serviços realizados aos domingos. Desse modo, apenas, é que eles conseguem para si algum luxo ou privilégio.

Quando um escravo, comprado ou sequestrado no Norte, é transportado para uma cabana em Bayou Boeuf, ele não recebe nem faca nem garfo, tampouco prato, chaleira, peça de cerâmica ou mobília de qualquer natureza ou jeito. Ele recebe um cobertor antes de chegar lá e, enrolando-se nele, pode ficar de pé ou deitar-se no chão ou em uma tábua para a qual seu senhor não tenha uso. Ele está livre para encontrar uma cabaça na qual guardar sua refeição, ou pode comer seu milho da espiga, conforme preferir. Pedir ao senhor uma faca, frigideira ou qualquer outro tipo de utensílio receberia como resposta um chute, ou seria considerado uma piada, despertando risos. Qualquer artigo dessa natureza encontrado na cabana do escravo foi comprado com dinheiro de domingo. Por mais injurioso que seja à moral, é certamente uma bênção para a situação do escravo a permissão de desobedecer ao descanso dominical. De outra maneira não haveria jeito de conseguir para si nenhum utensílio indispensável a quem é obrigado a cozinhar para si mesmo.

Em fazendas de cana, na época da manufatura do açúcar, não há distinção quanto aos dias da semana. Entende-se que todos os escravos devem trabalhar no domingo, e igualmente entende-se que, sobretudo aqueles que são empregados, como eu era pelo juiz Turner e por outros nos anos seguintes, devem receber remuneração por isso. Também é comum, na época mais atarefada da colheita do algodão, exigir-se esse mesmo trabalho extra. É aí geralmente que os escravos têm uma oportunidade de ganhar o suficiente para comprar faca, chaleira, tabaco e coisas do tipo. As mulheres, que em geral dispensam o último desses luxos, podem gastar seus ganhos na compra de fitas chamativas com as quais adornam o cabelo na alegre época das festas de fim de ano.

Permaneci na paróquia de St. Mary até 10 de janeiro, tempo durante o qual meu dinheiro de domingo chegou a dez dólares. Tive outros lances de boa sorte, que devo a meu violino, meu companheiro constante, fonte de renda e calmante das minhas tristezas durante anos de servidão. Havia uma grande festa de brancos na propriedade de Yarney, em Centreville, uma aldeia nas redondezas da fazenda de Turner. Fui contratado para tocar para eles, e tão agradados ficaram os convivas com a minha apresentação que uma contribuição foi cobrada em meu benefício, totalizando dezessete dólares.

Na posse desse dinheiro, eu era olhado por meus companheiros como um milionário. Dava-me um grande prazer olhar para ele — contá-lo repetidas vezes, dia após dia. Visões de mobília para a cabana, de baldes para água, de canivetes, sapatos novos e casacos e chapéus flutuavam em minha imaginação, e no meio de tudo se erguia a contemplação triunfante de que eu era o negro mais rico de Bayou Boeuf.

Embarcações sobem o rio Teche até Centreville. Enquanto lá me encontrava, tive coragem suficiente para um dia me apresentar ao capitão de um navio a vapor e implorar permissão para me esconder entre a carga. Tive coragem de correr o risco de tal iniciativa ao entreouvir uma conversa durante a qual me certifiquei de que ele era nativo do Norte. Não lhe contei todos os detalhes de minha história, mas apenas expressei um desejo ardente de fugir da escravidão para um estado livre. Ele ficou com pena de mim, mas disse que seria impossível evitar os vigilantes oficiais da aduana de New Orleans e que se eu fosse pego ele ficaria sujeito à punição e sua embarcação, ao confisco. Minhas honestas súplicas evidentemente cativaram sua simpatia, e sem dúvida ele as teria atendido se o pudesse fazer sem correr riscos. Fui compelido a apaziguar a repentina chama que se acendeu em meu peito com doces esperanças de libertação e retroceder sobre meus passos mais uma vez na direção de uma escuridão e um desespero crescentes.

Logo após esse acontecimento, o grupo de escravos voltou a se reunir em Centreville e, muitos dos proprietários tendo chegado e coletado os dividendos devidos aos nossos serviços, fomos levados de volta a Bayou Boeuf. Foi na nossa volta, enquanto passávamos por um pequeno vilarejo, que enxerguei Tibeats, sentado junto à porta de um armazém sujo, parecendo um tanto decaído e sem manutenção. Paixão e uísque ruim, não duvido, o haviam tirado de jogo.

Fiquei sabendo por intermédio de Mãe Phebe e Patsey que esta, durante nossa ausência, esteve cada vez mais envolta em problemas. A pobre moça era realmente um objeto de dar pena. "O velho Cara de Porco", como Epps era chamado quando os escravos estavam sozinhos, surrara Patsey mais severa e frequentemente do que nunca. Tão certamente quanto o fato de ele vir bêbado de Holmesville — o que acontecia com frequência naqueles tempos —, ele a açoitava, apenas para gratificar sua senhora; punia Patsey numa extensão quase intolerável por uma ofensa que ele próprio era o único e irremediável causador. Em seus momentos de sobriedade, Epps nem sempre conseguia deixar de cumprir a insaciável sede de vingança de sua mulher.

Livrar-se de Patsey — tirá-la de vista ou das proximidades por meio de venda, morte ou de qualquer outra maneira parecia ser, nos últimos anos, o pensamento e a paixão dominante de minha senhora. Patsey fora a favorita quando criança, até mesmo na casa-grande. Fora acarinhada e admirada por seu viço incomum e por ser agradável. Era alimentada muitas vezes, assim contava Pai Abram, até mesmo com leite e biscoitos, quando a senhora, em seus anos de juventude, chamava-a para o pátio e a afagava como se fosse um gatinho brincalhão. Mas uma triste mudança sobreviera no espírito daquela mulher. Agora, apenas conselhos negros e raivosos imperavam no templo de seu coração, até que ela olhasse Patsey somente com um concentrado veneno.

A Senhora Epps não era uma mulher má por natureza. Estava possuída pelo demônio, o ciúme, é verdade, mas, fora isso, havia muito a ser admirado em sua personalidade. Seu pai, o sr. Roberts, morava em Cheneyville e era um homem influente e honrado, tão respeitado em toda a paróquia quanto qualquer outro cidadão. Ela havia sido bem educada em alguma instituição neste lado do Mississippi; era bela, preparada e, em geral, bem-humorada. Era gentil com todos nós, menos com Patsey — frequentemente, na ausência do marido, mandava-nos algum quitute de sua própria mesa. Em outras situações — numa sociedade diferente da que existe nas margens de Bayou Boeuf —, ela teria sido declarada uma mulher elegante e fascinante. Mal afortunado o vento que a soprou para os braços de Epps.

Ele respeitava e amava a esposa tanto quanto uma natureza rústica como a dele é capaz de amar, mas o egoísmo supremo sempre levava a melhor sobre a afeição conjugal. "Ele amava tanto quanto uma natureza selvagem é capaz,/ mas naquele homem havia disposição e alma más."* Ele estava sempre pronto a gratificar qualquer capricho — a conceder qualquer pedido que ela fizesse, desde que não lhe custasse muito dinheiro. No algodoal, Patsey equivalia a quaisquer outros dois escravos seus somados. Ele não tinha como substituí-la sem perder dinheiro. A ideia de se livrar dela, portanto, não seria concretizada. A senhora não a via sob essa luz, de modo algum. O orgulho da altiva mulher fora espicaçado; o sangue da feroz sulista fervia à vista de Patsey, e nada a satisfazia, a não ser acabar com a vida da indefesa escrava.

Às vezes o fluxo de sua raiva se voltava para aquele que ela tinha razão de detestar. Mas a tempestade de palavras em fúria sempre passava, e então havia bonança novamente. Nesses momentos, Patsey tremia de medo e chorava como se seu coração fosse colapsar, pois sabia, da dolorosa experiência, que, se a senhora chegasse aos pín-

---

* Trecho do poema "A Destiny", de Caroline Sheridan Norton (1808-77). (N.T.)

caros inflamados da raiva, Epps acabaria por acalmá-la com a promessa de que Patsey seria açoitada — promessa que ele não deixaria de cumprir. Assim foi que orgulho, ciúme e vingança travaram guerra contra a avareza e a paixão animal na mansão de meu senhor, enchendo-a de tumultos e brigas diárias. Assim, sobre a cabeça de Patsey — a escrava simplória, em cujo coração Deus implantara a semente da virtude — é que por fim se esvaía a força de todas essas tempestades domésticas.

Durante o verão seguinte a meu retorno da paróquia de St. Mary, bolei um plano para obter comida — plano que, embora simples, funcionou melhor do que o esperado. Foi seguido por vários outros na mesma condição que eu em todos os cantos da região e se tornou tão exitoso que quase fui convencido a me considerar um benfeitor. Naquele verão o toucinho ficou bichado. Nada, a não ser uma fome voraz, conseguia nos induzir a ingeri-lo. A ração semanal de comida mal bastava para nos satisfazer. Era costume entre nós, como entre todos naquela região, onde a ração termina antes do sábado à noite ou então fica num estado nauseabundo e nojento, caçar guaxinim e cangambás nos brejos. Isso, porém, precisa ser feito à noite, depois que o trabalho do dia é terminado. Há fazendeiros cujos escravos passam meses sem nenhuma outra carne senão a que é obtida desse jeito. Nenhuma objeção é feita ao ato de caçar, ainda mais que poupa o defumadouro e cada guaxinim desatento que é morto significa um tanto poupado do milho armazenado. Eles são caçados com cães e tacos, já que escravos não têm permissão para usar armas de fogo.

A carne do guaxinim é palatável, mas muito provavelmente não há nada em todo o universo das carnes tão delicioso quanto um cangambá assado. São animaizinhos roliços, de corpo bastante comprido e de uma cor esbranquiçada, com nariz de porco e rabo de rato. Eles fazem sua toca entre as raízes e no oco de eucaliptos, e são desajeitados e lentos. São criaturas traiçoeiras e espertas. Quando recebem qualquer golpe de taco, por mais fraco que seja, jogam-se no chão e fingem-se de mortos. Se o caçador os abandona para perseguir outro animal, sem antes disso ter o cuidado de lhes quebrar o pescoço, o mais provável é que, quando voltar, a caça não seja encontrada. O animalzinho foi mais esperto que seu inimigo — se "fez de morto" — e escapou. Mas, após um dia longo de trabalho duro, o escravo, exausto, mal tem vontade de adentrar o brejo para ir atrás de seu jantar e na metade das vezes prefere se jogar no chão de sua cabana em jejum. É do interesse do proprietário que a saúde do servo não seja prejudicada pela fome, e também é de seu interesse que ele não fique gordo de tanto comer. Na visão do dono, o escravo tem mais serventia quando em forma esguia e esbelta, como um cavalo de corrida pronto para a disputa, e é nessa condição que eles geralmente são encontrados nas fazendas açucareiras e algodoeiras que margeiam o rio Vermelho.

Minha cabana ficava a poucas dezenas de metros das margens do riacho e, sendo a necessidade a mãe da invenção, bolei um jeito de conseguir a porção necessária de comida sem precisar recorrer ao brejo no meio da noite. Tratava-se de uma armadilha para pegar peixes. Tendo, na minha cabeça, pensado numa maneira de fazê-lo, no domingo seguinte me pus a colocá-la em prática. Talvez seja impossível relatar ao leitor toda a extensão de sua construção, mas o que segue vai servir como uma descrição geral.

Faz-se uma moldura quadrada com cerca de sessenta ou noventa centímetros de lado e com uma altura variável, de acordo com a profundidade da água. Tábuas ou sarrafos são pregados em três lados dessa moldura, não tão rentes um dos outros, porém, a ponto de impedir que a água flua. Uma portinhola é fixada no quarto lado, de modo tal que se abre, deslizando para cima e para baixo com facilidade nos sulcos entalhados em duas colunas. Um fundo móvel é assim encaixado de modo que possa ser erguido até o topo da moldura sem nenhuma dificuldade. No centro do fundo móvel há um buraco feito com pua, e nesse furo é fixada, por baixo, a extremidade de uma haste ou de uma vareta arredondada, de forma suficientemente frouxa para que possa girar. A haste sobe do centro do fundo móvel até o topo da moldura, ou até a altura que se queira. Acima e abaixo desse cabo, em vários locais, há furos pelos quais pequenas varetas são inseridas, estendendo-se para lados opostos da moldura. Tantas dessas varetas partem da haste em todas as direções que um peixe de qualquer tamanho considerável não consegue passar por elas sem se chocar. A moldura então cai na água e fica imóvel.

A armadilha é preparada deslizando-se ou levantando--se a portinhola, que então é mantida nessa posição com o auxílio de outra vareta. Uma extremidade repousa sobre uma chanfradura interna e a outra, numa chanfradura feita na haste, partindo do centro do fundo móvel. A armadilha recebe como isca um tanto de comida e algodão, que são enrolados juntos até que fiquem duros, e então depositados atrás da moldura. Um peixe que entre nadando pela portinhola aberta na direção da isca necessariamente vai se chocar contra uma das varetinhas, o que girará a haste, que moverá a vareta que dá sustentação à porta, que então cairá, aprisionando-o. Pegando a parte superior da haste, o fundo móvel então é trazido para a superfície da água, e o peixe, retirado. Pode ser que outras armadilhas tenham sido usadas antes de a minha ser construída, mas, se assim foi, nunca aconteceu de eu ver nenhuma. Bayou Boeuf abunda de peixes de tamanhos grandes e excelente qualidade, e depois disso raras vezes fiquei sem um, tampouco meus amigos. Assim uma mina se abriu — uma nova fonte de recursos foi desenvolvida, até então impensada pelos filhos escravizados da África, que labutam e passam fome pelas margens daquele riacho preguiçoso, mas prolífico.

Na época que ora descrevo aconteceu algo em nossas redondezas que deixou uma profunda impressão em mim e que mostra a situação da sociedade que lá existia e a maneira como afrontas são muitas vezes vingadas. Diante de nossos alojamentos, no outro lado do riacho, ficava a fazenda do sr. Marshall. Ele pertencia a uma família das mais ricas e aristocráticas do país. Um cavalheiro da região de Natchez estivera negociando com ele a compra da propriedade. Um dia chegou um mensageiro, esbaforido, em nossa fazenda, dizendo que uma luta sangrenta e terrível estava acontecendo na propriedade de Marshall — que sangue fora derramado — e, a menos que os combatentes fossem imediatamente separados, o resultado seria desastroso.

Chegando à casa de Marshall, viu-se uma cena que exige descrição. No chão de um dos quartos estava caído o pavoroso cadáver do homem de Natchez, ao passo que Marshall, enraivecido e coberto de feridas e sangue, andava de um lado para o outro, "exalando ameaças e ódio".* Uma dificuldade surgira no curso das negociações, palavras ásperas seguiram-se, eles então sacaram suas armas e teve início a contenda mortal que de forma tão desastrosa terminou. Marshall nunca foi preso. Uma espécie de julgamento ou investigação foi realizada em Marksville, ele foi absolvido e voltou à sua fazenda, mais respeitado, pareceu-me, do que nunca, em função do sangue de um irmão manchar sua alma.

O próprio Epps demonstrou interesse por ele, acompanhando-o até Marksville e justificando-o a altos brados sempre que possível, mas seus serviços não impediram que mais tarde um parente desse mesmo Marshall tentasse tirar sua vida. Em uma mesa de jogos aconteceu entre os dois uma desavença que terminou numa briga mortal. Cavalgando no lombo de um cavalo diante da casa certo dia, armado com pistolas e uma faca Bowie, Marshall o desafiou a se apresentar e resolver a disputa de uma vez por todas, senão ia tomá-lo por covarde e abatê-lo como um

---

* Referência a Atos 9. (N.T.)

cachorro na primeira oportunidade. Não por covardia nem por qualquer escrúpulo racional, na minha opinião, mas graças à influência de sua esposa, ele deixou de aceitar o desafio do inimigo. Uma reconciliação, entretanto, ocorreu posteriormente, e desde então eles se relacionam na maior intimidade.

Tais acontecimentos, que trariam às partes envolvidas punição merecida e adequada nos estados do Norte, são frequentes na região e passam despercebidos e quase sem comentário. Todo homem carrega sua faca Bowie e, quando dois se desentendem, partem para retalhar e golpear um ao outro, mais como selvagens do que como seres civilizados e esclarecidos.

A existência entre eles da Escravidão em sua forma mais cruel tem a tendência de brutalizar os melhores sentimentos de sua natureza. Testemunhas diárias do sofrimento humano — ouvindo os agonizantes guinchos dos escravos — vendo-os se contorcer sob o impiedoso chicote — mordidos e retalhados por cachorros — morrendo sem nenhuma atenção e sendo enterrados sem mortalha nem caixão —, não se pode esperar outra coisa senão que fiquem embrutecidos e negligentes para com a vida humana. É verdade que há muitos homens de coração gentil e bom na paróquia de Avoyelles — homens como William Ford —, que veem com piedade o sofrimento dos escravos, assim como há, em todo o mundo, espíritos sensíveis e compassivos que não conseguem olhar com indiferença o sofrimento de qualquer criatura dotada de vida pelo Todo-Poderoso. Não é culpa do proprietário de escravos se ele é cruel; antes, é culpa do sistema no qual ele vive. Ele não consegue se opor à influência do hábito e das relações que o cercam. Ensinado desde a mais tenra idade por tudo o que vê e ouve que a vara foi feita para as costas do escravo, na idade madura não consegue mudar de opinião.

Pode haver senhores humanos, como certamente há desumanos — há escravos bem vestidos, bem alimentados e felizes, assim como certamente há os esfarrapados, subnutridos e infelizes; porém, a instituição que tolera maldades e desumanidades como as que testemunhei é cruel, injusta e bárbara. Os homens podem escrever ficção retratando a vida dos de baixo como ela é, ou como ela não é — podem dissertar com a gravidade de uma coruja sobre as delícias da ignorância —, discorrer de forma desenvolta de uma confortável poltrona sobre os prazeres da vida de escravo; mas deixe-os labutar com o escravo no campo — dormir com ele na cabana —, alimentar-se com ele de cascas; deixem-nos vê-lo ser açoitado, caçado, pisoteado, e eles voltarão com outra história para contar. Deixe-os conhecer o *coração* do pobre escravo — descobrir seus pensamentos secretos — pensamentos que não ousa pronunciar perto do homem branco; deixem-nos sentar com ele nas horas caladas da noite — conversar com ele em honesta confidência, sobre "a vida, a liberdade e a busca da felicidade", e eles descobrirão que noventa e nove de cada cem são inteligentes o suficiente para compreender a própria situação e para acalentar no peito o amor pela liberdade de forma tão apaixonada quanto eles.

Em função de minha pouca habilidade para colher algodão, Epps costumava me empregar na lavoura de açúcar durante a época do corte da cana e da manufatura. Ele recebia por meus serviços um dólar por dia, e com esse dinheiro me substituía em sua fazenda de algodão. Cortar cana era uma tarefa que me convinha, e durante três anos seguidos comandei a principal fileira na fazenda de Hawkins, liderando um grupo de cinquenta a cem lavradores.

Em um capítulo anterior é descrito o modo de cultivar algodão. Este pode ser o lugar adequado para falar do cultivo da cana.

O solo é preparado em talhões, da mesma maneira como é preparado para receber as sementes de algodão, exceto que é lavrado mais profundamente. Os sulcos são feitos da mesma maneira. A semeadura começa em janeiro e continua até abril. Apenas em um a cada três anos é necessário fazer o plantio da lavoura de açúcar. Três colheitas são feitas antes que a semente ou a planta fique exaurida.

Três grupos são usados nessa operação. Um puxa a cana do canavial, cortando o topo e as folhas do caule, deixando apenas a parte que é viçosa e saudável. Cada junta da cana tem um olho, como o olho da batata, de onde surge um broto quando enterrada no chão. Outro grupo coloca a cana nos sulcos, pondo duas canas lado a lado de modo que haja uma junta a cada quinze centímetros, mais ou menos. O terceiro grupo vem atrás com enxadas, jogando terra sobre os brotos e cobrindo-os até a altura de dez centímetros.

Em quatro semanas, no mais tardar, os brotos começam a aparecer, e daí em diante crescem com grande rapidez. Um canavial é arado três vezes, assim como o algodão, com a diferença de que uma grande quantidade de terra é tirada das raízes. Por volta de 10 de agosto a aragem geralmente chega ao fim. Em meados de setembro, o que for necessário como muda é cortado e armazenado na forma das chamadas medas. Em outubro está tudo pronto para a moagem ou o engenho, e então a colheita geral começa. A lâmina do facão de cortar cana tem quarenta centímetros de comprimento e quase dez de largura no meio, ficando mais estreita perto da ponta e do cabo. Ela é fina, e a fim de ser útil tem de ser mantida bem afiada. Um trabalhador conduz outros dois, um de cada lado. Aquele que lidera o grupo, no início, com um golpe de facão desbasta as folhas do caule. O seguinte corta o topo, até onde a cana começa a ficar verde. Ele precisa ter cuidado para separar a parte verde da parte madura, ainda mais que o sumo da primeira azeda o melaço e o torna invendável. Então corta a cana rente à raiz e a deixa logo atrás de si. Seus companheiros da direita e da esquerda põem o caule, quando cortado, sobre os dele. Cada três trabalhadores são seguidos por um carrinho, e a cana é ali jogada pelos escravos mais jovens, quando então é levada para a moagem.

Se o fazendeiro detecta o prenúncio de uma geada, a cana é cortada. O processo consiste em cortá-la bem cedo e jogá-la atravessada na água de forma que o topo cubra a ponta inferior do caule. Permanecerá assim três semanas ou até mesmo um mês sem estragar e ficará protegida da geada. Quando a hora adequada chega, a cana é retirada da água, desbastada e levada para a moagem.

No mês de janeiro os escravos vão aos campos novamente para preparar outra safra. Espalham-se no chão as pontas e as folhas cortadas da cana do ano anterior. Em um dia seco ateia-se fogo nesses detritos combustíveis, e o fogo se espalha em todo o campo, deixando-o nu e limpo, pronto para a enxada. A terra é afofada junto às raízes do velho restolho, e ao longo do tempo outra planta brota da semente do ano anterior. Acontece a mesma coisa no ano seguinte; mas no terceiro ano a semente já está exaurida, e o campo precisa ser arado e replantado. No segundo ano a cana é mais doce e rende mais do que no primeiro e, no terceiro ano, mais do que no segundo.

Nas três temporadas em que trabalhei na fazenda de Hawkins, de início passei um bom tempo na moenda. Ele é conhecido como o produtor do melhor tipo de açúcar branco. O que segue é uma descrição de seu engenho e o processo de sua manufatura:

A moagem consiste numa enorme construção de tijolos junto às margens do riacho. Adjacente a essa construção sobressai uma cabana aberta, com pelo menos trinta metros de comprimento e doze ou quinze metros de largura. A caldeira na qual o vapor é gerado fica do lado de fora do prédio principal; as máquinas e o motor ficam sobre uma base de tijolos, a quatro metros e meio do chão, incrustada no corpo da construção. O maquinário faz girar dois grandes tambores de ferro, de sessenta a noventa centímetros de diâmetro e dois metros ou dois metros e meio de comprimento. Eles são elevados acima da parede de tijolos e rolam para dentro um do outro. Uma longa esteira feita de correntes de madeira, como os cintos de couro usados em pequenos moinhos, vai dos tambores de ferro até a construção principal e atravessa todo o comprimento do barracão aberto. Os carrinhos nos quais as canas são trazidas do campo assim que é cortada são descarregados ao lado da cabana. Ao longo da comprida esteira se veem crianças escravas cuja tarefa é pôr a cana sobre a esteira, quando então é levada pela cabana para a construção principal, onde é derrubada entre os dois tambores, amassada e derrubada sobre outra esteira que a leva para fora da casa principal, na direção oposta, e a deposita no topo de uma chaminé na base da qual há um fogo, que consome o bagaço. É preciso que seja queimada assim, senão em pouco tempo encheria o engenho, e, pior, azedaria e traria doenças. O suco da cana cai num condutor sob os tambores de ferro e é levado para um reservatório. Tubos o levam dali para cinco filtros, cada qual com vários barris. Esses filtros são enchidos com fosfato e carbonato de cálcio, que lembram pó de carvão. São derivados de ossos calcinados em recipientes fechados e usados a fim de alvejar, no processo de filtragem, o suco da cana antes da fervura. Através desses cinco filtros o suco passa sucessivamente e então corre para um grande reservatório subterrâneo, de onde é bombeado, graças a um motor a vapor, até um clarificador feito com chapas de ferro, no qual é aquecido pelo vapor até o ponto de fervura. Do primeiro clarificador é então levado em tubos para um segundo e um terceiro, e então para panelões de ferro fechados pelos quais passam tubos que são aquecidos por vapor. Enquanto está fervendo, passa pelas três panelas sucessivamente e então desce por outros tubos até o resfriador, junto ao chão. Os resfriadores são caixas de madeira com fundo de peneira feito do melhor tipo de arame. Assim que passa pelos resfriadores e entra em contato com o ar, o xarope toma a forma de grãos, e o melaço escorre pelas peneiras até uma cisterna. Então é açúcar branco ou em torrão do melhor tipo — claro, limpo e tão branco quanto a neve. Quando frio, é retirado, armazenado em barris e está pronto para a venda. O melaço é então levado da cisterna até o andar de cima e, por um processo diferente, é convertido em açúcar mascavo.

Há engenhos maiores e construídos de forma diferente da que acabo de descrever de maneira imperfeita, mas nenhum, talvez, mais festejado quanto este, em qualquer lugar de Bayou Boeuf. Lambert, de New Orleans, é sócio de Hawkins. É um homem de vasta riqueza, tendo, me disseram, parte de mais de quarenta fazendas açucareiras na Louisiana.

O único descanso do trabalho incessante pelo qual passa o escravo todo o ano é durante as festas de Natal. Epps nos permitia três dias — outros permitiam quatro, cinco e até seis, de acordo com sua generosidade. É a única época aguardada pelos escravos com interesse ou prazer. Eles ficam felizes quando chega a noite, não apenas porque traz algumas horas de descanso, mas porque os aproxima um dia a mais do Natal. É festejado com igual deleite por velhos e novos; até mesmo Pai Abram deixa de glorificar Andrew Jackson e Patsey esquece suas muitas tristezas na alegria geral das festas. É época de festejos, alegrias e música — o carnaval das crianças escravas. São os únicos dias quando lhes é permitido um pouco de liberdade, e com muito afinco eles o aproveitam.

É costume o fazendeiro oferecer uma ceia de Natal, convidando escravos das fazendas vizinhas para se juntar aos seus na ocasião; por exemplo, num ano o jantar é oferecido por Epps, no ano seguinte, por Marshall, no ano seguinte, por Hawkins, e daí por diante. Geralmente são reunidas de trezentas a quinhentas pessoas, que chegam juntas a pé, em carroças, no lombo do cavalo, montando mulas, em duas ou três, às vezes um rapaz e uma moça, às vezes uma moça e dois rapazes, e noutras vezes ainda um rapaz, uma moça e uma velha senhora. Pai Abram montado a cavalo, com Mãe Phebe e Patsey atrás dele, trotando na direção do jantar de Natal, não seria uma visão incomum em Bayou Boeuf.

Então, "mais do que todos os dias do ano", eles se juntam endomingados. O casaco de algodão foi lavado, o toco de uma vela de sebo foi esfregado nos sapatos, e se o sujeito tiver a sorte de possuir um chapéu sem aba ou de topo aberto, o adereço será orgulhosamente posto sobre a cabeça. São recebidos com igual cordialidade, porém, se chegam à festa de cabeça descoberta e de pés descalços. De forma geral, as mulheres usam lenço amarrado na cabeça, mas se o acaso pôs em seu caminho uma fita vermelha vistosa, ou se um bonezinho da avó de sua patroa foi jogado fora, estes não deixarão de ser usados em tais ocasiões. Vermelho — vermelho-sangue — é decididamente a cor favorita entre as donzelas escravas que conheço. Se uma fita vermelha não lhes contorna o pescoço, com certeza vai ver todo o cabelo de suas lanosas cabeças amarrado com fitas vermelhas de um tipo ou de outro.

A mesa é posta ao ar livre e carregada com vários tipos de carne e montes de legumes. Toucinho e farinha de milho são dispensados nessas festividades. Às vezes a comida é preparada na cozinha da fazenda, noutras vezes, à sombra de árvores generosas. Nesse caso, um buraco é cavado no chão, e madeira é colocada ali e queimada até que o buraco fique cheio de brasa, em cima da qual são assados galinhas, patos, perus, porcos e não raramente o corpo inteiro de um boi selvagem. Recebem também farinha, com a qual fazem biscoitos, e muitas vezes pêssegos e outros tipos de conserva, toda espécie de torta, menos torta de carne com frutas, que lhes é desconhecida. Apenas o escravo que viveu anos com sua parca ração de farinha e toucinho é capaz de verdadeiramente apreciar esses jantares. Muitas pessoas brancas se juntam para testemunhar o deleite gastronômico.

Os escravos se sentam à mesa rústica — os homens de um lado, as mulheres do outro. Duas pessoas entre as quais haja alguma troca afetiva invariavelmente dão um jeito de sentar uma na frente da outra; pois o onipresente Cupido não deixa de lançar suas setas nos corações simples dos cativos. Uma felicidade cristalina e exultante ilumina os rostos negros de todos eles. Dentes alvíssimos, contrastando com suas peles negras, mostram-se em duas longas e brancas fileiras, em toda a extensão da mesa. Por todos os lados da beneficente tábua de madeira uma multidão de olhos se agita, em êxtase. Risos, gargalhadas e o barulho de talheres e pratos se sucedem. Impelido por um impulso involuntário de se divertir, o cotovelo de Cuffee cutuca o vizinho; Nelly balança o dedo na cara de Sambo e cai na risada, sem saber por quê, e assim seguem a diversão e a alegria.

Quando as carnes por fim desaparecem e o estômago faminto das crianças escravas foi saciado, então a diversão seguinte é a dança natalina. Minha tarefa nesses dias de gala sempre foi tocar o violino. A raça africana ama a música, como se sabe; e muitos entre meus companheiros tinham órgãos de sensibilidade acústica incrivelmente desenvolvidos e sabiam dedilhar o banjo com habilidade; mas, correndo o risco de parecer ególatra, devo declarar que eu era considerado o Ole Bull* de Bayou Boeuf. Meus patrões frequentemente recebiam cartas, às vezes vindas de mais de quinze quilômetros de distância, pedindo que me mandassem para tocar em um baile ou numa festa de brancos. Eles recebiam pagamento por isso, e normalmente eu também voltava com algumas moedas tilintando em meus bolsos — a contribuição extra daqueles cuja alegria eu suscitara. Desse jeito me tornei mais conhecido do que seria de outra forma em todas as áreas da região. Os jovens rapazes e as jovens moças de Holmesville sempre sabiam que haveria dança em algum lugar quando o "Platt de Epps" era visto passando pela cidade com o violino na mão. "Onde você está indo agora, Platt?" e "O que vai ser hoje à noite, Platt?" eram perguntas que surgiam de todas as portas e janelas, e, muitas vezes, quando não havia pressa especial, submetendo-se a pressões, eu empunhava meu arco e, montado sobre minha mula, tocava algo para uma multidão de crianças fascinadas, reunidas à minha volta na rua.

* Ole Bornemann Bull (1810-80), violinista e compositor norueguês. (N. T.)

Ai! Não fosse por meu adorado violino, mal posso imaginar como teria suportado os longos anos de escravidão. Ele me apresentou a grandes casas — aliviou-me de muitos dias de trabalho pesado no campo —, fornecia-me utensílios para a minha cabana — como cachimbos, tabaco, um par extra de sapatos, e algumas vezes me afastava da presença de algum patrão duro, para testemunhar cenas de alegria e júbilo. Era meu companheiro — o amigo do peito triunfantemente alto quando eu estava feliz e emitindo seu suave e melodioso consolo quando eu estava triste. Muitas vezes, à noite, quando o sono fugia assustado da cabana e minha alma ficava perturbada e agitada com a contemplação de meu destino, o violino me cantava uma canção de paz. Nos dias sagrados de domingo, quando uma hora ou duas de ócio era permitida, ele me acompanhava até algum lugar tranquilo às margens do riacho e, erguendo sua voz, discorria com gentileza e agradavelmente. Levou meu nome por toda a região — fez-me amigos que, de outra forma, não teriam sequer me percebido —, fornecia-me um assento de honra em festividades anuais e me garantia as boas-vindas mais altas e fortes de todas quando da dança natalina. A dança natalina! Oh, vocês, filhos e filhas do ócio, em busca de prazer, que se movem com passo marcado, ágeis e serpenteantes, pelo lento e sinuoso cotilhão, se desejam ver a celeridade, senão a "poesia do movimento" — mediante felicidade genuína, crescente e livre —, vão para a Louisiana e vejam os escravos dançando à luz das estrelas numa noite de Natal.

No Natal que tenho especificamente em minha mente, cuja descrição servirá como panorama geral, a srta. Lively e o sr. Sam, a primeira de propriedade de Stewart, o último de Roberts, começaram o baile. Era conhecimento de todos que Sam nutria uma paixão ardente por Lively, como também era o caso de um dos rapazes de Marshall e um de Carey; pois Lively era de fato *vivaz*, e uma moça linda, ainda por cima. Foi uma vitória para Sam Roberts quando, levantando-se do banquete, ela lhe deu a mão para a primeira série de movimentos, em detrimento de seus dois rivais. Eles ficaram de crista bastante caída e, balançando a cabeça com fúria, chegaram a ameaçar que gostariam de pegar o sr. Sam e dar uma sova nele. Mas nenhum sentimento de raiva agitou o peito tranquilo de Samuel enquanto suas pernas dançavam como baquetas, abaixando-se e erguendo-se, ao lado de sua enfeitiçante companheira. Todo o grupo os aplaudiu ferozmente e, entusiasmados pelos aplausos, eles continuaram depois que todos os outros já tinham se cansado e parado por um momento para recuperar o fôlego. Mas os esforços sobre-humanos de Sam finalmente o dominaram, e ele deixou Lively sozinha, ainda rodopiando como um pião. Então um dos rivais dele, Pete Marshall, se apresentou e, com força e energia, pulou e dançou e se jogou de todas as maneiras imagináveis, como se determinado a mostrar à srta. Lively e a todo mundo que Sam Roberts não era de nada.

A afeição de Pete, porém, era maior do que seu juízo. Um exercício assim tão violento lhe tirou imediatamente o fôlego, e ele caiu no chão como um saco vazio. Então foi a vez de Harry Carey tentar a sorte; mas Lively logo lhe deu um baile, também, entre urras e gritos, sustentando totalmente sua merecida reputação de ser a "moça mais rápida" da região.

Quando uma pessoa sai, outra assume seu lugar, e aquele ou aquela que permanecer mais tempo dançando recebe mais e mais sonoros aplausos, e assim o baile continua até a luz do dia. Não para com o som do violino, mas, nesse caso, providencia-se uma música especial. A isto chamam de *bater*, acompanhado por uma dessas músicas sem letra, composta mais para ser adaptada a uma melodia ou compasso do que para o propósito de expressar uma ideia específica. A batida é executada com tapas sobre os joelhos, então com palmas, então dando um tapinha no ombro direito com uma mão, no esquerdo com a outra — enquanto se mantém o ritmo com os pés e cantando, talvez, esta música:

> *Harper's creek and roarin' ribber,*
> *Thar, my dear, we'll live forebber;*
> *Den we'll go to the Ingin nation,*
> *All I want in dis creation,*
> *Is pretty little wife and big plantation.*
> (Refrão)
> *Up dat oak and down dat ribber,*
> *Two overseers and one little nigger.**

Ou, se tais palavras não se adaptam à melodia em questão, talvez a "Old Hog Eye" — um espécime de versificação bastante solene e assustador que só pode ser verdadeiramente apreciado se ouvido no Sul — se adapte. É assim:

> *Who's been here since I've been gone?*
> *Pretty little gal wid a josey on.*
>   *Hog Eye!*
>   *Old Hog Eye,*
>   *And Hosey too!*

> *Never see de like since I was born,*
> *Here come a little gal wid a josey on.*
>   *Hog Eye!*
>   *Old Hog Eye!*
>   *And Hosey too!***

---

* "Riacho de Harper e o ruidoso rio,/ Isso, minha querida, vamos viver para sempre;/ Intão vamos para a terra do além,/ Tudo que me importa nesta vida/ É uma mulherzinha e uma grande fazenda.// Acima daqueles carvalho e para lá daquele rio/ Dois feitor e um negrinho." (N.T.)
** "Quem esteve aqui desde que me fui?/ Uma mocinha bonita com um sorriso maroto no rosto./ Olho de porco!/ Velho Olho

Ou também pode ser a seguinte, igualmente sem sentido, mas cheia de melodia quando sai da boca do negro:

Ebo Dick and Jurdan's Jo,
Them two niggers stole my yo'.
(Refrão)
Hop Jim along,
Walk Jim along,
Talk Jim along — etc.

Old Black Dan, as black as tar,
He dam glad he was not dar.
Hop Jim along, etc.*

Durante os dias que se seguem ao Natal, os escravos recebem salvo-condutos e autorização para ir aonde quiserem dentro de certo perímetro, ou então podem ficar e trabalhar na lavoura, e nesse caso são pagos. É muito raro, porém, que a última alternativa seja aceita. Nessas ocasiões eles são vistos indo apressados em todas as direções, os mortais mais felizes que se podem ver na face da Terra. São seres diferentes do que quando estão nos campos; o descanso temporário, o breve intervalo do medo e do açoite, produz uma completa metamorfose em sua aparência e atitude. Ao fazer visitas, cavalgar e renovar velhas amizades, ou, quiçá, reviver uma velha relação, ou aproveitando seja qual for o prazer que se apresente, o tempo é usado. Assim é a "vida sulista como ela é", *três dias por ano*, tal

---

de Porco,/ E Hosey também!/ Nunca vi igual desde que nasci,/ Lá vem uma mocinha com um sorriso maroto./ Olho de porco!/ Velho Olho de Porco!/ E Hosey também!" (N.T.)

* "Ebo Dick e Jo de Jurdan,/ Esses dois negros roubaram meu ai./ Tragam Jim,/ Façam-no caminhar,/ Façam-no falar etc./ O velho Dan preto, tão preto quanto piche,/ Tá muito feliz porque não estava lá./ Tragam Jim etc." (N.T.)

como a vi — os outros trezentos e sessenta e dois sendo dias de exaustão, medo, sofrimento e infindável trabalho.

    Casamentos são frequentes durante as festas, se é que se pode dizer que tal instituição exista entre os escravos. A única cerimônia necessária antes de adentrar esse "estado sagrado" é obter o consentimento dos respectivos proprietários. Normalmente o casamento recebe o incentivo dos patrões das escravas mulheres. Cada parte pode ter quantos maridos ou mulheres seu proprietário permitir e tem liberdade de se desfazer de maridos ou mulheres conforme lhe aprouver. A lei em relação ao divórcio, ou à bigamia, e assim por diante, não é aplicável a escravos, é claro. Se a mulher não é da mesma fazenda que o marido, ele pode visitá-la nas noites de sábado, se a distância não for muito grande. A mulher de Pai Abram morava a onze quilômetros da fazenda de Epps, em Bayou Huff Power. Ele tinha permissão para visitá-la uma vez por quinzena, mas estava ficando velho, conforme diziam, e, para falar a verdade, estava se esquecendo dela. Pai Abram não tinha tempo a perder de suas meditações sobre o general Jackson — galanteios matrimoniais sendo algo muito bom para os jovens desprevenidos, mas inoportunos para um filósofo sério e solene como ele.

À exceção de minha viagem para a paróquia de St. Mary e de minha ausência durante as épocas de corte de cana, eu era constantemente usado na fazenda do Senhor Epps. Ele era considerado apenas um pequeno fazendeiro, não tendo um número de escravos suficiente para necessitar os serviços de um feitor e desempenhando ele próprio este papel. Sem condições de aumentar sua força de trabalho, Epps costumava contratar mãos extras para a colheita do algodão.

Em propriedades maiores, que empregam cinquenta, cem ou talvez duzentos escravos, um feitor é considerado indispensável. Esses homens passam pelos campos a cavalo, sem exceção que eu saiba, armados com pistolas, faca Bowie e chibata, e acompanhados por vários cachorros. Aparelhados assim seguem atrás dos escravos, mantendo um olhar atento sobre todos. As qualificações necessárias num feitor são crueldade, brutalidade e violência. É sua tarefa garantir a produção de grandes safras e, se isso é conseguido, não importa a quantidade de sofrimento que custou. A presença dos cachorros é necessária para capturar um fugitivo que decidiu dar no pé, como é muitas vezes o caso, e quando, fraco ou doente, o escravo não consegue cuidar de sua fileira ou aguentar o chicote. As pistolas são reservadas para qualquer emergência perigosa, tendo havido ocasiões em que tais armas foram necessárias. Aguilhoado até a loucura incontrolável, o próprio escravo às vezes se volta contra seu opressor. No mês de janeiro passado ainda estava montado em Marksville o patíbulo sobre o qual tinha sido executado um ano antes um homem que matara seu feitor. Aconteceu a não muitos quilômetros da fazenda de Epps, no rio Vermelho. O escravo recebeu a tarefa de cortar lenha. Ao longo do dia, o feitor o mandou fazer algo que tomou tanto tempo que não foi possível para ele realizar a primeira tarefa. No dia seguinte o escravo foi chamado para se explicar, mas a perda de tempo ocasionada pela segunda tarefa não serviu como justificativa e o feitor lhe ordenou que se ajoelhasse e tirasse a camisa para receber os açoites. Estavam no meio do mato, sozinhos — além da vista ou do alcance de qualquer pessoa. O rapaz se submeteu até que ficou louco por tal injustiça e, enlouquecido de dor, num pulo se pôs de pé, pegou um machado e literalmente cortou o feitor em pedacinhos. Não fez nenhuma tentativa de esconder o fato, mas, apressando-se ao patrão, tratou de relatar todo o episódio e se declarou pronto a expiar seu malfeito com o sacrifício da própria vida. Ele foi levado ao cadafalso e, com o laço no pescoço, manteve uma atitude imperturbável e destemida, justificando o ato com suas últimas palavras.

Além do feitor, há capatazes sob ele, em número proporcional ao de escravos no campo. Os capatazes são negros que, além de realizar uma parte igual do trabalho, têm de fazer o açoitamento de seus vários grupos. Um chicote pende ao redor de seu pescoço, e, se deixam de usá-lo devidamente, eles próprios são açoitados. Têm alguns poucos privilégios, porém; por exemplo, no corte da cana, os escravos não têm permissão para ficar sentados tempo suficiente para ingerir o almoço. Carrinhos cheios de pão de milho, assados na cozinha, são levados para o campo ao meio-dia. O pão é distribuído pelos capatazes e deve ser ingerido no menor tempo possível.

Quando o escravo para de respirar, como costuma fazer quando sobrecarregado para além de suas forças, ele cai no chão e se torna totalmente inofensivo. É então dever do capataz arrastá-lo para a sombra do arbusto de algodão ou da cana, ou então de uma árvore das redondezas, onde joga baldes de água sobre ele e usa outros métodos para fazê-lo voltar a respirar, quando então ele é mandado de volta a seu lugar e impelido a continuar seu trabalho.

Em Huff Power, quando pela primeira vez cheguei à propriedade de Epps, Tom, um dos negros de Roberts, era capataz. Ele era um sujeito corpulento e extremamente severo. Depois da mudança de Epps para Bayou Boeuf, essa honra foi conferida a ninguém menos do que eu. Até o momento de minha partida eu tinha que andar no campo com um chicote em volta de meu pescoço. Se Epps estivesse presente, eu não ousava demonstrar tolerância, já que não tinha a fortaleza cristã de um certo renomado Pai Tomás a ponto de me opor à sua ira, recusando desempenhar a tarefa. Apenas desse jeito eu conseguia escapar do martírio que ele imediatamente sofreu e, além disso, poupava muito sofrimento a meus companheiros, conforme ficou provado ao final. Epps, logo descobri, se presente no campo ou não, não deixava de nos vigiar com atenção. Da varanda, atrás de alguma árvore ou de outro ponto escondido de observação, ele estava perpetuamente de vigia. Se um de nós havia se atrasado ou estado ocioso durante o dia, era bem capaz que ouvíssemos sobre isso ao voltar aos alojamentos, e, como era uma questão de princípios para ele punir toda ofensa do tipo que chegasse a seu conhecimento, o infrator não apenas podia ter certeza de receber um castigo por sua lentidão, como eu também era punido por permiti-la.

Se, por outro lado, ele tivesse me visto usando o chicote livremente, o homem ficava satisfeito. "A prática leva à perfeição", de fato; e, graças à minha experiência de oito anos como capataz, aprendi a manusear o chicote com uma destreza e uma precisão maravilhosa, jogando-o a um fio de cabelo das costas, da orelha, do nariz, sem, porém, encostar neles. Se Epps fosse visto à distância, ou se tivéssemos razão para temer que estivesse nos vigiando escondido em algum lugar das redondezas, eu começava a vergar o chicote com vigor, quando então, de acordo com nossa combinação, eles se contorciam e gemiam como se em extrema agonia, embora ninguém na verdade sequer tivesse sido arranhado. Caso ele aparecesse, Patsey aproveitava a ocasião para murmurar de forma que ele pudesse ouvir algumas reclamações de que Platt os estava açoitando o tempo todo, e Pai Abram, com a aparência de honestidade que lhe era peculiar, declarava em alto e bom som que eu acabara de açoitá-los com mais crueldade do que o general Jackson varrera o inimigo em New Orleans. Se Epps não estivesse bêbado e num de seus humores do cão, isso, em geral, bastava. Se estivesse bêbado, um ou mais de nós teria de sofrer, é claro. Às vezes sua violência assumia uma forma perigosa, arriscando a vida do seu próprio gado humano. Certa vez, embriagado, teve a ideia de se divertir cortando meu pescoço.

Ele estivera ausente em Holmesville, para assistir a uma disputa de tiro ao alvo, e nenhum de nós esperava por sua volta. Enquanto eu trabalhava com a enxada ao lado de Patsey, ela falou em voz baixa, de repente: "Platt, ocê ouviu o velho porco me chamando?".

Olhando para os lados, eu o vi na beirada do campo, fazendo gestos e caretas, como era seu hábito quando levemente embriagado. Ciente de suas intenções lascivas, Patsey começou a chorar. Sussurrei-lhe para não levantar os olhos e continuar seu trabalho, como se não o tivesse visto. Suspeitando do que se passava, porém, ele logo veio pisando firme até mim, enraivecido.

"O que você disse a Pats?", perguntou, com um xingamento. Dei-lhe alguma resposta evasiva, que apenas teve o efeito de aumentar sua violência.

"Desde quando esta fazenda é sua, negro maldito?", ele perguntou, com um escárnio sardônico ao mesmo tempo que agarrava o colarinho de minha camisa com uma mão e enfiava a outra no bolso. "Vou cortar esse seu pescoço preto; ah se vou", ele disse, tirando o canivete do bolso enquanto falava. Mas com uma só mão não conseguiu abri--lo, até que finalmente segurou a lâmina na boca com os dentes; vi que estava prestes a conseguir fazê-lo e senti a necessidade de fugir, pois, naquele estado inconsequente, era evidente que ele não estava brincando, de jeito algum. Minha camisa estava aberta na frente e, quando me virei rapidamente e me afastei, enquanto ele ainda me segurava pelo colarinho, foi arrancada inteiramente de meu torso. Agora não havia dificuldade de escapar. Ele correria atrás de mim até perder o fôlego, então pararia até recuperá-lo, proferiria xingamentos e recomeçaria a caça. Em seguida ordenaria que eu fosse até ele, tentando me convencer, mas eu tinha o cuidado de manter uma distância respeitosa. Desse jeito fizemos todo o circuito do campo várias vezes, Epps dando botes desesperados, e eu sempre me esquivando, mais divertido do que assustado, sabendo bem que quando a sobriedade lhe voltasse ele riria da própria alcoolizada loucura. Lá pelas tantas acabei vendo a senhora em pé junto à cerca do quintal, observando nossas manobras meio sérias, meio cômicas. Passando correndo por ele, disparei na direção dela. Epps, ao vê-la, não veio atrás de mim. Ele ficou no campo uma hora ou mais, tempo durante o qual eu me mantive junto à senhora, tendo relatado os detalhes do que acontecera. Então *ela* ficou furiosa de novo, maldizendo o marido e Patsey em igual medida. Finalmente Epps se aproximou da casa, já quase sóbrio, caminhando com cuidado, com as mãos para trás e tentando parecer tão inocente como uma criança.

Porém, à medida que ele se aproximava, a Senhora Epps começou a censurá-lo em altos brados, chamando-o por um monte de epítetos bastante desrespeitosos e perguntando por que razão ele tentara cortar minha garganta. Epps simulou não saber de nada e, para minha surpresa, jurou por todos os santos do calendário que não falara comigo naquele dia.

"Platt, seu negro mentiroso, *falei com você?*", foi a pergunta descarada que ele me dirigiu.

Não é seguro contradizer um patrão, nem mesmo proferindo a verdade. De forma que fiquei quieto e quando ele entrou na casa voltei ao campo, e nunca mais ninguém aludiu ao acontecido.

Pouco depois disso aconteceu algo que quase tornou público o segredo de meu nome verdadeiro e minha história, que eu havia tanto tempo e com tanto cuidado vinha escondendo e de que, estava convencido, dependia minha derradeira fuga. Logo depois de haver me comprado, Epps perguntara se eu sabia escrever e ler. Ao ser informado de que eu recebera alguma instrução nessas áreas da educação, garantiu-me, com ênfase, que se algum dia me pegasse com um livro, ou com uma pena e um tinteiro, me açoitaria cem vezes. Queria que eu entendesse que ele comprava "pretos" para trabalhar, e não para educá-los. Jamais fez nenhuma pergunta acerca de minha vida pregressa, ou de minhas origens. A senhora, porém, me interrogava frequentemente sobre Washington, que ela supunha ser minha cidade natal, e mais de uma vez comentou que eu não falava nem agia como os outros "pretos" e que tinha certeza de que eu tinha visto mais do mundo do que queria admitir.

Meu grande objetivo sempre foi inventar um jeito de secretamente fazer uma carta chegar até o correio, endereçada a alguns de meus amigos ou familiares no Norte. A dificuldade de tal feito não pode ser compreendida por alguém que não conheça as restrições severas que me eram impostas. Em primeiro lugar, eu era privado de pena, tinta e papel. Em segundo lugar, um escravo não pode deixar sua fazenda sem ter um salvo-conduto, tampouco o chefe de um correio concorda em postar uma carta para um escravo sem instruções por escrito do seu proprietário. Fui escravo durante nove anos e sempre prestei muita atenção e fiquei alerta, até que por acaso consegui obter uma folha de papel. Enquanto Epps estava em New Orleans, certo inverno, vendendo seu algodão, a senhora me mandou a Holmesville, com uma encomenda para vários artigos, entre os quais certa quantidade de folhas de papel para escrever. Peguei para mim uma das folhas, escondendo-a em minha cabana sob a tábua na qual eu dormia.

Depois de várias tentativas, consegui por fim fazer tinta, fervendo casca de plátano branco, e com uma pena tirada da asa de um pato fiz uma caneta. Quando todos estavam dormindo na cabana, à luz das brasas do carvão e deitado em minha cama de madeira, consegui finalizar uma missiva razoavelmente longa. Estava endereçada a um velho conhecido em Sandy Hill, relatando minha condição e urgindo-o a tomar medidas para restituir minha liberdade. Guardei essa carta por um longo tempo, planejando maneiras de depositá-la no correio com segurança. No final das contas um sujeito baixinho, chamado Armsby, até então um estranho, chegou às cercanias, procurando trabalho de feitor. Ele se apresentou a Epps e ficou na fazenda durante vários dias. Então foi até a fazenda de Shaw, bem próxima, e permaneceu com ele durante várias semanas. Shaw vivia cercado por sujeitos desprezíveis, sendo ele próprio conhecido por ser um jogador e um homem sem princípios. Fizera de esposa sua escrava Charlotte, e uma penca de pequenos mulatinhos cresciam em sua casa. Armsby ficou tão pobre, por fim, que foi compelido a trabalhar junto aos escravos. Um homem branco trabalhando no campo é um espetáculo raro e pouco comum em Bayou Boeuf. Aproveitei toda e qualquer oportunidade para cultivar secretamente sua amizade, desejando conseguir sua colaboração no que dizia respeito a deixar a carta sob seus cuidados. Ele visitava Marksville com frequência, informou-me, cidade a uns trinta quilômetros dali, e lá, falei para mim mesmo, é que a carta deveria ser postada.

Deliberando com cuidado sobre a maneira mais apropriada de abordá-lo com esse problema, acabei lhe perguntando, simplesmente, se ele depositaria uma carta para mim no correio de Marksville na próxima vez que visitasse o lugar, sem lhe revelar que a carta já fora escrita tampouco qualquer detalhe sobre seu conteúdo; pois eu temia que ele me traísse e sabia que deveria lhe oferecer algum incentivo pecuniário para que fosse seguro confiar nele. Certa noite saí me esgueirando da cabana e, atravessando o campo até a propriedade de Shaw, encontrei-o dormindo na varanda. Eu só tinha algumas poucas moedas — lucros de minhas apresentações de violinista, mas tudo o que eu possuía no mundo eu lhe prometi, se ele me fizesse o favor solicitado. Pedi que não me delatasse, se não pudesse fazer o que eu queria. Ele me assegurou, pela sua honra, que depositaria a carta no correio de Marksville e que faria disso um segredo inviolável, para sempre. Embora a carta estivesse em meu bolso nesse momento, não ousei entregá-la para ele, mas disse que a escreveria em um ou dois dias, dei boa-noite e voltei para minha cabana. Era-me impossível dissipar a suspeita que nutria e durante toda a noite fiquei acordado, revirando em minha mente qual seria a melhor maneira de agir. Estava disposto a arriscar muita coisa para atingir meu objetivo, mas, se a carta por alguma razão caísse nas mãos de Epps, isso significaria um golpe de misericórdia às minhas aspirações. Eu estava "extremamente confuso".

Minhas suspeitas tinham fundamento, conforme a sequência dos acontecimentos acabou por demonstrar. Dois dias depois, enquanto eu desbastava algodão no campo, Epps se sentou na cerca que separava a fazenda de Shaw e a dele, em uma posição tal como se para supervisionar nosso trabalho. Então Armsby fez sua aparição e, empoleirando-se na cerca, sentou-se ao lado dele. Lá permaneceram duas ou três horas, tempo durante o qual fiquei na maior agonia e apreensivo.

Naquela noite, enquanto eu cozinhava meu toucinho, Epps entrou na cabana com seu chicote de couro cru na mão.

"Bem, meu rapaz", ele disse, "se entendi bem, tenho um preto aculturado que escreve cartas e tenta fazer com que homens brancos as coloquem no correio. Você por acaso sabe de quem se trata?"

Meus piores medos tinham se tornado realidade, e, embora não possa ser considerado inteiramente digno, mesmo sob tais circunstâncias, ainda assim me fazer de desentendido e mentir era a única saída que se me apresentava.

"Não sei de nada, sr. Epps", respondi, assumindo uma atitude de ignorância e surpresa; "não sei nadinha de nada sobre isso, senhor."

"Você não foi à fazenda de Shaw duas noites atrás?", ele perguntou.

"Não, senhor", foi a resposta.

"Você não pediu para aquele sujeito, Armsby, colocar uma carta no correio para você em Marksville?"

"Ora, senhor, nunca troquei mais de três palavras com ele em toda a minha vida. Não sei do que o senhor está falando."

"Bem", ele continuou, "Armsby me disse hoje que o diabo estava entre os meus escravos; que eu precisava vigiá-lo de perto ou ele fugiria; e, quando lhe perguntei por quê, ele disse que você foi até a fazenda de Shaw e o acordou no meio da noite, querendo que ele levasse uma carta para Marksville. O que você tem a dizer quanto a isso, hein?"

"Tudo o que tenho a dizer, senhor", repliquei, "é que não há nenhuma verdade nisso. Como é que eu poderia escrever uma carta sem tinta ou papel? Não quero escrever para ninguém, pois não tenho nenhum amigo vivo, que eu saiba. Esse Armsby é um sujeito bêbado e mentiroso, dizem, e ninguém acredita nele, de todo jeito. O senhor sabe que eu sempre falo a verdade e que nunca saio da fazenda sem permissão. Agora, senhor, vejo muito bem o que esse tal de Armsby está querendo. Ele não queria que o senhor o contratasse como feitor?"

"Sim, queria", Epps respondeu.

"É isso aí", falei, "ele quer que o senhor acredite que todos nós vamos fugir, e então contrate um feitor para vigiar a gente. Inventou essa história simplesmente porque quer um emprego. É tudo mentira, senhor, pode acreditar."

Epps ficou um pouco pensativo, evidentemente impressionado com a lógica da minha teoria, e exclamou:

"Macacos me mordam, Platt, se eu não acredito que você está falando a verdade. Ele deve me achar um moleirão, pensando que pode chegar para mim com esse tipo de lorota, não é verdade? Vai ver acha que pode me enganar; vai ver acha que eu não sei de nada — não sei cuidar dos meus próprios negros, é? Um cordeirinho, o velho Epps, é! Rá, rá, rá! Maldito Armsby! Solte os cachorros nele, Platt", e com muitos outros comentários descritivos do caráter geral de Armsby e sobre sua capacidade de tomar conta de seus próprios negócios e de cuidar dos seus próprios negros, o Senhor Epps saiu da cabana. Assim que ele se foi eu joguei a carta no fogo e, com o coração desanimado e em desespero, fiquei observando a missiva que me custara tanta ansiedade e reflexão, e que eu com muito carinho esperava que pudesse ser minha mensageira à terra da liberdade, se retorcer e se enrugar sobre as brasas, e se dissolver em fumaça e cinza. Armsby, o miserável traiçoeiro, não demorou a ser mandado embora da fazenda de Shaw, para grande alívio meu, pois temia que ele pudesse retomar aquela conversa e talvez fazer com que Epps acreditasse nele.

Eu não fazia ideia de que outra maneira procurar minha libertação. Esperanças pululavam em meu peito apenas para serem esmagadas e arruinadas. O verão da minha vida estava se esvaindo; eu sentia que estava envelhecendo prematuramente; que mais alguns anos, e o trabalho pesado, e a tristeza, e o venenoso miasma dos brejos completariam seu trabalho sobre mim — me mandariam para o abraço do túmulo, para a putrefação e o esquecimento. Repelido, traído e afastado da esperança de qualquer socorro, eu só podia me prostrar no chão e gemer com uma angústia inexprimível. A esperança de ser resgatado era então a única luz que jogava algum raio de consolo em meu coração. Ela agora era trêmula, fraca e baixa; outro sopro de desencanto trataria de extingui--la, deixando-me a tatear numa escuridão total até o fim de minha vida.

O ano de 1850, época a que agora chego, omitindo muitos acontecimentos desinteressantes ao leitor, foi de pouca sorte para meu amigo Wiley, marido de Phebe, cuja natureza taciturna e recolhida até agora o mantivera longe da berlinda. Apesar de Wiley apenas raramente abrir a boca e orbitar em seu mundinho obscuro e despretensioso sem um resmungo, ainda assim os cálidos elementos da sociabilidade eram fortes no peito daquele negro quieto. Na exuberância de sua autoconfiança, sem prestar atenção à filosofia de Pai Abram e dispensando os conselhos de Mãe Phebe, ele teve a imprudência de tentar uma visita noturna a uma cabana vizinha sem ter permissão.

Tão atraente era a companhia em que se encontrava que Wiley não deu atenção ao passar das horas, e a luz começou a surgir no leste antes que ele percebesse. Apressando-se para casa tão rápido quanto era capaz de correr, ele esperava chegar aos alojamentos antes que o sinal fosse soado; mas, infelizmente, foi visto no caminho por um grupo de patrulheiros.

Como é em outros lugares escuros da escravidão, não sei, mas em Bayou Boeuf há uma organização de patrulheiros cuja tarefa é apanhar e açoitar qualquer escravo que seja encontrado vagando longe da fazenda a qual pertence. Eles andam de cavalo, liderados por um capitão, armados e acompanhados por cachorros. Têm o direito, seja por lei ou por consentimento geral, de infligir punição variável a um homem negro pego além dos limites da propriedade de seu senhor sem um salvo-conduto, e até mesmo de atirar, se ele tentar fugir. Cada grupo tem certa distância a percorrer na região. São recompensados pelos fazendeiros, que contribuem de acordo com a proporção de escravos que possuem. O tinido dos cascos de seus cavalos passando pode ser ouvido a qualquer hora do dia, e frequentemente eles são vistos conduzindo um escravo à sua frente, ou o arrastando por uma corda presa em torno do pescoço até a fazenda de seu dono.

Wiley tentou fugir de um desses grupos, achando que poderia chegar até sua cabana antes que conseguissem apanhá-lo; mas um dos cachorros deles, um enorme cão voraz, o pegou pela perna e o segurou. Os patrulheiros o açoitaram a valer e o trouxeram, prisioneiro, para Epps. Deste ele recebeu outra punição, ainda mais severa, de forma que os cortes do chicote e as mordidas do cachorro o deixaram ferido, dolorido e miserável, tanto que mal conseguia se mexer. Naquele estado era impossível cuidar da sua fileira, e consequentemente não havia uma hora do dia em que Wiley não sentisse o estalo do chicote do senhor em suas costas nuas e em carne viva. Seu sofrimento se tornou intolerável, até que ele decidiu fugir. Sem revelar seus planos de fuga nem mesmo para sua mulher, Phebe, tratou de providenciar os meios de pôr seu plano em execução. Tendo cozido toda a sua ração de uma semana, deixou a cabana com cuidado em uma noite de domingo, depois que os moradores do alojamento já tinham pegado no sono. Quando o sinal soou de manhã, Wiley não apareceu. Realizaram uma busca nas cabanas, no silo de milho, na casa da bolandeira e em todo e qualquer canto e nicho das redondezas. Cada um de nós foi interrogado em função de qualquer informação que por ventura tivéssemos e que pudesse jogar luz sobre seu desaparecimento súbito ou seu atual paradeiro. Epps bradava e ralhava e, montando seu cavalo, galopou até as fazendas vizinhas, perguntando por ele por todos os lados. A busca não teve frutos. Nada foi obtido que pudesse indicar o que acontecera ao desaparecido. Os cachorros foram levados até o brejo, mas não conseguiram farejar sua trilha. Andavam em círculo no meio do mato, o focinho junto ao chão, mas invariavelmente em pouco tempo voltavam ao lugar de onde haviam partido.

Wiley havia escapado, e de forma tão secreta e cuidadosa a ponto de enganar e despistar qualquer perseguição. Dias e até mesmo semanas se passaram, e nada se ouviu sobre ele. Epps não fez outra coisa senão amaldiçoá-lo e xingá-lo. Era o único assunto entre nós, quando sozinhos. Entregamo-nos a um tanto de especulação a respeito, um sugerindo que talvez ele tivesse se afogado em algum córrego, ainda mais que nadava mal; outro, que talvez tivesse sido devorado por crocodilos ou mordido por uma cobra mocassim, cuja picada significa morte certa e súbita. Porém, a solidariedade cálida e verdadeira de todos nós estava com o pobre Wiley, aonde quer que ele estivesse. Muitas orações fervorosas emanaram dos lábios de Pai Abram, rogando por segurança para o andarilho.

Em cerca de três semanas, quando toda e qualquer esperança de vê-lo novamente já se fora, para nossa surpresa, ele um dia apareceu entre nós. Ao deixar a fazenda, Wiley nos informou, fora sua intenção voltar para a Carolina do Sul — para os velhos alojamentos do Senhor Buford. Durante o dia ele ficava escondido, às vezes em galhos de árvores, e à noite avançava pelo brejo. Finalmente, certa manhã, bem quando o sol nascia, ele chegou às margens do rio Vermelho. Enquanto estava de pé na margem, pensando em como faria para atravessá-lo, um homem branco o abordou e pediu seu salvo-conduto. Sem um salvo-conduto, e evidentemente um fugitivo, ele foi levado até Alexandria, a principal cidade da paróquia de Rapides, e trancafiado numa cadeia. Calhou que vários dias depois disso Joseph B. Roberts, tio da Senhora Epps, estava em Alexandria e, indo até a prisão, o reconheceu. Wiley havia trabalhado em sua fazenda, quando Epps morava em Huff Power. Pagando a fiança e lhe redigindo um salvo-conduto, abaixo do qual havia um bilhete para Epps, pedindo que não o açoitasse quando de sua chegada, Wiley foi mandado de volta a Bayou Boeuf. Foi a esperança que pendia sobre tal pedido, e que Roberts lhe garantiu que seria respeitada por seu patrão, que lhe deu forças à medida que se aproximava da casa. O pedido, porém, como pode se supor sem demora, foi inteiramente desprezado. Depois de ser mantido em suspense durante três dias, Wiley foi desnudado e obrigado a passar por um daqueles açoitamentos desumanos aos quais o pobre escravo é tão frequentemente submetido. Foi a primeira e a última tentativa dele de fugir. As longas cicatrizes em suas costas, que levará consigo para o túmulo, o relembram perpetuamente dos perigos de tal tentativa.

Não houve um só dia durante os dez anos em que pertenci a Epps em que eu não pensasse com meus botões sobre a perspectiva de fugir. Esbocei muitos planos, que na época considerei excelentes, mas, um após o outro, foram todos abandonados. Nenhum homem que jamais tenha sido posto em tal situação pode entender os milhares de obstáculos que obstruem o caminho do escravo fujão. A mão de todo homem branco se ergue contra ele — os patrulheiros estão à sua espreita —, os cães estão prontos para sair em seu encalço, e a natureza da região é tal que torna impossível atravessá-la com um mínimo de segurança. Pensei, porém, que um dia poderia chegar o momento, talvez, em que eu me visse correndo pelos brejos novamente. Decidi, nesse caso, estar preparado para os cães de Epps, se viessem atrás de mim. Ele tinha vários cachorros, um dos quais era um famoso caçador de escravos, além do mais feroz e selvagem de sua alcateia. Quanto à caça de um guaxinim ou cangambá, nunca deixei escapar uma só oportunidade de, quando sozinho com eles, açoitá-los com severidade. Assim, aos poucos, acabei conseguindo dominá-los completamente. Tinham medo de mim, obedecendo a minha voz de imediato, ao passo que outros não tinham o menor controle sobre eles. Se me seguissem e me alcançassem, não tenho dúvidas de que desistiriam de me atacar.

Apesar da certeza de serem capturados, as matas e os brejos estão, ainda assim, sempre cheios de fugitivos. Muitos, quando doentes ou tão cansados a ponto de não conseguir desempenhar suas tarefas, fogem para o brejo, dispostos a sofrer as punições infligidas por tais ofensas, a fim de obter um dia ou dois de descanso.

Quando pertencia a Ford, sem querer ajudei a revelar o esconderijo de uns seis ou oito que haviam fixado residência em Great Pine Woods. Adam Taydem frequentemente me mandava dos moinhos até a clareira, atrás de provisões. Todo o caminho era então uma densa floresta de pinheiros. Por volta de dez horas de uma bela noite enluarada, enquanto caminhava pela estrada que leva ao Texas, voltando para os moinhos, carregando um porco já limpo em uma sacola jogada sobre meu ombro, ouvi passos atrás de mim e, virando-me, avistei dois homens negros vestidos como escravos que se aproximavam num passo ligeiro. Quando, a pouca distância, um deles ergueu um pau, como se com intenção de me golpear, o outro passou a mão na sacola. Consegui me esquivar dos dois e, pegando uma pinha, arremessei-a com tamanha força contra a cabeça de um deles que o homem caiu, aparentemente desacordado, no chão. Bem nesse momento, mais dois apareceram de um dos lados da estrada. Antes que pudessem me atacar, porém, consegui passar por eles e, correndo, fugi, muito assustado, na direção dos moinhos. Quando Adam ficou sabendo de minha aventura, apressou-se imediatamente até a aldeia indígena e, chamando Cascalla e vários de sua tribo, saiu à busca dos bandoleiros. Eu os acompanhei até o local do ataque, quando descobrimos uma poça de sangue na estrada, onde caíra o homem que eu atingira com a pinha. Depois de uma busca cuidadosa e longa pela mata, um dos homens de Cascalla descobriu fumaça se elevando por entre os galhos de vários pinheiros derrubados, cujos topos haviam caído perto uns aos outros. O local de encontro foi cuidadosamente cercado, e todos eles foram feitos prisioneiros. Haviam fugido de uma fazenda nas vizinhanças de Lamourie e tinham estado escondidos durante três semanas. Não tinham intenção de me fazer mal, exceto me assustar para que eu deixasse meu porco para trás. Tendo observado enquanto eu passava na direção da fazenda de Ford à tardinha e suspeitando da natureza de meu deslocamento, eles me seguiram, viram-me matar e limpar o porco e começar a voltar. Estavam loucos por comida e foram levados a esse extremo pela necessidade. Adam os levou à prisão da paróquia e foi generosamente recompensado.

Não é raro o fugitivo perder a vida na tentativa de fuga. A propriedade de Epps era cercada de um lado pela de Carey, um grande produtor de açúcar. Ele cultiva anualmente pelo menos mil e quinhentos acres de cana, fabricando dois mil e duzentos ou dois mil e trezentos barris de açúcar; um barril e meio sendo a produção média para um acre. Além disso, ele também cultiva quinhentos ou seiscentos acres de milho e algodão. No ano passado, tinha cento e cinquenta e três escravos trabalhando nos campos, além de um número quase igual de crianças, e todos os anos contrata um rebanho deste lado do Mississippi durante a época de mais trabalho.

Um de seus capatazes negros, um rapaz agradável e inteligente, chamava-se Augustus. Durante as festas, e às vezes quando o trabalho era feito em campos adjacentes, tive oportunidade de travar conhecimento com ele — conhecimento esse que amadureceu para uma afeição mútua e fraterna. No verão retrasado ele teve a infelicidade de causar um dissabor para o feitor, um bruto desalmado e sem coração, que o açoitou da maneira mais severa. Augustus fugiu. Chegando a um monte de cana cortada na fazenda de Hawkins, ele se escondeu no seu topo. Todos os cães de Carey foram postos em seu encalço — uns quinze — e logo farejaram suas pegadas até o local do esconderijo. Cercaram o monte, latindo e agitando-se, mas não conseguiam alcançá-lo. Então, guiados pelo barulho dos cachorros, os perseguidores cavalgaram até o local, e o feitor, subindo no monte, o tirou de lá. Quando Augustus rolou para o chão, todo o bando de cães pulou sobre ele, e, antes que pudessem ser afugentados, morderam e mutilaram seu corpo da maneira mais chocante, com seus dentes tendo penetrado até o osso em centenas de lugares. Ele foi erguido, amarrado a uma mula e carregado para casa. Mas essa foi a última desventura de Augustus. Ele aguentou até o dia seguinte, quando a morte chegou para buscar o infeliz rapaz e gentilmente o libertou de sua agonia.

Tampouco era incomum escravas mulheres tentarem fugir. Nelly, a moça de Eldret com quem cortei madeira durante um tempo em Big Cane Brake, ficou escondida no silo de milho de Epps durante três dias. À noite, quando sua família estava dormindo, ela entrava nos alojamentos em busca de comida e voltava ao silo. Concluímos que não era mais seguro para nós permitir que ela ficasse, e assim Nelly voltou para sua própria cabana.

No entanto, o mais incrível exemplo de alguém que tenha conseguido fugir de cachorros e caçadores é o seguinte: entre as moças de Carey havia uma chamada Celeste. Ela tinha dezenove ou vinte anos e era muito mais branca do que seu dono e os filhos dele. Era preciso examinar com cuidado para distinguir em seus traços o menor resquício de sangue africano. Um estranho jamais sonharia que ela era descendente de escravos. Eu estava sentado em minha cabana tarde da noite, tocando uma melodia triste em meu violino, quando a porta se abriu lentamente, e

Celeste apareceu diante de mim. Estava pálida e assustada. Se um fantasma tivesse brotado do chão, eu não teria ficado mais surpreso.

"Quem é você?", perguntei, depois de observá-la por um instante.

"Estou com fome; me dê um pouco de toucinho", foi sua resposta.

Minha primeira impressão foi de que ela era alguma jovem senhorazinha que, tendo fugido de casa, estava vagando à toa, sem saber para onde, e fora atraída à minha cabana pelo som do violino. O vestido de algodão cru que ela usava, entretanto, logo dissipou tal suposição.

"Como você se chama?", perguntei novamente.

"Me chamo Celeste", ela respondeu. "Pertenço a Carey e fiquei os últimos dois dias entre as palmeiras. Estou doente e não consigo trabalhar, e prefiro morrer no brejo a ser açoitada até a morte pelo feitor. Os cachorros de Carey não vão me seguir. Eles já tentaram colocá-los no meu encalço. Há um segredo entre eles e Celeste, e eles não vão dar ouvidos às ordens demoníacas do feitor. Me dê um pouco de carne — estou faminta."

Dividi com ela minha parca ração e, enquanto a ingeria, ela me contou como conseguiu fugir e descreveu o local onde se escondera. À beira do brejo, a menos de oitocentos metros da casa de Epps, havia uma grande área, de milhares de acres, densamente coberta por palmeirais. Árvores altas cujos longos braços se enlaçam uns aos outros formavam sobre a área uma abóbada tão espessa que barrava os raios de sol. Ali era sempre penumbra, mesmo no meio do mais ensolarado dos dias. No centro desse terreno, que apenas serpentes exploram com alguma frequência — um local sombrio e solitário —, Celeste construíra uma tosca choupana com galhos caídos e a cobrira com folhas de palmeiras. Essa era a morada que ela escolhera. Ela não tinha mais medo dos cães de Carey do que eu dos de Epps. É um fato verdadeiro, que nunca fui capaz de explicar, que há pessoas cujas pegadas os cachorros absolutamente se recusam a seguir. Celeste era uma delas.

Durante várias noites ela veio até minha cabana em busca de comida. Numa das vezes nossos cachorros latiram quando ela se aproximou, o que acordou Epps e motivou uma ronda pelas redondezas. Ele não a descobriu, mas depois disso não era prudente que Celeste viesse até o quintal. Quando tudo estava quieto, eu levava provisões para um local combinado, onde ela as encontrava.

Assim Celeste passou a maior parte do verão. Ela recuperou a saúde e voltou a ser forte e calorosa. Em todas as estações do ano os uivos de animais selvagens podem ser ouvidos à noite junto às margens do brejo. Várias vezes eles emitiam para ela uma espécie de chamado da meia-noite, tirando-a do sono com um resmungo. Aterrorizada por essas desagradáveis saudações, ela finalmente decidiu abandonar sua solitária morada; e, como era de esperar, ao voltar para seu senhor, foi açoitada, enquanto mantinham seu pescoço preso no tronco, e foi mandada ao campo novamente.

No ano anterior à minha chegada à região, houve um movimento arranjado entre vários escravos de Bayou Boeuf que de fato terminou de forma trágica. Na época foi, imagino, um assunto de destaque nos jornais, mas tudo o que sei sobre o episódio provém dos relatos daqueles que viviam naquela ocasião nas vizinhanças do rebuliço. Tornou-se assunto de interesse geral, certo em qualquer cabana de escravo na região, e sem dúvida vai passar por várias gerações como a principal tradição. Lew Cheney, que eu conheci — um negro malvado e ardiloso, mais inteligente do que a média de sua raça, mas inescrupuloso e pouco confiável —, bolou o plano de organizar um grupo suficientemente forte para fugir, independente de qualquer resistência, para o território vizinho do México.

Um local remoto, bem adentrado no brejo, atrás da fazenda de Hawkins, foi escolhido como o ponto de encontro. Lew pulava de uma fazenda para outra na calada da noite, pregando uma cruzada até o México, e, como Pedro, o Eremita,* criando um furor de excitação por onde quer que aparecesse. Ao fim e ao cabo, um grande número de escravos fujões havia sido reunido; mulas roubadas, milho retirado dos campos e toucinho das casas defumadoras foram levados para a mata. A expedição estava quase pronta para a partida quando o esconderijo foi descoberto. Lew Cheney, convencido do inevitável fracasso de seu projeto, a fim de buscar os favores de seu senhor e evitar as consequências previstas, deliberadamente decidiu sacrificar todos os seus companheiros. Saindo às escondidas do acampamento, delatou para os fazendeiros o grupo reunido no brejo e, em vez de relatar honestamente seu objetivo, afirmou que a intenção deles era sair do esconderijo na primeira oportunidade favorável e assassinar todos os brancos das redondezas.

Tal anúncio, exagerado ao passar de boca em boca, encheu toda a região de terror. Os fugitivos foram cercados e feitos prisioneiros, carregados acorrentados até Alexandria e enforcados pelo povo. Não apenas aqueles, mas muitos suspeitos, embora inteiramente inocentes, foram tirados dos campos e de suas cabanas, sem nenhuma espécie de processo ou julgamento, e levados às pressas para o cadafalso. Os fazendeiros de Bayou Boeuf finalmente se rebelaram contra tal irresponsável destruição de patrimônio, mas, só quando um regimento de soldados chegou de algum forte na fronteira texana, demoliu o patíbulo e abriu as portas da prisão de Alexandria foi que a matança indiscriminada foi brecada. Lew Cheney fugiu e foi até mesmo recompensado por sua traição. Ele ainda vive, mas seu nome é desprezado e execrado por toda a sua raça em todas as paróquias de Rapides e Avoyelles.

* Monge francês falecido no século XII que foi um dos principais pregadores da primeira cruzada. (N.T.)

A ideia de uma revolta, porém, não é algo novo entre as populações escravizadas de Bayou Boeuf. Mais de uma vez tomei parte de conversas sérias em que o assunto foi discutido, e houve ocasiões em que uma palavra minha teria colocado centenas de colegas de servidão em uma atitude de desafio. Sem armas nem munição, ou mesmo com elas, vi que tal passo resultaria em derrota, desastre e morte certos, e sempre ergui minha voz contra isso.

Lembro bem as esperanças extravagantes que foram cultivadas durante a guerra mexicana. A notícia da vitória enchia a casa-grande de júbilo, mas só causava tristeza e decepção nas cabanas. Na minha opinião — e tive oportunidade de aprender algo sobre o sentimento de que falo —, há no máximo cinquenta escravos às margens de Bayou Boeuf que não dariam as boas-vindas, deleitados, a um exército invasor se aproximando.

Enganam-se aqueles que dizem que o escravo ignorante e sem estudo não tem ideia da magnitude das injustiças a que é submetido. Enganam-se aqueles que imaginam que, ajoelhado, ele se põe de pé com as costas laceradas e sangrando, cultivando apenas o espírito de submissão e de perdão. Um dia pode vir — virá, se sua prece for ouvida —, um dia terrível de vingança, quando será a vez de o senhor gritar em vão por misericórdia.

Wiley sofreu severamente nas mãos do Senhor Epps, conforme foi relatado no capítulo anterior, mas quanto a isso ele não tinha mais medo do que seus infelizes companheiros. "Não economize na vara" era a ideia promovida por nosso senhor. Sua natureza estava constantemente à mercê de períodos de mau humor, e nessas horas, por menor que fosse a provocação, alguma quantidade de punição era administrada. As circunstâncias que levaram ao penúltimo açoitamento que recebi mostrarão quão trivial poderia ser a razão que o levasse a recorrer ao chicote.

Um tal de sr. O'Niel, morando nas redondezas de Big Pine Woods, chegou para visitar Epps com o propósito de me comprar. Ele era um curtidor e especialista em couros, à frente de um negócio considerável, e tinha a intenção de me pôr para trabalhar em alguma seção de seu estabelecimento, desde que me comprasse. Mãe Phebe, enquanto preparava a mesa do almoço na casa-grande, entreouviu a conversa. Ao voltar ao quintal à noite, a velha correu para me encontrar, com a intenção, é claro, de me contar as novidades. Ela entrou numa minuciosa repetição de tudo o que ouvira, e era alguém cujos ouvidos nunca deixaram de beber toda e qualquer conversa travada em seu alcance. Mãe Phebe se deteve no fato de que "o sinhô Epps" ia me "vendê para um curtidô em Pine Woods" tanto tempo e em voz tão alta como se para chamar a atenção da senhora, que, em pé sozinha na varanda naquele momento, estava ouvindo nossa conversa.

"Bem, Mãe Phebe", falei, "fico feliz. Estou cansado de desbastar algodão, e preferia ser um curtidor. Espero que ele me compre."

Porém O'Niel não efetuou a compra, já que as partes não chegaram a um acordo quanto ao preço, e, na manhã seguinte à sua chegada, voltou para casa. Fazia pouco que ele se fora quando Epps surgiu no campo. Nada enfurece um senhor, sobretudo Epps, como a colocação, por parte de um de seus servos, de que gostaria de deixá-lo. A Senhora Epps repetira a ele o que eu dissera a Mãe Phebe na noite anterior, conforme fiquei sabendo por esta posteriormente, pois a senhora mencionou a ela que nos ouvira. Ao entrar no campo, Epps caminhou direto até onde eu estava.

"Então, Platt, está cansado de desbastar algodão, não é? Gostaria de mudar de senhor, é? Você gosta de se mudar — viajante, não é mesmo? Ah, sim — gosta de viajar por causa da saúde, pode ser? Se sente acima do desbaste de algodão, imagino. Então vai entrar para o ramo do couro? Um bom negócio — um negócio para lá de bom. Negro empreendedor! Acho que eu também vou entrar pra esse ramo. Ajoelhe-se e trate de tirar esse trapo das costas! Vou entrar para o negócio do couro, ah se vou."

Implorei de todo o coração e tentei amaciá-lo com pedidos de desculpas, mas foi em vão. Não havia alternativa; então, ajoelhando-me, apresentei minhas costas nuas para receber as chibatadas.

"Que tal você acha o negócio do *couro*?", ele exclamava à medida que a chibata descia sobre minha carne. "Que tal o negócio do *couro*?", ele repetia a cada golpe. Desse jeito, ele me deu vinte ou trinta chibatadas, incessantemente exclamando a palavra *couro* de uma ou outra maneira. Quando eu estava devidamente "amaciado", Epps permitiu que eu me levantasse e com uma risada meio sarcástica me garantiu que, se eu ainda me interessasse pelo negócio, me daria mais instruções a respeito sempre que eu desejasse. Dessa vez, ele observou, apenas me dera uma curta lição sobre *amaciar o couro* — na próxima, ia "me curtir" para valer.

Também Pai Abram era frequentemente tratado com grande brutalidade, embora fosse uma das criaturas mais gentis e fiéis do mundo. Ele foi meu companheiro de cabana durante anos. Havia no rosto do homem uma expressão benevolente, agradável de ver. Ele nos olhava com uma espécie de sentimento paternal, sempre nos aconselhando com uma notável gravidade e deliberação.

Voltando da fazenda de Marshall certa noite, aonde eu havia sido mandado a fim de fazer alguma coisa para a senhora, encontrei-o caído no chão da cabana, com as roupas empapadas de sangue. Pai Abram me disse que fora esfaqueado! Enquanto se espalhava algodão na plataforma, Epps chegou em casa embriagado, vindo de Holmesville. Criou problema com tudo, dando tantas ordens contraditórias que era impossível executar qualquer uma delas. Pai Abram, cujos sentidos estavam fraquejando, ficou confuso, e falou umas bobagens inconsequentes. Epps ficou tão enraivecido que, com a imprudência natural aos bêbados, voou sobre o velho e o esfaqueou nas costas. Era uma ferida longa e feia, mas não profunda o bastante para resultar fatal. Foi costurada pela senhora, que censurou o marido muito severamente, não apenas denunciando sua desumanidade, mas também declarando que ela não esperava outra coisa senão que ele levasse a família à pobreza, matando todos os escravos da fazenda em um de seus ataques de bebedeira.

Não era uma coisa incomum ele atacar Mãe Phebe com uma cadeira ou pedaço de pau; mas o açoitamento mais cruel que fui obrigado a testemunhar — e que não consigo relembrar com outra emoção senão horror — foi infligido à infeliz Patsey.

Já foi visto que o ciúme e o ódio da sra. Epps tornavam completamente miserável a vida cotidiana de sua jovem e ágil escrava. Fico feliz de acreditar que em várias ocasiões consegui evitar punição para a pobre moça. Na ausência de Epps, a senhora frequentemente me mandava açoitá-la sem a menor razão. Eu me recusava, dizendo que temia desagradar a meu senhor e várias vezes me arrisquei a reprová-la pelo tratamento dispensado a Patsey. Tentava impressioná-la com a verdade de que Patsey não era responsável pelos atos dos quais ela reclamava, mas que, sendo ela uma escrava e inteiramente sujeita à vontade de seu senhor, apenas sobre ele recaía a culpa.

Aos poucos, o "monstro de olhos verdes" se insinuou também na alma de Epps e foi então que ele se uniu com sua raivosa mulher num regozijo diabólico pelas infelicidades da moça.

Num domingo, na época da aragem, há não muito tempo, estávamos nas margens do riacho, lavando nossas roupas, como era de costume. Naquela ocasião Patsey estava ausente. Epps a chamou em voz alta, mas não houve resposta. Ninguém a vira deixar o quintal, e ficamos todos nos perguntando aonde fora. Após algumas horas ela foi vista se aproximando, vindo dos lados da propriedade de Shaw. Esse homem, conforme já foi sugerido, era um notório devasso e, portanto, não andava nos melhores termos com Epps. Harriet, sua mulher, sabendo das aflições de Patsey, era gentil com ela, em consequência do que a última tinha o hábito de ir até ela a cada oportunidade. Suas visitas eram suscitadas meramente pela amizade, mas gradualmente penetrou a alma de Epps a suspeita de que outra paixão, mais forte, a levava para lá — que não era Harriet quem ela desejava ver, mas o descarado libertino, seu vizinho. Ao voltar Patsey encontrou seu senhor num ataque de raiva de dar medo. Sua violência tanto a assustou que ela primeiro tentou evitar respostas diretas às suas perguntas, o que apenas serviu para aumentar as suspeitas dele. Mas Patsey acabou se mantendo orgulhosamente ereta e, indignada, refutou de forma categórica suas acusações.

"A senhora não me dá sabão para me lavar, como dá para os outros", disse Patsey, "e o sinhô sabe por quê. Fui até Harriet para conseguir um teco." E, dizendo isso, tirou-o do bolso do vestido e mostrou a ele. "Foi por isso que fui até a fazenda de Shaw, sinhô Epps", ela continuou, "Deus sabe que foi só isso."

"Você está mentindo, sua negra puta!", gritou Epps.

"Eu *não* minto, sinhô. Pode me matar que eu fico com o que eu disse."

"Oh! Vou pegar você. Vou lhe ensinar a não ir até a fazenda de Shaw. Vou tirar o seu couro", ele resmungou com fúria entre os dentes semicerrados.

Então, voltando-se para mim, ordenou que quatro estacas fossem fincadas no chão, apontando com a bota os lugares onde as queira. Quando as estacas foram postas, ele mandou que Patsey fosse completamente despida. Então cordas foram trazidas, e a moça, nua, foi colocada com o rosto virado para o chão e cada um de seus pulsos e pés amarrados firmemente a uma das estacas. Indo até a varanda, ele pegou um chicote pesado e, pondo-o em minhas mãos, mandou que eu a açoitasse. Por mais desagradável que fosse, eu era obrigado a obedecê-lo. Em nenhum lugar aquele dia, na superfície de toda a Terra, ouso dizer, houve uma exibição tão demoníaca quanto a que se seguiu.

A Senhora Epps ficou na varanda, entre os filhos, observando a cena com um ar de impiedosa satisfação. Os escravos se juntaram a uma pequena distância, os rostos indicando a tristeza dos corações. A pobre Patsey implorou com todas as suas forças por misericórdia, mas suas súplicas foram em vão. Epps cerrou os dentes e pisou firme no chão, gritando comigo como um demônio enlouquecido para bater *mais forte*.

"*Mais forte*, senão você é o próximo, seu canalha", ele gritou.

"Oh, misericórdia, sinhô! Oh, tem misericórdia, por favor. Oh, Deus! Tende piedade", Patsey exclamava de tempos em tempos, lutando em vão, sua carne estremecendo a cada golpe.

Quando eu já a havia açoitado umas trinta vezes, parei e me virei para Epps, esperando que ele estivesse satisfeito; mas com xingamentos amargos e ameaças ele mandou que eu continuasse. Dei mais dez ou quinze açoites. A essa altura suas costas estavam cobertas por longos vergões, uns sobre os outros, como o tramado de uma rede. Epps ainda estava furioso e selvagem como nunca, perguntando se ela queria ir à fazenda de Shaw novamente e jurando que ia açoitá-la até ela desejar que estivesse no inferno. Jogando o chicote no chão, declarei que não podia mais puni-la. Ele me mandou continuar, ameaçando-me com um açoitamento ainda mais severo do que o que ela recebera, caso eu me recusasse. Meu coração se revoltou com aquela cena desumana e, correndo o risco de ter de enfrentar as consequências, eu me recusei terminantemente a levantar o chicote. Epps então o pegou ele mesmo e o aplicou com dez vezes mais força do que eu o fizera. Os gritos de dor e os gemidos da torturada Patsey mesclados com os xingamentos altos e furiosos de Epps carregavam o ar. Ela ficou terrivelmente lacerada — posso dizer, sem exagero, literalmente esfolada. O chicote ficou molhado de sangue, que escorria por seus flancos e pingava no chão. Ao fim e ao cabo parou de se debater. Sua cabeça pendeu inerte sobre o chão. Seus gritos e súplicas gradualmente diminuíram e morreram até se transformar num gemido baixinho. Ela não mais se contorcia nem se encolhia quando o chicote extraía pequenos pedaços de sua carne. Pensei que aquela moça estivesse morrendo!

Era o domingo do Senhor. Os campos sorriam na luz cálida do sol — os passarinhos chilreavam alegremente entre as folhas das árvores —, paz e felicidade pareciam reinar em toda parte, menos no peito de Epps e de sua vítima sôfrega e das testemunhas silenciosas em volta. As fortes emoções que ali se agitavam estavam em desarmonia com a calma e silenciosa beleza do dia. Eu só podia olhar para Epps com nojo e aversão indizíveis, e pensei comigo: "Seu diabo, mais cedo ou mais tarde, em algum momento da justiça eterna, você vai responder por este pecado!".

Finalmente ele parou de açoitá-la, por mera exaustão, e ordenou a Phebe que trouxesse um balde de sal e água. Depois de lavá-la cuidadosamente com isso, mandaram-me levá-la para sua cabana. Desamarrando as cordas, eu a ergui em meus braços. Patsey não conseguia ficar de pé, e, quando sua cabeça repousou em meus ombros, ela repetiu muitas vezes, numa voz fraca quase imperceptível: "Oh, Platt — oh, Platt!", e mais nada. Seu vestido foi recolocado, mas roçava suas costas e logo ficou pesado de sangue. Na cabana a deitamos sobre algumas tábuas, onde ela ficou por muito tempo, com os olhos fechados e gemendo de dor. À noite, Phebe aplicou sebo derretido em suas feridas, e tanto quanto possível todos nós tentamos ajudá-la e consolá-la. Dia após dia Patsey ficou deitada na cabana com o rosto para baixo, já que as feridas impediam que descansasse em qualquer outra posição.

Teria sido uma bênção — teria lhe poupado dias e semanas e meses de infelicidade — se ela nunca mais tivesse levantado a cabeça com vida. De fato, desde aquela vez Patsey nunca mais foi como antes. O fardo de uma profunda melancolia pesava-lhe absurdamente. Ela não mais se movimentava com aquele passo exuberante e elástico — não havia mais em seus olhos aquela faísca de felicidade que anteriormente a distinguira. O abundante vigor — o espírito vivaz e amante das risadas de sua juventude — se fora. Ela sucumbiu a um ânimo triste e esmorecido, frequentemente se sobressaltava dormindo e, com as mãos erguidas ao céu, suplicava por misericórdia. Ficou mais quieta, trabalhando todo o dia entre nós sem dizer uma só palavra. Uma expressão gasta, de dar dó, instalou-se em seu rosto, e seu humor normal era agora o choro, e não a alegria. Se algum dia houve um coração partido — um coração esmagado e arruinado pelo jugo rude da má fortuna e do sofrimento — foi o coração de Patsey.

Ela fora tratada da mesma forma que os animais de seu senhor — vista apenas como um animal valioso e belo — e consequentemente tinha um entendimento limitado. Ainda assim uma luz fraca jogava seus raios sobre seu intelecto, de forma que não era totalmente obscurecido. Patsey tinha alguma percepção de Deus e da eternidade, e uma percepção menor de um Salvador que morrera por causa até mesmo de pessoas como ela. Nutria apenas algumas ideias confusas de uma vida futura — sem compreender a diferença entre a existência corpórea e a espiritual. A felicidade, em sua cabeça, era a ausência de açoites — de trabalho pesado —, de crueldade por parte de senhores e feitores. Sua ideia de alegria celestial era simplesmente *descansar* — ideia amplamente expressa nestas linhas de um bardo melancólico:

> *I ask no Paradise on high,*
> *With cares on earth oppressed,*
> *The only heaven for which I sigh,*
> *Is rest, eternal rest.**

É uma ideia errada que prevalece em alguns lugares a de que o escravo não conhece o termo, que não compreende o conceito de liberdade. Até mesmo em Bayou Boeuf, onde acredito que a escravidão exista em sua forma mais abjeta e cruel — onde ela exibe características de todo

---

* "Não peço por um paraíso nas alturas,/ Com cuidados na Terra oprimidos,/ O único céu por qual anseio/ É o descanso, descanso eterno." (N.T.)

desconhecidas em estados mais ao norte —, o mais ignorante deles em geral conhece inteiramente seu significado. Entendem os privilégios e as isenções da liberdade — que ela deitaria sobre eles os frutos de seu próprio trabalho e lhes garantiria o gozo da felicidade doméstica. Não deixam de observar a diferença entre sua própria condição e a do mais cruel homem branco, e de compreender a injustiça das leis que põe sob o poder deste não apenas se apropriar dos dividendos do labor deles, mas sujeitando-os a punição desmerecida e gratuita, sem nenhum remédio ou direito de resistir ou reclamar.

A vida de Patsey, especialmente depois do açoitamento, foi um longo sonho de liberdade. Lá longe, a uma distância incomensurável, ela sabia que havia uma terra de liberdade. Mil vezes ouvira que em alguma parte do distante Norte não havia escravos — nem senhores. Em sua imaginação, tratava-se de uma região encantada, o Paraíso na terra. Morar onde o homem negro pode trabalhar para si mesmo — morar em sua própria cabana —, trabalhar sua própria terra, era um sonho delicioso de Patsey — um sonho que, ai!, ela nunca poderá realizar.

O efeito de tais demonstrações de brutalidade na casa do senhor de escravos é visível. O filho mais velho de Epps é um menino inteligente de dez ou doze anos. Dá pena, às vezes, de vê-lo castigando, por exemplo, o venerável Pai Abram. Ele faz cobranças ao velho e, se necessário ao seu juízo infantil, o sentencia a determinado número de açoites, os quais ele mesmo aplica com muita seriedade e muito cuidado. Montado em seu pônei, ele muitas vezes galopa no campo empunhando o chicote, brincando de feitor, para deleite de sua família. Nessas ocasiões, ele o aplica sem discriminação, fazendo os escravos avançarem com gritos e às vezes alguma expressão blasfema, enquanto seu velho ri e o elogia vividamente como sendo um bom rapaz.

"O menino é o pai do homem", e com tal treino, seja qual for a disposição natural, não poderá chegar à maturidade sem ver o sofrimento e as misérias dos escravos com total indiferença. A influência do sistema iníquo necessariamente forja um espírito insensível e cruel, até mesmo no peito daqueles que, entre seus iguais, são vistos como humanos e generosos.

O senhorzinho Epps tinha algumas qualidades nobres e, no entanto, nenhum processo racional podia fazê-lo compreender que aos olhos do Todo-Poderoso não há distinção de cor. Ele considerava o homem negro mero animal, em nada diferente de qualquer outro, salvo pelo dom da fala e da posse de alguns instintos mais desenvolvidos, e, portanto, mais valioso. Trabalhar como as mulas de seu pai — ser açoitado, chutado e flagelado toda a vida —, dirigir-se ao homem branco com o chapéu na mão e olhos voltados de forma servil para o chão, em sua mente, era o destino natural e adequado para o escravo. Criados com tais ideias — com a noção de que estamos aquém da humanidade —, não é de admirar que os opressores de meu povo sejam uma raça tão impiedosa e cruel.

No mês de junho, ano de 1852, de acordo com um antigo contrato, o sr. Avery, um carpinteiro de Bayou Rouge, deu início à construção de uma casa para o Senhor Epps. Anteriormente já foi dito que não há celeiros em Bayou Boeuf; por outro lado, tão baixa e pantanosa é a qualidade do solo que as casas-grandes são normalmente construídas sobre cavilhas. Outra peculiaridade é que os cômodos não são rebocados, mas o teto e as laterais são cobertos por painéis de ciprestes pintados com a cor que aprouver ao gosto do proprietário. Geralmente as tábuas e os painéis são serrados por escravos com pequenos serrotes, já que num raio de muitos quilômetros não há força de água com a qual moinhos possam ser construídos. Quando o fazendeiro constrói ele mesmo uma morada, portanto, há muito trabalho extra para seus escravos. Tendo adquirido com Tibeats alguma experiência como carpinteiro, fui tirado definitivamente do campo quando da chegada de Avery e seus ajudantes.

Entre eles estava um com quem tenho uma imensa dívida de gratidão. Não fosse por ele, eu com toda probabilidade haveria de terminar meus dias na escravidão. Ele foi meu salvador, um homem cujo bom coração transbordava de sentimentos nobres e generosos. Até o derradeiro momento de minha existência, eu me lembrarei dele com sentimentos de gratidão. Seu nome era Bass, e naquela época morava em Marksville. Será difícil exprimir uma impressão acurada de sua aparência ou de seu caráter. Ele era um homem grande, tinha entre quarenta e cinquenta anos, pele clara e cabelos loiros. Era muito tranquilo e seguro de si, gostava de discutir, mas sempre falava com extrema deliberação. Era do tipo de pessoa cuja maneira peculiar é tal que nada por ele dito jamais ofendia alguém. O que seria intolerável, se proferido por outros lábios, podia ser dito por Bass impunemente. Não havia um só homem no rio Vermelho, talvez, que concordasse com ele em matéria de política ou religião, e nenhum homem, ouso dizer, que conversasse tanto sobre ambos os assuntos. Parecia ser tomado como certo que sempre tomaria o lado menos popular de toda e qualquer disputa local, e sempre divertia, mais do que causava desprazer, a seus ouvintes ouvir as maneiras engenhosas e originais por meio das quais ele sustentava a controvérsia. Era solteiro — um "solteirão", de acordo com a verdadeira acepção do termo —, do tipo que não tem parentes vivos, que saiba, no mundo. Tampouco tinha moradia fixa — vagava de um estado para outro, conforme lhe desse na telha. Vivera em Marksville por três ou quatro anos, e, no decurso de seus negócios como carpinteiro, e como consequência, igualmente, de suas peculiaridades, era amplamente conhecido em toda a paróquia de Avoyelles. Era liberal demais; e seus muitos atos de gentileza e pura bondade de coração o tornaram popular na comunidade — sentimento esse que ele incessantemente combatia.

Era nativo do Canadá, de onde viera vagando quando jovem, e depois de visitar todas as localidades principais nos estados do Norte e do Oeste, ao longo de suas peregrinações, chegou à região insalubre do rio Vermelho. Sua última parada fora Illinois. Onde ele agora está, lamento ser obrigado a dizer, não sei. Bass juntou suas coisas e partiu sem alvoroço de Marksville um dia antes de mim, já que seu envolvimento em minha libertação o tornava necessário. Por ter cometido um ato justo e correto, ele sem dúvida seria sentenciado à morte, se tivesse ficado ao alcance da tribo de açoitadores de escravos de Bayou Boeuf.

Certo dia, enquanto trabalhava na nova casa, Bass e Epps entraram numa polêmica, à qual, como logo se suporá, eu ouvia com interesse absorvente. Estavam discutindo o assunto da Escravidão.

"Eu lhe digo, Epps", declarava Bass, "está tudo errado — tudo errado, senhor —, não há justiça nem integridade nisso. Eu não teria um escravo nem se fosse tão rico quanto Creso, o que não sou, e o que é perfeitamente sabido, sobretudo entre meus credores. Há outra mentira — o sistema de crédito —, mentira, senhor; quem não tem crédito, não tem dívida. O crédito leva o homem a cair na tentação. Pagar em dinheiro é a única coisa que o livra do mal. Mas essa questão de *Escravidão*; que direito o senhor tem a seus negros, afinal de contas?"

"Que direito!", disse Epps, rindo, "ora, eu os comprei, paguei por eles."

"*Claro* que sim; a lei diz que você tem o direito de possuir um negro, mas, a lei que me desculpe, ela *mente*. Sim, Epps, quando a lei diz isso, ela está *mentindo*, e a verdade não está nela. Tudo o que a lei permite é certo? Digamos que criem uma lei tirando a sua liberdade e fazendo de você um escravo."

"Oh, isso não é possível", diz Epps, ainda rindo, "espero que você não esteja me comparando a um negro, Bass."

"Bem", Bass respondeu com gravidade, "não, não exatamente. Mas já vi negros tão bons quanto eu, e não conheço um só homem branco nessas redondezas que eu considere um fiapo melhor do que eu. Agora, aos olhos de Deus, qual é a diferença, Epps, entre um homem branco e um homem negro?"

"Toda a diferença do mundo", respondeu Epps. "É a mesma coisa que perguntar qual a diferença entre um homem branco e um babuíno. Ora, eu já vi um bicho em Orleans que sabia tanto quanto qualquer um dos meus negros. Você os chamaria de companheiros, imagino." Epps se abriu numa enorme gargalhada.

"Olhe aqui, Epps", continuou Bass, "você não pode me convencer com uma risada. Alguns homens são inteligentes, outros não são tão inteligentes quanto imaginam. Agora, deixe eu lhe fazer uma pergunta. Todos os homens são criados livres e iguais como a Declaração da Independência diz que são?"

"Sim", respondeu Epps, "mas os homens; negros e macacos, *não*." E então ele rompeu numa gargalhada ainda mais sonora que a anterior.

"Se é por isso, há macacos entre os homens brancos tanto quanto entre os homens negros, aliás", Bass comentou sem se alterar. "Conheço alguns homens brancos que usam argumentos que nenhum macaco em sã consciência usaria. Mas deixemos isso para lá. Esses negros são seres humanos. Se eles não sabem tanto quanto seu senhor, de quem é a culpa? Não *permitem* que eles saibam alguma coisa. Você tem livros e papéis, e pode ir aonde quiser, e cultivar sua inteligência de mil maneiras. Mas os seus escravos não têm privilégios. Você açoitaria um escravo seu se o pegasse lendo um livro. Eles são submetidos à servidão, geração após geração, privados de aprimoramento mental, e como se pode esperar que tenham tal conhecimento? Se por causa da criação bruta não são elevados a qualquer nível, vocês, proprietários de escravos, nunca serão responsabilizados por isso. Se são babuínos, ou se estão no mesmo ponto na escala de inteligência que tais animais, você e homens como você são os responsáveis por isso. Há um pecado, um pecado terrível, que pesa sobre esta nação e que não ficará sem punição para sempre. Haverá um acerto de contas — sim, Epps, virá um dia que arderá como um forno. Mais cedo ou mais tarde, mas virá, tão certo como o Senhor é justo."

"Se você morasse entre os ianques na Nova Inglaterra", disse Epps, "eu pensaria que era um desses malditos fanáticos que sabem mais do que a Constituição e que saem por aí vendendo relógios e incentivando os negros a fugir."

"Se eu estivesse na Nova Inglaterra", respondeu Bass, "seria exatamente a mesma coisa que sou aqui. Diria que a Escravidão é uma crueldade e que deveria ser abolida. Diria que não há razão ou justiça na lei ou na Constituição que permite que um homem submeta outro à servidão. Seria difícil para você perder sua propriedade, é claro, mas não seria nem de longe tão difícil quanto perder sua liberdade. Você não tem mais direito à sua liberdade, para falar em justiça, do que Pai Abram ali. Falam de pele negra, e sangue negro; ora, quantos escravos há nessa região tão brancos quanto qualquer um de nós? E que diferença isso faz na cor da alma? Pff! Todo o sistema é tão absurdo quanto cruel. Você pode possuir escravos, mas eu não teria um nem pela melhor fazenda da Louisiana."

"Você gosta do som da própria voz, Bass, mais do que qualquer homem que conheço. Discutiria que o preto é branco, ou que o branco é preto, se alguém o contradissesse. Nada está bom para você nesse mundo, e acho que também não ficaria satisfeito com o próximo, se pudesse escolher viver nele."

Conversas como essa não eram incomuns entre os dois, depois disso; Epps o provocava mais com o propósito de cavar uma gargalhada do que com a intenção de discutir seriamente os méritos da questão. Ele menosprezava Bass, como um homem pronto a dizer qualquer coisa meramente pelo prazer de ouvir a própria voz; um pouco presunçoso, talvez, combatendo sua crença e seu julgamento, apenas para exibir a própria habilidade de argumentação.

Bass permaneceu na fazenda de Epps todo o verão, visitando Marksville em geral uma vez a cada quinze dias. Quanto mais eu o via, mais eu me convencia de que se tratava de um homem em quem podia confiar. Ainda assim, minha desventura anterior me ensinara a ser extremamente cauteloso. Não cabia a mim falar com um homem branco exceto quando ele se dirigisse a mim, mas não deixei passar nenhuma oportunidade de me jogar em seu caminho e busquei constantemente, de toda maneira possível, atrair sua atenção. No início de agosto ele e eu estávamos trabalhando juntos sozinhos na casa, pois os demais carpinteiros tinham partido e Epps estava ausente, no campo. Aquele era o momento, se é que um dia haveria tal momento, de abordar o assunto, e me decidi a fazê-lo e aceitar quaisquer consequências que pudessem decorrer. Estávamos ocupados trabalhando, à tarde, quando parei de repente e disse:

"Senhor Bass, eu gostaria de lhe perguntar de que parte do país o senhor veio."

"Ora, Platt, o que fez você pensar nisso?", ele disse. "Você não conheceria, se eu dissesse." Depois de um momento, acrescentou: "Nasci no Canadá; agora adivinhe onde isso fica."

"Oh, eu sei onde fica o Canadá", falei, "já estive lá."

"Sim, imagino que você conheça bem todo o país", ele comentou, rindo sem acreditar.

"Tão certo quanto o fato de eu estar vivo, Senhor Bass", respondi, "já fui para lá. Já fui para Montreal e Kingston, e Queenston, e vários outros lugares no Canadá, e também já estive no estado de York — em Buffalo, Rochester e Albany, e será que o senhor sabe me dizer os nomes das aldeias no canal Erie e no canal Champlain?"

Bass se virou e olhou para mim durante muito tempo sem dizer uma só sílaba.

"Como você chegou aqui?", ele acabou perguntando.

"Senhor Bass", respondi, "se justiça tivesse sido feita, eu jamais teria vindo parar aqui."

"Bem, como assim?", ele falou. "Quem é você? Com certeza esteve no Canadá; conheço todos os lugares que mencionou. Como foi que veio parar aqui? Vamos, me conte tudo a respeito."

"Não tenho amigos aqui", foi minha resposta, "em quem eu possa confiar. Tenho medo de lhe contar, embora não ache que o senhor falaria ao Senhor Epps se eu contasse."

Ele me garantiu que guardaria em segredo qualquer palavra que eu lhe dissesse, e sua curiosidade evidentemente fora aguçada. Era uma história comprida, falei, e eu demoraria para contá-la. O senhor Epps voltaria logo, mas, se ele pudesse se encontrar comigo naquela noite, depois que todos estivessem dormindo, eu a repetiria para ele. Ele concordou imediatamente e me orientou a entrar na construção na qual estávamos trabalhando; eu o encontraria ali. Por volta da meia-noite, quando tudo estava parado e em silêncio, saí de fininho de minha cabana e, entrando silenciosamente na construção ainda inacabada, eu o encontrei esperando por mim.

Depois de mais promessas de sua parte de que não me trairia, comecei a relatar a história de minha vida e minhas desventuras. Ele ficou profundamente interessado, fazendo inúmeras perguntas quanto às localidades e aos acontecimentos. Uma vez terminada a história, implorei que escrevesse a alguns de meus amigos no Norte, relatando-lhes minha situação e solicitando que enviassem documentos que atestassem minha condição de homem livre ou que tomassem os passos que considerassem adequados para garantir minha soltura. Ele prometeu fazê-lo, mas ficou ponderando sobre o perigo de tal ato em caso de captura e passou a me pressionar sobre a necessidade de absoluto silêncio e segredo. Antes de nos despedirmos, nosso plano de operação foi estabelecido.

Concordamos em nos encontrar na noite seguinte em um local especificado entre as plantas altas às margens do riacho, a alguma distância da casa do senhor. Lá ele escreveria no papel os nomes e endereços de várias pessoas, velhos amigos do Norte, a quem endereçaria as cartas durante sua próxima visita a Marksville. Não era considerado prudente nos encontrarmos na nova casa, ainda mais que, em função da luz que seria necessário usar, poderíamos ser descobertos. Ao longo do dia, durante uma breve ausência de Mãe Phebe, dei um jeito de conseguir subtrair alguns fósforos e um toco de vela da cozinha. Bass tinha caneta e papel em sua caixa de ferramentas.

Na hora combinada nos encontramos nas margens do riacho e, esgueirando-nos por entre as plantas altas, acendi a vela, enquanto ele retirava lápis e papel e se preparava para tomar nota. Dei-lhe os nomes de William Perry, Cephas Parker e do juiz Marvin, todos de Saratoga Springs, no condado de Saratoga, Nova York. Eu fora empregado deste último no United States Hotel e fizera muitos negócios com os primeiros. Confiava que pelo menos um deles ainda estivesse morando naquela localidade. Bass anotou cuidadosamente os nomes, e então comentou, pensativo:

"Faz tantos anos que você saiu de Saratoga, todos eles podem estar mortos, ou podem ter se mudado. Você disse que conseguiu os papéis na aduana em Nova York. Provavelmente há registro deles lá, e acho que caberia escrever e se certificar."

Concordei com ele e mais uma vez repeti as circunstâncias relatadas até então e relacionadas com minha visita à aduana com Brown e Hamilton. Ficamos na margem do riacho uma hora ou mais, conversando sobre o assunto que então dominava nossos pensamentos. Eu não tinha mais como duvidar de sua lealdade e falei livremente com ele sobre as muitas tristezas que suportara em silêncio, e por tanto tempo. Falei sobre minha mulher e meus filhos, mencionando seu nome e sua idade e detendo-me sobre a indizível felicidade que seria abraçá-los mais uma vez antes de morrer. Peguei na mão dele e com lágrimas e súplicas apaixonadas implorei que me ajudasse — que me devolvesse aos meus e à liberdade —, prometendo que eu cansaria o Céu durante o resto de minha vida com rezas para abençoá-lo. Gozando de liberdade — cercado pelas relações de minha juventude e de volta ao seio de minha família —, essas promessas ainda não foram esquecidas, e nunca serão enquanto eu tiver forças para erguer meus suplicantes olhos para o céu.

Oh, abençoai sua gentil voz e seu cabelo prateado,
E abençoai sua longa vida, até que ele aí me encontre.

Ele me cobriu de garantias de amizade e lealdade, dizendo que nunca antes tivera um interesse tão profundo pelo destino de qualquer pessoa. Falava de si mesmo num tom um tanto quanto lamentoso, como um homem solitário, um peregrino no mundo — que estava ficando velho e que não tardaria a chegar ao fim de sua jornada na Terra e deitar em seu descanso final sem amigos ou parentes para chorá-lo, ou para se lembrar dele — que sua vida pouco valor tinha e que doravante se dedicaria à minha libertação e a uma incessante luta contra a detestável vergonha que é a Escravidão.

Depois dessa noite poucas vezes nos falamos ou sequer nos cumprimentávamos. Além disso, ele passou a ser menos desinibido em sua conversa com Epps quanto à Escravidão. A suspeita mais remota de que houvesse qualquer intimidade — qualquer entendimento secreto entre nós — nunca, nem uma vez, entrou na mente de Epps, ou de qualquer outra pessoa, branca ou negra, naquela fazenda.

Muitas vezes me perguntam, com um ar de incredulidade, como consegui esconder durante tantos anos de meus companheiros de todos os dias a verdade sobre meu verdadeiro nome e minha história. A terrível lição que Burch me ensinou deixou marcados indelevelmente em minha mente o perigo e a inutilidade de afirmar que eu era um homem livre. Não havia nenhuma possibilidade de um escravo poder me ajudar, ao passo que, por outro lado, havia a possibilidade de ele me delatar. Quando relembro toda a corrente de meus pensamentos, durante doze anos, quanto à possibilidade de fuga, não é de admirar que eu fosse sempre cauteloso e atento. Teria sido um ato de loucura proclamar meu *direito* à liberdade; apenas teria me sujeitado a uma vigilância ainda mais severa — provavelmente teria me mandado para uma região ainda mais distante e inacessível que Bayou Boeuf. Edwin Epps era uma pessoa de todo desinteressada pelos direitos dos homens negros ou pelas injustiças sofridas por eles — totalmente destituído de qualquer senso natural de justiça, como eu bem sabia. Era importante, portanto, não apenas no que dizia respeito à minha esperança de libertação, mas também quanto aos poucos privilégios pessoais que me eram permitidos, ocultar dele a história da minha vida.

Na noite do sábado seguinte à nossa conversa à beira d'água, Bass foi para casa, para Marksville. No dia seguinte, como era domingo, dedicou-se a escrever cartas no seu quarto. Uma ele endereçou ao fiscal da alfândega em Nova York, outra para o juiz Marvin, e outra para os srs. Parker e Perry, conjuntamente. Foi a última que levou à minha libertação. Bass pôs como remetente meu nome verdadeiro, mas no postscriptum declarava que eu não era o redator. A própria carta mostra que ele se considerava envolvido em um empreendimento perigoso — nada menos do que correndo "risco de vida, se pego". Não a vi antes de ela ser postada, mas de lá para cá consegui uma cópia, que aqui transcrevo:

Bayou Boeuf, 15 de agosto de 1852.

Sr. WILLIAM PERRY OU Sr. CEPHAS PARKER,

Cavalheiros — Tendo se passado um longo tempo desde que vi ou tive notícias dos senhores, e sem saber se estão vivos, é com incerteza que lhes escrevo, mas a necessidade do caso há de ser minha desculpa.

Tendo nascido livre, do outro lado do rio dos senhores, tenho certeza de que devem me conhecer, e agora sou escravo aqui. Peço que obtenham documentos para a minha libertação e os enviem para mim em Marksville, Louisiana, paróquia de Avoyelles, por favor.

Seu,

SOLOMON NORTHUP

A maneira como me tornei escravo: caí doente na cidade de Washington e fiquei inconsciente por algum tempo. Quando recobrei a consciência, os documentos que atestavam minha liberdade haviam sido roubados, e eu estava acorrentado, a caminho deste estado, e nunca consegui ninguém que pudesse escrever para mim até agora; este que ora escreve por mim corre risco de vida, se descoberto.

A alusão à minha pessoa no trabalho recentemente publicado chamado *A Key to Uncle Tom's Cabin* [Chave para a cabana do Pai Tomás] contém a primeira parte desta carta, omitindo o postscriptum. Tampouco são apresentados de forma correta os nomes completos dos cavalheiros a quem é dirigida, havendo uma pequena discrepância, provavelmente um erro tipográfico. Ao postscriptum, mais do que ao corpo da missiva, é que devo minha libertação, como agora se verá.

Quando voltou a Marksville, Bass me informou o que fizera. Prosseguimos com nossas conversas à meia-noite, sem nunca falar um com o outro durante o dia, exceto no que fosse necessário para fins de trabalho. Tanto quanto ele era capaz de determinar, seriam necessárias duas semanas para a carta chegar a Saratoga pelo correio e a mesma quantidade de tempo para que uma resposta retornasse. Em seis semanas, no máximo, concluímos, uma resposta chegaria, se é que chegaria. Muitas sugestões foram então feitas, e muita conversa ocorreu entre nós quanto à melhor maneira, e a mais segura, de proceder quando do recebimento dos documentos de libertação. Eles seriam sua garantia, caso fôssemos surpreendidos e presos ao deixar a região juntos. Não significaria nenhuma infração, por mais que pudesse provocar a hostilidade individual, ajudar um homem livre a retomar sua liberdade.

Ao cabo de quatro semanas ele foi novamente a Marksville, mas nenhuma resposta chegara. Fiquei desapontado, mas me tranquilizei com a reflexão de que não havia se passado ainda período de tempo suficiente — que podia ter havido atrasos — e que eu não podia, de forma razoável, esperar uma resposta tão cedo. Seis, sete, oito e dez semanas se passaram, porém, e nada chegou. Eu ficava febril de expectativa sempre que Bass ia a Marksville e mal podia fechar os olhos até que ele voltasse. Finalmente a casa de meu senhor foi finalizada, e chegou a hora de Bass me deixar. Na noite anterior a sua partida, cedi ao desespero. Eu me agarrara a ele como um homem se afogando se agarra à boia, sabendo que, se esta escapar de suas mãos, afundará para sempre sob as ondas. A sempre gloriosa esperança, sobre a qual eu me agarrara tão ansiosamente, desfazia-se em cinzas nas minhas mãos. Senti como se estivesse afundando entre as amargas águas da Escravidão, de cujas profundidades insondáveis jamais voltaria.

O coração generoso de meu amigo e benfeitor ficou tocado de piedade à visão de minha tristeza. Ele tentou me alegrar, prometendo voltar na véspera de Natal, e, se nenhum comunicado tivesse sido recebido nesse meio-tempo, alguma outra medida seria tomada para realizar nosso plano. Ele me exortava a manter alto meu moral — a confiar em seus contínuos esforços em meu benefício, assegurando-me, no linguajar mais franco e honesto, que minha libertação seria, daquele momento em diante, o principal objetivo de seus pensamentos.

Em sua ausência o tempo se passou lentamente, de fato. Esperei pelo Natal com intensa ansiedade e impaciência. Eu já desistira de receber qualquer resposta às cartas. Elas podiam ter se perdido, ou podiam ter sido entregues para o destinatário errado. Talvez aqueles de Saratoga a quem elas foram endereçadas estivessem todos mortos; talvez, dedicados às suas conquistas, eles não tivessem considerado o destino de um negro obscuro e infeliz algo suficientemente digno de atenção. Toda a minha confiança recaía sobre Bass. A fé que eu tinha nele continuamente me tranquilizava e permitia me elevar contra a maré de desapontamento que me dominara.

Tanto estava eu absorvido em refletir sobre minha situação e minhas perspectivas que os escravos com quem eu trabalhava no campo o perceberam algumas vezes. Patsey me perguntava se eu estava doente, e Pai Abram, Bob e Wiley frequentemente expressavam curiosidade de saber no que eu pensava, tão meditabundo me mantinha. Mas eu fugia de suas perguntas com alguma observação trivial e mantinha meus pensamentos bem trancados em meu peito.

Fiel à sua palavra, na véspera de Natal, bem ao cair da noite, Bass chegou cavalgando no quintal.

"Como vai?", disse Epps, apertando-lhe a mão. "Que bom vê-lo."

Ele não ficaria assim feliz se soubesse o objetivo da visita.

"Muito bem, muito bem", respondeu Bass. "Tinha uns negócios aqui na região e decidi vir vê-lo e passar a noite."

Epps deu ordens para um dos escravos cuidar do cavalo do visitante e com muita conversa e risada eles entraram na casa juntos; não, porém, antes de Bass olhar para mim de forma significativa, como que a dizer: "Fique calmo, está tudo certo". Eram dez da noite quando as tarefas do dia foram terminadas, então entrei na cabana. Naquela época, Pai Abram e Bob a ocupavam comigo. Eu me deitei sobre minha tábua e fingi dormir. Quando meus companheiros haviam adentrado o sono profundo, saí sorrateiramente pela porta e com atenção observei e procurei ouvir algum sinal ou barulho de Bass. Lá fiquei até bem depois da meia-noite, mas nada pôde ser visto ou ouvido. Conforme eu suspeitara, ele não ousava deixar a casa com receio de levantar suspeitas por parte da família. Julguei corretamente que ele se levantaria mais cedo do que o costume e aproveitaria a oportunidade de me ver antes que Epps acordasse. Assim, acordei Pai Abram uma hora mais cedo e o mandei para o campo para fazer uma fogueira, o que, naquela época do ano, era dever de Pai Abram.

Também chacoalhei Bob com violência e perguntei se ele pretendia dormir até a hora do almoço, dizendo que o senhor estaria de pé antes que as mulas fossem alimentadas. Ele sabia muito bem as consequências que seguiriam tal acontecimento e, levantando-se num pulo, foi até o pasto dos cavalos num piscar de olhos.

E então, quando ambos já haviam saído, Bass se esgueirou cabana adentro.

"Nenhuma carta ainda, Platt", ele disse. Esse anúncio caiu sobre meu coração como chumbo.

"Oh, *por favor*, escreva de novo, Senhor Bass", choraminguei. "Vou lhe dar o nome de um monte de gente que conheço. Com certeza não podem estar todos mortos. Com certeza alguém há de ter pena de mim."

"Não adianta", Bass respondeu, "não adianta. Já me decidi quanto a isso. Receio que o chefe do correio de Marksville possa desconfiar de algo, pois andei perguntando muitas vezes lá. É arriscado demais — perigoso demais."

"Então acabou-se", exclamei. "Oh, meu Deus, como poderei terminar meus dias aqui?!"

"Você não vai terminar seus dias aqui", ele disse, "a menos que morra em pouco tempo. Refleti bem sobre toda a questão e cheguei a uma conclusão. Há mais de uma maneira de gerenciar isso, e uma maneira melhor e mais segura do que escrevendo cartas. Tenho em andamento uns dois trabalhos que podem ser concluídos por março ou abril. Nessa época terei uma quantia considerável de dinheiro e então, Platt, vou pessoalmente a Saratoga."

Eu mal podia acreditar em meus sentidos à medida que as palavras saíam de seus lábios. Mas ele me assegurou, de um modo que não deixou dúvidas quanto à sinceridade de sua intenção, de que, se sua vida fosse poupada até a primavera, com certeza empreenderia tal viagem.

"Já vivi nessa região tempo demais", ele ponderou, "para mim tanto faz estar num lugar ou noutro. Durante muito tempo pensei em voltar para o lugar onde nasci. Estou cansado da Escravidão, tanto quanto você. Se conseguir tirá-lo daqui, será uma boa ação na qual terei prazer durante toda a minha vida. *Vou* conseguir, Platt; preciso fazê-lo. Agora, deixe-me lhe dizer o que quero. Epps logo vai acordar, e não posso ser pego aqui. Pense em um número bem grande de homens em Saratoga e Sandy Hill, e naquelas redondezas, que um dia o conheceram. Vou arranjar uma desculpa para vir aqui novamente ao longo do inverno, quando então anotarei o nome dele. Então saberei quem procurar quando for para o Norte. Pense em todo mundo que você conseguir. Alegre-se! Não desanime. Estou com você, na vida ou na morte. Adeus. Deus o abençoe." E dizendo isso ele deixou a cabana rapidamente e entrou na casa-grande.

Era manhã de Natal — o dia mais feliz do ano inteiro para o escravo. Nessa manhã ele não precisava se apressar para ir para o campo, com sua cabaça e saca de algodão. A felicidade brilhava nos olhos e salpicava a aparência de todos. Era chegada a hora de fazer festa e dançar. Os canaviais e os algodoais ficavam desertos. Naquele dia era para o vestido limpo ser usado — a fita vermelha, exibida; haveria reencontros e alegria e risos, e todos correriam de um lado para o outro. Era para ser um dia de *liberdade* entre os filhos da Escravidão. Por isso eles estavam felizes, e congratulavam-se.

Depois do café da manhã Epps e Bass passearam pelo quintal, conversando sobre o preço do algodão e vários outros assuntos.

"Onde os seus negros comemoram o Natal?", Bass perguntou.

"Platt está indo para a fazenda de Tanner hoje. O violino dele é bastante requisitado. Querem-no na propriedade de Marshall na segunda-feira, e a srta. Mary McCoy, na velha fazenda Norwood, me escreveu um bilhete dizendo que quer que Platt toque para seus negros na terça-feira."

"Ele é um sujeito bem esperto, não é?", disse Bass. "Venha cá, Platt", disse olhando para mim enquanto eu me aproximava deles, como se nunca antes tivesse prestado atenção em mim.

"Sim", respondeu Epps, pegando no meu braço e o apalpando, "não há uma junta ruim nele. Não há na região nenhum rapaz que valha mais do que ele — perfeitamente saudável e não apronta. Ora, Platt não é como os outros negros, não se parece com eles — não age como eles. Me ofereceram mil e setecentos dólares por ele na semana passada."

"E você não aceitou?", Bass perguntou, surpreso.

"Aceitar? Não; de jeito nenhum. Por quê, se ele é um gênio; sabe fazer eixo de arado, de carroça — tudo, tanto quanto você. Marshall queria juntá-lo a um de seus negros e fazer uma rifa, mas falei que preferiria cedê-lo para o diabo."

"Não vejo nada de mais nele", Bass comentou.

"Ora, dê só uma examinada", Epps retorquiu. "Não se veem por aí rapazes bem constituídos como ele com muita frequência. É um sujeito de pele fina e não aguenta tantos açoites quanto os outros; mas tem bons músculos, com toda a certeza."

Bass me apalpou, fez eu me virar e me inspecionou da cabeça aos pés. Durante todo esse tempo, Epps salientava meus pontos fortes. Mas seu visitante parecia ter pouco interesse no assunto, afinal de contas, e então ele foi deixado de lado. Bass logo partiu, dando-me outra olhadela cúmplice e eloquente ao sair trotando do quintal.

Depois que Bass se fora, obtive um salvo-conduto e parti para a fazenda de Tanner — não Peter Tanner, do qual se falou antes, mas de um parente dele. Toquei durante todo o dia e a maior parte da noite, passando o dia seguinte, domingo, em minha cabana. Na segunda-feira atravessei o riacho até a propriedade de Douglas Marshall, acompanhado por todos os escravos de Epps, e na terça fui para a velha Norwood, que é a terceira fazenda acima da casa de Marshall, no mesmo lado do rio.

Essa propriedade agora é da srta. Mary McCoy, uma moça adorável de uns vinte anos de idade. Ela é a beleza e a glória de Bayou Boeuf. Tem uns cem escravos, além de muitos serventes domésticos, rapazes para cuidar do jardim e crianças. Seu cunhado, que mora na propriedade vizinha, é seu braço direito. Ela é adorada por todos os seus escravos, e de fato eles têm razão de serem gratos por terem caído em mãos tão gentis. Em nenhum lugar da região há banquetes frescos e tanta alegria quanto na propriedade da jovem Madame McCoy. Para lá, mais do que para qualquer outro lugar, é que os jovens e velhos das redondezas dirigem-se na época das festas natalinas; pois em nenhum outro lugar encontram refeições tão deliciosas; em nenhum outro lugar ouvem uma voz falar-lhes de forma tão agradável. Ninguém é tão querido — ninguém enche tanto o coração vazio de mil escravos como a jovem Madame McCoy, a patroa órfã da velha propriedade de Norwood.

Ao chegar à fazenda, encontrei duzentos ou trezentos escravos reunidos. A mesa fora preparada em um barracão longo que ela mandara construir especialmente para seus escravos poderem dançar. Estava repleta de toda a variedade de comida que a região oferecia e foi declarado unanimemente o mais rico dos jantares. Peru, porco, galinha, pato e todo tipo de carne, assada, cozida e grelhada, formavam uma linha que riscava a mesa de ponta a ponta, enquanto os espaços livres receberam tortas, geleias, bolos com cobertura e massas doces de muitos tipos. A jovem senhora caminhava em torno da mesa, sorrindo e dizendo uma palavra gentil a cada pessoa, e parecia extremamente satisfeita com a ocasião.

Quando o jantar terminou, as mesas foram retiradas para dar espaço aos dançarinos. Afinei meu violino e toquei uma música alegre; enquanto alguns se juntavam em uma dança escocesa rápida, outros batiam os pés ritmadamente e cantavam suas canções, enchendo o grande recinto de música misturada ao som das vozes humanas e ao barulho dos pés.

À noite, a senhora voltou e ficou junto à porta por um longo tempo, observando-nos. Ela estava magnificamente arrumada. Seus cabelos e olhos pretos contrastavam fortemente com a pele clara e delicada. Sua forma era esbelta, mas firme, e seus movimentos eram uma combinação de dignidade e graça naturais. Enquanto estava ali, vestida em seus ricos ornamentos, o rosto animado por júbilo, pensei nunca ter visto um ser humano tão belo. Detenho-me com prazer na descrição dessa boa e gentil senhora não apenas porque ela me inspirou emoções de gratidão e admiração, mas porque o leitor entenderá que nem todos os proprietários de escravos de Bayou Boeuf são como Epps, ou Tibeats, ou Jim Burns. Ocasionalmente pode ser encontrado, ainda que raramente, de fato, um homem bom como William Ford, ou um anjo de gentileza como a jovem Senhora McCoy.

A terça-feira encerrou os três dias de feriado que Epps anualmente nos concedia. No caminho para casa, na quarta de manhã, enquanto passava pela fazenda de William Pierce, esse cavalheiro me fez sinal, dizendo que recebera um bilhete de Epps que lhe fora trazido por William Varnell permitindo que ficasse comigo com o propósito de tocar para seus escravos naquela noite. Era a última vez que eu estava destinado a testemunhar um baile de escravos às margens de Bayou Boeuf. A festa prosseguiu alegre até a luz do dia, quando voltei à casa de meu senhor, um tanto cansado com a perda do descanso, mas feliz, na posse de vários cacarecos e moedas dados pelos brancos que ficaram felizes com minha performance musical.

Na manhã de sábado, pela primeira vez em anos, dormi demais. Saí da cabana assustado e descobri que os escravos já estavam no campo. Haviam chegado uns quinze minutos antes de mim. Deixando para trás minha comida e minha cabaça de água, corri atrás deles o mais rápido que pude. O sol ainda não nascera, mas Epps estava na varanda quando deixei a cabana e gritou para mim que aquela era uma bela hora do dia para se levantar. Graças a um esforço extra, minha fileira estava pronta quando ele chegou, depois do café da manhã. Isso, porém, não desculpava a ofensa de dormir demais. Dizendo para eu tirar a roupa e deitar, ele me deu dez ou quinze chibatadas e ao terminar perguntou se eu achava que, depois daquilo, seria capaz de acordar em algum momento da *manhã* ainda. Afirmei enfaticamente que *sim* e, com as costas ardendo de dor, voltei ao trabalho.

No dia seguinte, domingo, meus pensamentos estavam com Bass e a probabilidade e a esperança que dependiam de sua ação e determinação. Considerei a incerteza da vida e, que se fosse a vontade de Deus que ele morresse, minhas perspectivas de libertação e toda a expectativa de felicidade neste mundo seriam retumbantemente terminadas e destruídas. Quiçá minhas costas doloridas não estivessem colaborando para me deixar especialmente feliz. Eu me senti desanimado e infeliz durante todo o dia e, quando me deitei sobre a tábua dura à noite, meu coração estava oprimido por um fardo tão grande de tristeza que parecia prestes a se romper.

Na manhã de segunda-feira, dia 3 de janeiro de 1853, estávamos no campo bem cedo. Era uma manhã fria, como é incomum nessa região. Eu estava adiantado, Pai Abram estava ao meu lado, atrás dele Bob, Patsey e Wiley, com nossas sacas de algodão penduradas no pescoço. Calhou de Epps sair de casa naquela manhã sem sua chibata (uma coisa rara, de fato). Ele praguejou, de um jeito que constrangeria até mesmo um pirata, dizendo que não estávamos fazendo nada. Bob se arriscou a dizer que seus dedos estavam tão dormentes com o frio que não conseguia colher rápido. Epps se amaldiçoou por não ter trazido seu chicote e declarou que, quando voltasse, tra taria de nos aquecer bem; sim, ele nos deixaria a todos mais quentes do que o reino de chamas no qual às vezes tendo a acreditar que ele próprio algum dia morará.

Com essas expressões ferozes, ele nos deixou. Quando fora de seu alcance, começamos a conversar entre nós, comentando como era difícil desempenhar nossa tarefa com os dedos dormentes; quão pouco razoável o senhor era, e falamos nele em termos nem um pouco lisonjeiros. Nossa conversa foi interrompida por uma carroça que passou rapidamente na direção da casa. Levantando os olhos, vimos dois homens se aproximando de nós pelo milharal.

Tendo agora trazido a presente narrativa à última hora que eu passaria em Bayou Boeuf — tendo chegado à minha última colheita de algodão e prestes a dar adeus ao Senhor Epps —, devo rogar ao leitor a voltar comigo ao mês de agosto; a seguir a carta de Bass em sua longa jornada até Saratoga; a ficar sabendo do efeito por ela causado — e que, enquanto eu estava tristonho e desesperado na cabana da propriedade de Edwin Epps, graças à amizade de Bass e à bondade da Providência, tudo conspirava pela minha libertação.

21

Tenho uma dívida para com o sr. Henry B. Northup e muitos outros em função dos detalhes contidos neste capítulo.

A carta redigida por Bass, endereçada a Parker e Perry, que foi postada no correio de Marksville no dia 15 de agosto de 1852, chegou a Saratoga no início de setembro. Algum tempo antes disso, Anne se mudara para Glens Falls, no condado de Warren, onde era encarregada da cozinha do Carpenter's Hotel. Porém, ela morava com nossos filhos e só ficava longe deles o tempo necessário para cumprir suas funções no hotel.

Os srs. Parker e Perry, ao receber a carta, a encaminharam imediatamente a Anne. Ao lê-la, as crianças ficaram entusiasmadas e sem demora se dirigiram à aldeia vizinha de Sandy Hill, para consultar Henry B. Northup e obter seu conselho e ajuda na questão.

Após pesquisar, esse cavalheiro encontrou entre os estatutos do Estado uma lei que garante que cidadãos livres sejam resgatados da escravidão. Fora aprovada em 14 de maio de 1840 e é chamada de "Uma lei para proteger mais efetivamente os cidadãos livres deste estado de serem sequestrados ou submetidos à escravidão". Determina que é dever do governador, uma vez tendo recebido informação satisfatória de que qualquer cidadão livre ou habitante deste estado é injustamente mantido como escravo em outro estado ou território dos Estados Unidos, mediante alegação ou mentira de que tal pessoa seja um escravo, ou que pelo costume da cor ou pela regra da lei seja considerado ou tomado por um escravo, tomar tais medidas que garantam a restauração de tal pessoa à liberdade, conforme ele julgar necessário. E para esse fim ele é autorizado a designar e empregar um agente, e é orientado a fornecer a este credenciais e instruções tais que possibilitem o cumprimento do objetivo de sua nomeação. Determina também que o agente assim designado colete provas adequadas a fim de estabelecer o direito de tal pessoa à liberdade; que faça tais jornadas, tome tais medidas, institua procedimentos legais etc. necessários para devolver essa pessoa a seu estado e se incumba de todas as despesas necessárias ao cumprimento desta lei com verbas do Tesouro destinadas para este fim específico.

Era necessário comprovar dois fatos para satisfazer o governador. Primeiro, que eu era um cidadão livre de Nova York; segundo, que eu estava sendo erroneamente mantido como escravo. Quanto ao primeiro ponto, não havia dificuldade, já que todos os habitantes das redondezas estavam dispostos a testemunhá-lo. O segundo ponto dependia inteiramente da carta enviada a Parker e Perry, escrita por uma mão desconhecida, e da carta escrita a bordo do brigue *Orleans*, que, infelizmente, fora extraviada ou perdida.

Um relato foi preparado e endereçado à sua excelência, o governador Hunt, declarando meu casamento, minha partida da cidade de Washington; o recebimento das cartas; que eu era um cidadão livre e outros fatos que foram considerados relevantes, e foi assinado e verificado por Anne. Anexadas a esse documento foram enviadas várias declarações de cidadãos proeminentes de Sandy Hill e Fort Edward, corroborando inteiramente os depoimentos ali contidos, e também uma solicitação de vários cavalheiros da confiança do governador para que Henry B. Northup fosse designado agente de acordo com a lei.

Ao ler o documento e os anexos, sua excelência ficou muito interessada no caso e, no dia 23 de novembro de 1852, sob o selo do Estado, "constituiu, nomeou e empregou Henry B. Northup, cavalheiro, como agente, com plenos poderes de efetuar" minha libertação e a tomar as medidas cabíveis para tal, e o instruiu a se dirigir à Louisiana com toda a pressa devida.

A natureza urgente dos compromissos profissionais e políticos do sr. Northup atrasaram sua partida até dezembro. No décimo quarto dia daquele mês, ele deixou Sandy Hill e se dirigiu para Washington. O excelentíssimo Pierre Soule, senador na Louisiana, o excelentíssimo sr. Conrad, secretário de Guerra, e o juiz Nelson, da Suprema Corte dos Estados Unidos, ao ouvir o relato dos fatos e examinar o processo, bem como as cópias autenticadas do documento e dos anexos, forneceram-lhe cartas abertas aos cavalheiros da Louisiana nas quais solicitavam com toda a urgência sua ajuda a fim de efetuar o objetivo da visita.

O senador Soule, principalmente, interessou-se pelo assunto, insistindo com uma linguagem convincente que era dever e interesse de todo fazendeiro desse estado ajudar a me restituir à liberdade e que confiava que os sentimentos de honra e justiça existentes no peito de todo cidadão da comunidade os recrutariam para o grupo daqueles interessados em meu bem-estar. Tendo obtido tais valiosas cartas, o sr. Northup voltou a Baltimore e de lá partiu para Pittsburgh. Era sua intenção original, de acordo com conselhos de amigos de Washington, ir diretamente a New Orleans e consultar as autoridades da cidade. Providencialmente, porém, ao chegar à foz do rio Vermelho, ele mudou de ideia. Tivesse prosseguido, não teria se encontrado com Bass, em cujo caso a busca por mim provavelmente teria resultado infrutífera.

Embarcando no primeiro vapor que chegou, ele continuou sua jornada rio Vermelho acima, um arroio vagaroso e cheio de curvas que corre por uma vasta região de florestas nativas e pântanos impenetráveis, quase totalmente destituída de habitantes. Por volta das nove horas da manhã, no dia 10 de janeiro de 1853, ele deixou o navio a vapor em Marksville e tratou de ir diretamente à Corte de Justiça de Marksville, uma pequena aldeia a seis quilômetros do rio.

A partir do fato de a carta enviada aos srs. Parker e Perry ter sido carimbada em Marksville, ele supôs que eu estivesse nesse lugar ou em seus arredores. Ao chegar a tal localidade, imediatamente relatou sua incumbência ao excelentíssimo John P. Waddill, um homem da lei de distinção e um ser humano de bom temperamento e nobres impulsos. Depois de ler as cartas e os documentos apresentados, e ouvindo a representação das circunstâncias sob as quais eu fora levado ao cativeiro, o sr. Waddill imediatamente ofereceu seus préstimos e se dedicou à questão com muito zelo e empenho. Ele, assim como outros de caráter igualmente elevado, considerou o sequestrador repugnante. Não apenas o título de seus companheiros de paróquia e clientes à propriedade que constituía a maior parte da riqueza deles dependia da boa-fé na qual as vendas de escravos fossem realizadas, como ele era um homem em cujo bom coração sentimentos de indignação foram suscitados por tamanho caso de injustiça.

Marksville, embora ocupando uma posição proeminente e sobressaindo em impressionantes itálicos no mapa da Louisiana, é, na verdade, apenas um vilarejo pequeno e insignificante. Além da taverna, mantida por um alegre e generoso sujeito, a Corte de Justiça, povoada na época das férias por vacas e porcos sem lei, e o patíbulo, com sua corda cortada pendendo no ar, pouco há que atraia a atenção de um estrangeiro.

Solomon Northup era um nome que o sr. Waddill jamais ouvira, mas ele tinha certeza de que, se houvesse um escravo com esse nome em Marksville ou nas redondezas, seu rapaz negro Tom o conheceria. Assim Tom foi chamado, mas de todo o seu extenso círculo de conhecidos não constava tal personagem.

A carta para Parker e Perry fora datada em Bayou Boeuf. Nesse lugar, portanto, foi a conclusão a que chegaram, é que eu deveria ser procurado. Mas aqui uma dificuldade apareceu, uma dificuldade muito grave, de fato. Bayou Boeuf, em seu ponto mais perto, ficava a trinta e sete quilômetros de distância e era o nome aplicado à parte da região que se estendia de oitenta a cento e sessenta quilômetros, em ambos os lados do riacho. Milhares e milhares de escravos moram em suas margens, já que a incrível riqueza e fertilidade do solo atraíram para lá uma grande quantidade de fazendeiros. A informação na carta era tão vaga e difusa a ponto de tornar difícil qualquer decisão quanto a como proceder. Foi decidido, porém, como único plano que apresentasse qualquer chance de sucesso, que Northup e o irmão de Waddill, um aprendiz do escritório deste último, deveriam partir para o Bayou e, viajando por toda a extensão de uma e outra margem, perguntariam em todas as fazendas por mim. O sr. Waddill emprestou seu carro e foi combinado em caráter definitivo que eles começariam a excursão bem cedo na manhã de segunda-feira.

Será visto a seguir que tal medida muito provavelmente teria resultado sem sucesso. Teria lhes sido impossível ir aos campos e examinar todos os grupos que estivessem trabalhando. Não sabiam que eu era conhecido apenas como Platt, e, se tivessem perguntado para o próprio Epps, ele teria dito, honestamente, que nada sabia sobre Solomon Northup.

Uma vez combinado o arranjo, porém, não havia mais nada a ser feito até que o domingo se passasse. A conversa entre o sr. Northup e Waddill, no decorrer da tarde, se voltou para a política de Nova York.

"Mal posso compreender as distinções e nuances dos partidos políticos do seu estado", comentou o sr. Waddill.

"Leio sobre radicais e moderados, *hunkers* e *barnburners*,* cabelos de algodão e cinza-prateados, e sou incapaz de compreender a diferença exata entre eles. Por favor, qual é?"

O sr. Northup, voltando a encher seu cachimbo, começou uma elaborada explanação acerca da origem das várias facções dos partidos e concluiu dizendo que havia outro partido em Nova York, conhecido como *free-soilers*, ou abolicionistas. "Você não viu nenhum deles nesta parte do país, imagino", o sr. Northup disse.

"Apenas um", respondeu Waddill, rindo. "Temos um aqui em Marksville, uma criatura excêntrica, que prega o abolicionismo tão veementemente quanto qualquer fanático do Norte. Ele é um homem generoso e inofensivo, mas sempre apoia o lado errado das discussões. Nos diverte bastante. É um mecânico excelente, e quase indispensável nesta comunidade. Ele é carpinteiro. Chama-se Bass."

Outro tanto de bate-papo ocorreu por conta das peculiaridades de Bass, quando Waddill caiu imediatamente em um humor reflexivo e pediu para ver a carta misteriosa mais uma vez.

"Deixe-me ver — d-e-i-x-e-m-e-v-e-r!", ele repetiu, pensativo, correndo os olhos sobre a missiva novamente. "'Bayou Boeuf, 15 de agosto.' Quinze de agosto — postado aqui. 'Este que ora escreve por mim...' Onde Bass trabalhou no último verão?", ele perguntou, voltando-se de repente para o irmão. Ele não sabia informar, mas, levantando-se, deixou o escritório e logo voltou com a informação: "No último verão Bass trabalhou em algum lugar em Bayou Boeuf".

"É ele", exclamou Waddill, baixando a mão enfaticamente sobre a mesa, "que pode nos contar tudo sobre Solomon Northup."

Imediatamente procuraram por Bass, mas ele não pôde

---

* Como eram chamados os integrantes das duas facções do Partido Democrata do estado de Nova York no século XIX. (N.T.)

ser encontrado. Depois de perguntar por ele, chegaram à informação de que estava no porto no rio Vermelho. Após acharem um meio de transporte, o jovem Waddill e Northup não demoraram a atravessar os poucos quilômetros até lá. Ao chegarem, encontraram Bass prestes a partir para se ausentar por quinze dias ou mais. Depois de uma apresentação, Northup implorou pelo privilégio de falar com ele a sós por um momento. Caminharam juntos na direção do rio, quando a seguinte conversa se seguiu:

"Sr. Bass", disse Northup, "posso lhe perguntar se estava em Bayou Boeuf no verão passado?"

"Sim, senhor, eu estive lá em agosto", foi a resposta.

"O senhor escreveu uma carta para um homem de cor desse lugar para um cavalheiro em Saratoga Springs?"

"Me desculpe, senhor, se digo que não é da sua conta", respondeu Bass, parando e escrutinando o rosto de seu interlocutor.

"Talvez eu tenha me precipitado, sr. Bass. Peço desculpas; mas vim do estado de Nova York para realizar o propósito que tinha em vista o autor de uma carta datada de 15 de agosto, com o carimbo de Marksville. As circunstâncias me levaram a pensar que talvez o senhor seja o homem que a escreveu. Estou procurando por Solomon Northup. Se o senhor o conhece, imploro que me informe com toda a franqueza onde ele está, e eu lhe garanto que a fonte de qualquer informação que puder me dar não será divulgada, se o senhor assim o desejar."

Por um longo tempo Bass olhou seu novo conhecido bem nos olhos, sem abrir os lábios. Parecia investigar, em sua mente, se não se tratava de mais uma tentativa de enganá-lo. Finalmente falou, decidido:

"Não fiz nada do que me envergonhar — sou o homem que escreveu a carta. Se o senhor veio para resgatar Solomon Northup, fico feliz de vê-lo."

"Quando o senhor o viu pela última vez, e onde ele estava?", Northup perguntou.

"Eu o vi pela última vez no Natal, uma semana atrás. Ele é escravo de Edwin Epps, um fazendeiro de Bayou Boeuf, perto de Holmesville. Não o conhecem por Solomon Northup; ele é conhecido como Platt."

Acabara-se o segredo — o mistério fora desvendado. Por entre a nuvem negra e espessa, por cujas sombras escuras e sinistras eu caminhara durante doze anos, rompeu a estrela que ia me conduzir de volta à liberdade. Qualquer desconfiança e hesitação foram logo deixadas de lado, e os dois homens conversaram longa e desinibidamente sobre o assunto que dominava seus pensamentos. Bass expressou o interesse que tivera por mim — sua intenção de ir para o Norte na primavera, e declarou que estava decidido a conseguir minha emancipação, se estivesse em seu poder. Descreveu o início e o progresso de sua relação comigo, e ouviu com muita curiosidade o relato que lhe foi feito acerca de minha família, e a história de minha vida pregressa. Antes de se separarem, desenhou um mapa da região de Bayou Boeuf em uma tira de papel com um pedaço de giz vermelho, indicando o local da fazenda de Epps e a estrada que levava diretamente para lá.

Northup e seu jovem companheiro voltaram para Marksville, onde começariam a tomar as medidas legais para testar a questão do meu direito à liberdade. Fui considerado o querelante, o sr. Northup, meu tutor, e Edwin Epps, o acusado. O processo a ser iniciado era da natureza de reintegração de posse, direcionado ao xerife da paróquia, ordenando-o a me tomar sob sua tutela e me manter preso até decisão da corte. Quando os papéis foram devidamente lavrados, era meia-noite — tarde demais para obter a necessária assinatura do juiz, que morava a alguma distância da localidade. De forma que foi estipulada uma pausa até segunda-feira de manhã.

Aparentemente, tudo estava caminhando bem, até domingo à tarde, quando Waddill foi até o quarto de Northup para expressar sua apreensão em função de dificuldades inesperadas. Bass ficara alarmado e entregara suas coisas nas mãos de uma pessoa no porto, comunicando a essa pessoa sua intenção de deixar o estado. Essa pessoa traiu, até certo ponto, a confiança nela depositada e começou a correr um rumor pela cidade de que o estrangeiro no hotel, que fora visto na companhia do advogado Waddill, estava atrás de um dos escravos de Epps, lá junto ao riacho. Epps era conhecido em Marksville, já que visitava frequentemente o local durante as sessões da Corte de Justiça, e o medo do conselheiro do sr. Northup era de que a informação chegasse até ele naquela noite, dando-lhe a oportunidade de me esconder antes da chegada do xerife.

Essa apreensão teve o efeito de apressar bastante as coisas. O xerife, que morava além da aldeia, foi solicitado a ficar de prontidão imediatamente após a meia-noite, enquanto o juiz era informado de que seria chamado no mesmo momento. Nada mais justo do que dizer que as autoridades de Marksville de bom grado ajudaram no que estava a seu alcance.

Depois da meia-noite, tão logo a fiança pôde ser estabelecida e tão logo a assinatura do juiz foi obtida, um coche, levando o sr. Northup e o xerife, conduzido pelo filho do dono da pousada, saiu rapidamente da aldeia de Marksville, na estrada que levava a Bayou Boeuf.

Era de imaginar que Epps contestasse a questão envolvendo meu direito à liberdade, e, portanto, foi sugerido ao sr. Northup que o testemunho do xerife, descrevendo meu encontro com o primeiro, pudesse talvez se tornar fundamental no julgamento. Assim foi combinado durante o trajeto que, antes que eu tivesse oportunidade de falar com o sr. Northup, o xerife ia me fazer algumas perguntas, tal como quantos filhos eu tinha e qual seu nome, o nome de minha mulher antes do casamento, sobre lugares que eu conhecia no Norte e daí por diante. Se minhas respostas correspondessem com as declarações que lhe haviam sido feitas, a prova necessariamente teria de ser considerada conclusiva.

Enfim, pouco depois de Epps deixar o campo, com a afirmação enternecedora de que voltaria logo para nos *aquecer*, conforme foi relatado ao final do capítulo anterior, eles avistaram a fazenda e nos encontraram trabalhando. Descendo do carro e orientando o condutor a se dirigir à casa-grande, com instruções de não mencionar a ninguém o objetivo de sua visita até eles voltarem, Northup e o xerife deram as costas à estrada e vieram em nossa direção, no algodoal. Olhamos na direção do carro e os observamos — um deles vários metros à frente do outro. Era uma coisa singular e pouco comum ver homens brancos se aproximando de nós daquele jeito, sobretudo naquela hora da manhã, e Pai Abram e Patsey fizeram alguns comentários que davam conta de sua surpresa. Caminhando até Bob, o xerife perguntou:

"Onde está o rapaz que chamam de Platt?".

"Lá está, sinhô", respondeu Bob, apontando para mim e tirando o chapéu.

Eu me perguntei o que ele poderia querer comigo e, virando-me em sua direção, fitei-o até que ele chegou a um passo de mim. Durante minha longa estada na região, passei a conhecer o rosto de todos os fazendeiros num raio de vários quilômetros; mas aquele homem era um total estranho — eu certamente nunca o vira antes.

"Seu nome é Platt, é?", ele perguntou.

"Sim, senhor", respondi.

Apontando na direção de Northup, que se mantinha a alguns metros, ele perguntou: "Você conhece aquele homem?".

Olhei na direção indicada e, quando meus olhos pousaram na sua figura, um mundo de imagens inundou meu cérebro; uma multidão de rostos muito familiares — o de Anne e os das minhas queridas crianças, e o de meu velho pai, já falecido; todas as cenas e todos os conhecidos da infância e da juventude; todos os amigos de outros tempos mais felizes surgiram e desapareceram, voando e flutuando como sombras esmorecentes diante dos olhos de minha imaginação, até que enfim a recordação perfeita daquele homem me voltou à mente e, jogando minhas mãos em direção ao Céu, exclamei, em uma voz mais alta do que profeririа em um momento menos emocionante:

"*Henry B. Northup!* Graças a Deus — graças a Deus!"

Em um instante entendi a natureza de sua visita e senti que a hora de minha libertação estava próxima. Fiz menção de ir até ele, mas o xerife se pôs diante de mim.

"Espere um momento", ele disse. "Você tem algum outro nome além de Platt?"

"Solomon Northup é meu nome, senhor", respondi.

"Você tem uma família?", ele perguntou.

"Eu *tinha* uma mulher e três filhos."

"Quais eram os nomes de seus filhos?"

"Elizabeth, Margaret e Alonzo."

"E o nome de sua mulher antes do casamento?"

"Anne Hampton."

"Quem casou vocês?"

"Timothy Eddy, de Fort Edward."

"Onde esse cavalheiro mora?", perguntou novamente apontando para Northup, que continuava em pé no mesmo lugar onde eu o reconhecera.

"Em Sandy Hill, condado de Washington, Nova York", foi a resposta.

Estava prestes a fazer mais perguntas, mas eu o contornei e passei por ele, incapaz de me conter por mais tempo. Peguei ambas as mãos de meu velho conhecido. Eu não conseguia falar. Não pude evitar as lágrimas.

"Sol", ele disse, enfim, "estou feliz em vê-lo."

Tentei esboçar uma resposta, mas a emoção sufocou minha voz e fiquei quieto. Os escravos, totalmente confusos, ficaram observando a cena, boquiabertos e com olhos atentos indicando grande confusão e surpresa. Durante dez anos eu vivera entre eles, no campo e na cabana, suportara as mesmas provações, partilhara a mesma comida, misturara minhas tristezas com as suas, participara das mesmas poucas alegrias; ainda assim, até aquele momento, o último em que eu estaria entre eles, não faziam a menor ideia de meu nome verdadeiro, tampouco era de seu conhecimento qualquer informação sobre minha verdadeira história.

Nenhuma palavra foi dita por vários minutos, e durante esse tempo me aferrei a Northup, erguendo meus olhos até seu rosto, com medo de acordar e descobrir que tudo fora um sonho.

"Largue o saco", Northup acrescentou, finalmente, "seus dias de colher algodão chegaram ao fim. Venha conosco até o homem com quem você vive."

Obedeci e, caminhando entre eles e o xerife, avançamos na direção da casa-grande. Somente depois de percorrer alguma distância recuperei minha voz a ponto de poder perguntar se na minha família estavam todos vivos. Ele me informou que vira Anne, Margaret e Elizabeth, mas já fazia algum tempo; que Alonzo também estava vivo e que todos passavam bem. Minha mãe, porém, eu não mais veria. Quando comecei a me recuperar um pouco da repentina e grande emoção que tomara conta de mim, fiquei tonto e fraco, de forma que apenas com dificuldade consegui caminhar. O xerife pegou meu braço e me ajudou, de outra forma acho que eu teria caído. Quando entramos no quintal, Epps estava junto ao portão, conversando com o condutor do coche. Esse rapaz, fiel às instruções que recebera, mostrara-se inteiramente incapaz de lhe fornecer qualquer informação que fosse em resposta às suas repetidas perguntas sobre o que estava acontecendo. Quando finalmente chegamos até Epps, ele estava quase tão atônito e confuso quanto Bob ou Pai Abram.

Apertando a mão do xerife e sendo apresentando ao sr. Northup, ele os convidou para entrar na casa, ao mesmo tempo que me deu ordens de levar lenha. Demorou algum tempo até eu conseguir cortar uma braçada de lenha, tendo, de alguma maneira, perdido o poder de empunhar o machado com qualquer destreza. Quando finalmente entrei com a lenha cortada, a mesa estava coberta de documentos, e Northup lia um deles. Provavelmente demorei mais do que o tempo necessário para colocar a lenha no fogo, sendo minucioso quanto à posição de cada pedaço de madeira. Ouvi as expressões "o dito Solomon Northup", e o "declarante também afirma" e "cidadão livre de Nova York" serem repetidas várias vezes, e delas depreendi que o segredo que eu por tanto tempo escondera do Senhor e da Senhora Epps estava finalmente sendo desvendado. Eu me demorei por tanto tempo quanto a prudência permitia e estava prestes a deixar o cômodo quando Epps perguntou: "Platt, você conhece esse cavalheiro?".

"Sim, senhor", respondi, "conheço ele desde sempre."

"Onde ele mora?"

"Em Nova York."

"Você alguma vez viveu lá?"

"Sim, senhor — nasci e cresci lá."

"Você era livre, então. Seu negro maldito", ele exclamou, "por que não me disse isso quando comprei você?"

"Senhor Epps", respondi, num tom um pouco diferente do que eu costumava lhe dirigir, "o senhor não se deu o trabalho de me perguntar; eu disse a um dos meus donos — o homem que me sequestrou — que eu era livre, e por isso fui açoitado quase até a morte."

"Parece que alguém escreveu uma carta por você. Ora, quem foi?", ele perguntou, autoritariamente. Não respondi.

"Eu perguntei: quem escreveu a carta?", ele inquiriu mais uma vez.

"Talvez tenha sido eu", falei.

"Você não foi ao correio de Marksville e voltou antes de o sol se pôr, eu sei."

Ele insistiu que eu o informasse, e eu insisti em não

fazê-lo. Epps proferiu várias ameaças veementes contra o homem, fosse quem fosse, e bradou sobre a forma sangrenta e selvagem como se vingaria dele quando o descobrisse. Todos os seus trejeitos e toda a sua linguagem demonstravam um sentimento de raiva para com o desconhecido que escrevera a carta por mim e a irritação em perder tal propriedade. Dirigindo-se ao sr. Northup, Epps jurou que se tivesse sabido da chegada dele com uma hora de antecedência teria lhe poupado o trabalho de me levar de volta a Nova York; que teria me mandado para o brejo, ou para algum outro lugar ermo, onde nem mesmo todos os xerifes do mundo me encontrariam.

Saí caminhando na direção do quintal e estava atravessando a porta da cozinha quando algo me atingiu nas costas. Mãe Phebe, surgindo da porta dos fundos da casa-grande com uma panela de batatas, arremessara uma delas com desnecessária violência, assim me dando a entender que precisava falar comigo a sós por um momento. Aproximando-se, ela sussurrou no meu ouvido com toda a seriedade.

"Deus Todo-Poderoso, Platt! Que tal essa? Os dois homens vieram atrás d'ocê. Ouvi eles dizendo ao sinhô que ocê é livre — que tem mulher e três filhos lá de onde ocê veio. Ocê vai com eles? É um bobo, se não for — eu bem que queria ir", Mãe Phebe falou, apressada.

Então a Senhora Epps surgiu na cozinha. Ela me disse muitas coisas e perguntou por que eu não lhe dissera quem eu era. Falou que lamentava, elogiando-me e afirmando que preferia perder qualquer outro serviçal da fazenda. Se Patsey naquele dia estivesse em meu lugar, a medida da alegria de minha senhora teria transbordado. Agora não sobrava ninguém que pudesse consertar uma cadeira ou um móvel — ninguém que fosse útil na casa —, ninguém que pudesse tocar violino para ela — e a Senhora Epps chegou mesmo a chorar.

Epps gritara para Bob selar e lhe trazer seu cavalo. Os

demais escravos, vencendo o medo de serem punidos, também haviam deixado o trabalho e vieram até o quintal. Estavam atrás das cabanas, longe da visão de Epps. Eles me chamaram e com toda a ansiedade de sua curiosidade, excitada ao máximo, conversaram comigo e me interrogaram. Se eu pudesse repetir as palavras exatas por eles proferidas, com a mesma ênfase — se pudesse pintar suas várias atitudes e a expressão de seu rosto —, seria de fato um retrato interessante. A seus olhos eu me erguera de uma hora para a outra a uma posição incomensuravelmente elevada — havia me tornado um ser de imensa importância.

Tendo sido apresentados os documentos e feitos os arranjos com Epps para encontrá-los no dia seguinte em Marksville, Northup e o xerife entraram no coche para voltar para lá. Quando eu estava prestes a subir no banco do condutor, o xerife disse que eu deveria dar adeus ao sr. e à sra. Epps. Fui correndo até a varanda, onde se encontravam em pé, e, tirando o chapéu, falei:

"Adeus, senhora."

"Adeus, Platt", disse a sra. Epps, com gentileza.

"Adeus, senhor."

"Ah, seu negro maldito", resmungou Epps, num tom de voz sardônico, "não precisa se assanhar — você ainda não foi embora —, vou resolver isso em Marksville amanhã."

Eu era apenas um *negro* e sabia o meu lugar, mas senti, tão fortemente quanto se fosse um homem branco, que teria sido uma felicidade se tivesse ousado lhe dar um chute de despedida. Em meu caminho de volta até o carro, Patsey surgiu correndo de trás de uma cabana e jogou os braços em volta de meu pescoço.

"Oh! Platt", gritou, com lágrimas correndo de seus olhos, "você vai ser livre — vai para longe, nunca mais vamos te ver. Você me poupou de muitos açoites, Platt; que bom que vai ser livre — mas oh!, meu Deus, meu Deus! O que vai ser de mim?"

Eu me desvencilhei dela e entrei no carro. O condutor estalou o chicote e fomos embora. Olhei para trás e vi Patsey, de cabeça caída, meio reclinada sobre o chão; a sra. Epps estava na varanda; Pai Abram, Bob, Wiley e Mãe Phebe estavam junto ao portão, olhando em minha direção. Acenei, mas o coche fez uma curva junto ao riacho e os escondeu de meus olhos para sempre.

Paramos rapidamente no engenho de açúcar de Carey, onde uma grande quantidade de escravos estava trabalhando, já que um estabelecimento daqueles era uma curiosidade para um homem do Norte. Epps passou por nós no cavalo a toda a velocidade — a caminho, conforme ficamos sabendo no dia seguinte, de Pine Woods para ver William Ford, que me levara para aquela região.

Na terça-feira, 4 de janeiro, Epps e seu advogado, o excelentíssimo E. Taylor, Northup, Waddill, o juiz e o xerife de Avoyelles e eu nos encontramos em uma sala no vilarejo de Marksville. O sr. Northup expôs os fatos que diziam respeito a mim e apresentou a incumbência que recebera, bem como os anexos que a acompanhavam. O xerife descreveu a cena do algodoal. Foram feitas muitas perguntas a mim. Finalmente, o sr. Taylor garantiu a seu cliente que estava satisfeito e que um litígio não apenas custaria caro, mas seria em vão. De acordo com tal conselho, foi redigido e assinado por ambas as partes um documento no qual Epps declarava estar convencido do meu direito à liberdade e formalmente me entregava às autoridades de Nova York. Também foi estipulado que o documento deveria ser registrado em um tabelionato de Avoyelles.

O sr. Northup e eu imediatamente tratamos de nos dirigir ao porto e, embarcando no primeiro vapor que chegou, não tardou até que estivéssemos descendo o rio Vermelho, pelo qual, com pensamentos tão desanimados, eu fora carregado doze anos antes.

À medida que o navio a vapor deslizava a caminho de New Orleans, *talvez* eu não estivesse satisfeito — *talvez* não houvesse nenhuma dificuldade em me controlar para não sair dançando pelo convés —, talvez eu não me sentisse grato ao homem que viajara tantos quilômetros por minha causa —, talvez eu não acendesse seu cachimbo nem esperasse para ver qual seria sua palavra nem corresse ao menor sinal de sua parte. Se eu não o fizesse — bem, não haveria nenhum problema.

Ficamos em New Orleans dois dias. Durante esse tempo mostrei onde ficava a casa de escravos de Freeman e a sala na qual Ford me comprara. Calhou de encontrarmos Theophilus na rua, mas achei que não valia a pena retomar meus laços com ele. Junto a cidadãos respeitáveis nos informamos de que ele se tornara um pobre e miserável desordeiro — um fracassado, um homem de má fama.

Também visitamos o notário, sr. Genois, a quem a carta do senador Soule fora dirigida, e o achamos um homem muito merecedor da honrosa reputação que o precede. De forma muito generosa ele nos forneceu uma espécie de salvo-conduto, com sua assinatura e selo do escritório, e, já que contém sua descrição de minha aparência física, talvez não seja impróprio inseri-lo aqui. O que segue é uma transcrição:

Estado da Louisiana — cidade de New Orleans
Escritório do notário, segundo distrito

A todos aqueles a quem os cidadãos aqui presentes possam chegar,

Certifico que Henry B. Northup, cavalheiro do condado de Washington, Nova York, me apresentou provas plausíveis da liberdade de Solomon, um homem mulato, de cerca de quarenta e dois anos de idade, um metro e setenta e um centímetros, cabelo lanoso e olhos castanho-claros, natural do estado de Nova York. Que estando o referido Northup prestes a levar o dito Solomon à sua cidade Natal pelas estradas do Sul, as autoridades civis são solicitadas a deixar o mencionado homem de cor Solomon passar sem ser molestado, se ele se comportar bem e de forma adequada.

Atestado por meu punho e pelo selo da cidade de New Orleans, aos sete dias de janeiro de 1853.

[L. S.] TH. GENOIS, notário

No dia 8 chegamos a Lake Pontchartrain, pela ferrovia, e, no tempo devido, seguindo pela estrada de sempre, chegamos a Charleston. Depois de embarcar no navio a vapor e de pagar nossa passagem por essa cidade, o sr. Northup foi chamado por um oficial da aduana para explicar por que não havia registrado seu serviçal. Ele respondeu que não tinha nenhum serviçal — que, como agente de Nova York, estava acompanhando um cidadão livre daquele estado, da escravidão à liberdade, e não desejava nem pretendia fazer nenhum registro. Depreendi dessa conversa e dos gestos, embora possa estar inteiramente enganado, que não seriam necessários grandes esforços para contornar qualquer dificuldade que as autoridades de Charleston julgassem adequado criar. Ao fim e ao cabo nos foi permitido prosseguir e, atravessando Richmond, onde vi de relance a casa de escravos de Goodin, chegamos a Washington no dia 17 de janeiro de 1853.

Certificamo-nos de que tanto Burch quanto Radburn ainda residiam naquela cidade. Imediatamente uma queixa foi registrada com um magistrado da polícia de Washington contra James H. Burch, por me sequestrar e me vender como escravo. Ele foi preso mediante um mandado do juiz Goddard e apresentou-se diante do juiz Mansel. Sua fiança foi fixada em três mil dólares. Ao ser preso, Burch ficou muito alarmado, demonstrando grande medo e nervosismo. Antes de chegar ao escritório do juiz na avenida Louisiana e antes de saber a exata natureza da queixa, implorou que a polícia lhe permitisse consultar Benjamin O. Shekels, um comerciante de escravos na profissão há dezessete anos e seu antigo sócio. Esse homem se tornou seu fiador.

Às dez horas, no dia 18 de janeiro, ambas as partes se apresentaram diante do magistrado. O senador Chase, de Ohio, o excelentíssimo Orville Clark, de Sandy Hill, e o sr. Northup atuaram como auxiliares da promotoria, e Joseph H. Bradley, da defesa.

O general Orville Clark foi chamado, prestou juramento e testemunhou que me conhecia desde a infância e que eu era um homem livre, como fora meu pai antes de mim. O sr. Northup então testemunhou a mesma coisa e comprovou os fatos relacionados à sua missão em Avoyelles.

Em seguida, Ebenezer Radburn prestou juramento e foi chamado pela promotoria, e testemunhou que tinha quarenta e oito anos de idade; que era residente em Washington e que conhecia Burch havia quatorze anos; que em 1841 ele cuidava da casa de escravos de Williams; que ele se recordava de meu confinamento à casa de escravos naquele ano. A essa altura foi admitido pelo advogado do réu que eu fora colocado na casa de escravos por Burch na primavera de 1841, e então a promotoria fez uma pausa.

A seguir Benjamin O. Shekels foi apresentado como

testemunha pelo prisioneiro. Benjamin é um homem grande, de traços rudes, e o leitor talvez possa ter uma ideia bastante acurada sua ao ler a linguagem que ele usou em resposta à primeira pergunta do advogado de defesa. Perguntaram-lhe de onde era natural, e sua resposta, proferida numa espécie de discurso informal, foi nas exatas seguintes palavras:

"Nasci no condado de Ontario, Nova York, *pesando mais de seis quilos*!"

Benjamin fora um bebê enorme! Ele testemunhou ainda que cuidava do Steamboat Hotel em Washington em 1841 e que me viu lá na primavera daquele ano. Estava prestes a testemunhar sobre o que ouvira dois homens falarem quando o senador Chase objetou alegando que as afirmações de terceiros, na qualidade de rumor, não constituíam prova adequada. Esse pedido foi indeferido pelo juiz, e Shekels continuou, afirmando que dois homens foram até seu hotel e disseram que tinham um homem de cor para vender; que tinham uma entrevista com Burch; que vinham da Geórgia, mas ele não se lembrava de qual condado; que contaram o que supostamente seria a história do rapaz, dizendo que era um pedreiro e que tocava violino; que Burch comentou que o compraria, caso se acertassem; que eles saíram e voltaram trazendo o rapaz, e que eu era esse rapaz. Ele testemunhou ainda, com tão pouca preocupação como se fosse verdade, que eu afirmara ter nascido e crescido na Geórgia; que um dos jovens que comigo estavam era meu senhor; que eu parecia bastante descontente de me separar dele e que acreditava que eu "rompera em lágrimas!" — mas que, de todo jeito, eu insistia que meu senhor tinha o direito de me vender; que ele *deveria* me vender; e que a razão incrível que eu teria fornecido para tal, de acordo com Shekels, era que ele, meu senhor, "estivera jogando numa farra!".

Ele continuou nas seguintes palavras, copiadas a partir do que foi então registrado: "Burch interrogou o rapaz da maneira habitual, disse-lhe que, se o comprasse, haveria de mandá-lo para o Sul. O rapaz teria dito que não tinha objeções, que na verdade gostaria de ir para o Sul. Burch pagou seiscentos e cinquenta dólares por ele, que eu saiba. Não sei que nome lhe deram, mas acho que não era Solomon. Eu tampouco sabia o nome dos dois homens. Eles ficaram em minha taverna durante duas ou três horas, tempo durante o qual o rapaz tocou violino. O recibo de compra foi assinado em meu bar. Era um *recibo-padrão impresso, preenchido por Burch*. Antes de 1838 Burch foi meu sócio. Nosso negócio consistia em comprar e vender escravos. Depois disso ele foi sócio de Theophilus Freeman, de New Orleans. Burch comprava aqui — Freeman vendia lá!".

Shekels, antes de testemunhar, ouvira meu relato acerca das circunstâncias ligadas à visita a Washington na companhia de Brown e Hamilton e daí, sem dúvida, tirara "dois homens" e o fato de eu tocar violino. Tal foi sua invenção, totalmente mentirosa, e ainda assim foi encontrado em Washington um homem disposto a corroborá-lo.

Benjamin A. Thorn testemunhou que estava no estabelecimento de Shekels em 1841 e que viu um rapaz de cor tocando um violino. "Shekels disse que ele estava à venda. Ouviu seu senhor lhe dizer que ia vendê-lo. O rapaz admitiu para mim que era um escravo. Eu não estava presente quando o dinheiro foi pago. Não posso jurar com toda a certeza que é ele. O senhor *quase derramou lágrimas; acho que o rapaz chorou!* Tenho trabalhado no negócio de levar escravos para o Sul, de um lado para o outro, há vinte anos. Quando não consigo fazer isso, faço outra coisa."

Então me ofereceram como testemunha, mas, mediante uma objeção, a corte decidiu que minhas provas eram inadmissíveis. Fui rejeitado apenas por ser um homem de cor — já que o fato de eu ser um homem livre de Nova York não estava em discussão.

Já que Shekels testemunhara que um recibo de venda havia sido preenchido, Burch foi chamado pela promotoria para apresentá-lo, ainda mais que tal documento corroboraria o testemunho de Thorn e Shekels. O advogado do prisioneiro achou necessário exibi-lo, ou então fornecer uma justificativa razoável para não apresentá-lo. Com este último fim, o próprio Burch foi oferecido como testemunha a seu favor. Foi argumentado pelo promotor que tal testemunho não deveria ser permitido — que era contrário a qualquer regra de provas e, se permitido, acabaria com os fins da justiça. Seu testemunho, porém, foi ouvido pela corte! Ele jurou que tal recibo de venda fora redigido e assinado, *mas ele o havia perdido e não sabia o que acontecera com o mesmo!* Então foi solicitado que o magistrado mandasse um oficial da polícia à residência de Burch com orientação de trazer seus livros contendo os recibos de venda do ano de 1841. A solicitação foi concedida e, antes que qualquer medida pudesse ser tomada para evitá-lo, o oficial pôs as mãos nos livros e os trouxe para a corte. As vendas do ano de 1841 foram encontradas, cuidadosamente examinadas, mas nenhum recibo de venda da minha pessoa, a quem quer que fosse, foi achado!

Diante desse testemunho a corte determinou como estabelecido o fato de Burch ter chegado inocente e honestamente até mim e, assim, ele foi dispensado.

Uma tentativa foi então feita por Burch e seus aliados de jogar sobre mim a acusação de que eu conspirara com os dois homens brancos para caluniá-lo — com quanto de êxito pode ser visto num trecho tirado de um artigo do *New York Times* publicado um ou dois dias depois do julgamento:

> O advogado de defesa havia apresentado, antes de o réu ser dispensado, uma declaração, assinada por Burch, e emitiu um mandado contra o homem de cor por uma conspiração com os dois homens brancos anteriormente mencionados a fim de espoliar Burch de seiscentos e vinte e cinco dólares. O mandado foi executado, e o

homem de cor foi preso e trazido diante do oficial Goddard. Burch e sua testemunha apresentaram-se na corte, e H. B. Northup apresentou-se como advogado do homem de cor, declarando que estava pronto para proceder como advogado do réu e pedindo que não houvesse atrasos. Burch, depois de conversar a sós durante um momento com Shekels, anunciou ao magistrado que gostaria de retirar a queixa, visto que não iria adiante com ela. O advogado de defesa declarou ao magistrado que, se a queixa fosse retirada, teria de ser sem a solicitação ou o consentimento do réu. Burch então pediu ao magistrado para lhe deixar ver a queixa e o mandado, e os pegou. O advogado do réu fez uma objeção a que ele os recebesse e insistiu que deveriam permanecer como parte do registro da corte, e que a corte deveria sustentar os procedimentos realizados durante o processo. Burch entregou os documentos, e a corte emitiu uma decisão de descontinuidade, mediante solicitação do querelante, e arquivou o processo.

Talvez haja quem finja acreditar na declaração do comerciante de escravos — pessoas em cuja mente as alegações dele têm mais peso do que as minhas. Sou um homem de cor pobre — mais um dessa raça pisoteada e degradada, cuja voz humilde não pode ser ouvida pelo opressor —, mas *sabedor* da verdade, e com total noção de minha responsabilidade declaro solenemente diante dos homens, e diante de Deus, que qualquer acusação ou afirmação sobre eu ter conspirado direta ou indiretamente com qualquer pessoa ou quaisquer pessoas para vender a mim mesmo; que qualquer outro relato sobre minha visita a Washington, minha captura e minha prisão na casa de escravos de Williams que possa estar contido nessas páginas é profunda e absolutamente falso. Nunca toquei violino em Washington. Nunca estive no Steamboat Hotel e nunca vi

Thorn ou Shekels, que eu saiba, em toda a minha vida, até janeiro último. A história do trio de comerciantes de escravos é uma invenção tão absurda quanto vil e sem fundamento. Fosse verdade, eu não teria parado, no caminho de volta à minha liberdade, com o propósito de processar Burch. Eu o teria *evitado* e não buscado. Eu teria sabido que tal passo resultaria numa reputação infame para mim. É uma afronta à probabilidade supor que eu teria, naquelas circunstâncias — ansioso como eu estava para rever minha família e feliz da vida com a perspectiva de voltar para casa —, corrido o risco não apenas de me expor, mas de ser criminalmente processado e condenado por voluntariamente me colocar naquela posição, se as declarações de Burch e seus comparsas contêm uma partícula de verdade. Eu me dei o trabalho de procurá-lo, de confrontá-lo numa corte, acusando-o do crime de sequestro; e o único motivo que me impeliu a isso foi uma noção clara do mal que ele me fizera e um desejo de fazer justiça. Ele foi absolvido, da maneira descrita. Um tribunal humano permitiu que ele escapasse; mas há outro tribunal, e mais alto, onde o falso testemunho não triunfa e onde estou disposto, pelo menos no que diz respeito a essas declarações, a ser enfim julgado.

Deixamos Washington no dia 20 de janeiro e, prosseguindo pela Filadélfia, por Nova York e Albany, chegamos a Sandy Hill na noite do dia 21. Meu coração transbordou de felicidade quando olhei em volta para cenários familiares e me vi no meio de amigos antigos. Na manhã seguinte, parti, na companhia de vários conhecidos, para Glens Falls, onde residiam Anne e nossos filhos.

Ao entrar no confortável chalé, Margaret foi a primeira a vir a meu encontro. Ela não me reconheceu. Quando a deixei, ela tinha apenas sete anos de idade, uma pequena moleca que brincava com seus brinquedos. Agora era uma mulher-feita — estava casada, tendo a seu lado um menino de olhos reluzentes. Sem se esquecer do escravizado e infeliz avô do filho, ela batizara a criança de Solomon Northup Staunton. Quando lhe disseram quem eu era, foi tomada pela emoção e não conseguiu falar. Então Elizabeth entrou no cômodo, e Anne veio correndo do hotel, tendo sido informada de minha chegada. Elas me abraçaram e com lágrimas escorrendo por suas faces se penduraram em meu pescoço. Mas lanço um véu sobre a cena, que pode ser mais bem imaginada do que descrita.

Quando a violência de nossas emoções enfraquecera até uma sagrada alegria — quando todos os moradores se reuniram em volta do fogo que emitia seu cálido e crepitante conforto a todo cômodo, conversamos sobre os mil acontecimentos que haviam se passado — as esperanças e os medos, as alegrias e as tristezas, as provações e dificuldades que cada um de nós havia experimentado durante a longa separação. Alonzo estava ausente, na parte oeste do estado. O rapaz escrevera à mãe pouco tempo antes sobre a perspectiva de obter dinheiro suficiente para comprar minha liberdade. Desde seus primeiros anos, aquele fora o objetivo principal de seu pensamento e de sua ambição. Eles sabiam que eu estava sendo mantido escravo. A carta escrita a bordo do brigue, e o próprio Clem Ray, haviam lhe dado tal informação. Mas onde eu estava, até a chegada da carta de Bass, era um tema para especulações. Elizabeth e Margaret certa feita voltaram da escola — assim Anne me contou — chorando amargamente. Ao perguntar a causa da tristeza, ficou-se sabendo que, enquanto estudavam geografia, a atenção delas foi atraída por uma imagem de escravos trabalhando no algodoal com um feitor seguindo-os com chicote em punho. Isso as lembrou dos sofrimentos que seu pai poderia estar enfrentando, e que de fato *estava*, no Sul. Numerosos incidentes como esse foram relatados — incidentes que mostravam que eles ainda se lembravam constantemente de mim, mas talvez não de interesse suficiente para o leitor a ponto de serem aqui repetidos.

***

Minha narrativa chega ao fim. Não tenho comentários a fazer sobre o tema da Escravidão. Quem ler este livro poderá formar sua própria opinião sobre essa "peculiar instituição". Como pode ser em outros estados, não tenho intenção de saber; como é na região do rio Vermelho é verdadeira e fielmente delineado nessas páginas. Isto não é uma ficção, nenhum exagero. Se falhei em algo, foi ao apresentar ao leitor de forma exagerada o lado positivo de tudo. Não duvido que centenas tenham tido a má sorte que tive; que centenas de cidadãos livres tenham sido sequestrados e vendidos como escravos e estejam neste momento exaurindo suas vidas em fazendas do Texas e da Louisiana. Mas me abstenho. Castigado e subjugado em espírito pelos sofrimentos por que passei, e grato ao bom Ser por meio de cuja misericórdia fui devolvido à felicidade e à liberdade, espero doravante levar ao mesmo tempo uma vida reta e humilde, e enfim descansar no pátio da igreja onde dorme meu pai.

Posfácio
A mais completa escuridão

HENRY LOUIS GATES JR.

Na condição de professor universitário de literatura e historiador cultural que passou toda uma vida pesquisando histórias perdidas, esquecidas ou não comentadas de afro-americanos, tive a honra de trabalhar como consultor no filme *Doze anos de Escravidão*, de Steve McQueen, com certeza um dos filmes mais vívidos e autênticos sobre a escravidão levados ao cinema. Em sua mistura de realismo tátil e sensorial com maravilhosas técnicas cinematográficas modernas, este filme é o completo oposto de *Django livre*, uma narrativa pós-moderna, faroeste espaguete que ocupa o polo oposto daquilo que podemos pensar como a "escala da representação".

Nenhuma história se conta sozinha; até mesmo histórias "reais" precisam ser recriadas dentro dos limites e das possibilidades formais oferecidas por um meio, e isso acontece tanto em filmes ficcionais quanto em documentários. Ambos os filmes citados oferecem interpretações instigantes da terrível experiência humana da escravidão, mesmo se seus modos de narrar são diametralmente opostos, oferecendo aos espectadores — sobretudo a professores e estudantes — uma rara oportunidade de refletir sobre de que modo a maneira que o artista escolhe para contar uma história — forma, ponto de vista e postura estética que ela ou ele escolhe — afeta nossa compreensão do assunto que é sua matéria-prima.

Cento e sessenta anos antes de Steve McQueen fazer qualquer escolha artística, Solomon Northup, o narrador e protagonista de *Doze anos de Escravidão*, sentiu uma profunda necessidade de simplesmente contar sua história de forma pública — e de fazer com que as pessoas acreditassem que aquilo que acontecera com ele era verdade. Pense no que deve ter sido para Solomon, naquelas primeiras desorientadoras horas na escuridão profunda, quando, na "masmorra" que era a casa de escravos de Williams, perto da Sétima Avenida de Washington, ele precisou encarar a traição que lhe roubara toda uma vida de liberdade, jogando-o num pesadelo de servidão. "[Eu] me vi sozinho, na mais completa escuridão, preso a correntes", Northup escreveu, e "nada quebrou o silêncio opressivo, a não ser pelo clangor de minhas correntes, sempre que eu ousava me mexer. Falei em voz alta, mas o som de minha voz me surpreendeu."

Não apenas Northup passou a ser, de repente, um estranho para si mesmo, num local ainda mais estranho, como, tendo seu dinheiro e seus documentos atestando o status de negro livre sido roubados, e com uma surra espreitando qualquer tentativa de insistir na verdade, ele foi forçado a assumir um novo e aterrorizante papel, o do paradoxal "escravo livre", sob o falso nome de "Platt Hamilton", um suposto "fugitivo" da Geórgia. Que tudo isso tenha acontecido na cara do Capitólio dos Estados Unidos — que, algemado, Northup tenha sido levado pela mesma Pennsylvania Avenue onde, apenas cem anos depois, o dr. King seria ouvido dando seu discurso "Eu tenho um sonho", algumas décadas antes do presidente Barack Obama e sua mulher, Michelle, desfilarem na esperança de realizar esse sonho —, deve ter dado à odisseia imposta a Northup um gosto ainda mais amargo. "Só posso comparar meus sofrimentos," ele relembra, do primeiro açoite que recebeu, "às agonias flamejantes do inferno!".

POSFÁCIO

Mas, diferentemente do Inferno de Dante, o ponto avançado ao qual Northup foi forçado a descer não era um espaço metafórico repleto de círculos que abrigavam os condenados, mas os alagadiços, matas e algodoais do Sul. "Nunca soube de nenhum escravo que tenha escapado com vida de Bayou Boeuf", Northup escreveu. Depois disso, a força motriz de sua vida — e de sua história — poderia ser resumida numa só questão: Seria *ele* a exceção?

Eis os fatos.

QUEM FOI SOLOMON NORTHUP?

Solomon Northup passou os primeiros 33 anos de sua vida como um homem livre no norte do estado de Nova York. Ele nasceu no vilarejo de Schroon (mais tarde rebatizado de Minerva), nas montanhas Adirondack, no dia 10 de julho de 1807 (seu relato diz 1808, mas evidências sugerem a outra data). Quando criança aprendeu a ler e escrever observando seu pai, Mintus, um ex-escravo que acabou por comprar terreno suficiente em Fort Edward para ser qualificado a votar (direito que, em muitos estados, durante os primeiros anos da República, era reservado aos proprietários de terra). A mãe de Solomon, Susannah, era uma "quadrarona" possivelmente nascida livre. A "paixão" de Solomon, ele mesmo disse, era "tocar violino".

Casado aos 21 anos, Northup e sua mulher, Anne Hampton (filha de um negro livre que também era descendente de brancos e índios), tiveram três filhos: Elizabeth, Margaret e Alonzo. Em 1834, estabeleceram-se em Saratoga Springs, onde Solomon teve vários trabalhos ocasionais, incluindo condução de jangadas, corte de lenha, construção de ferrovias, manutenção e reparos do canal, agricultura e, na época de férias, nos hotéis locais (durante um tempo ele e sua mulher viveram e trabalharam no United States Hotel). Sua "paixão", o violino, também se tornou uma maneira de ganhar dinheiro, e sua reputação cresceu.

Em março de 1841, Northup foi atraído para longe de sua casa por dois homens brancos que usavam os nomes Merrill Brown e Abram Hamilton e disseram ser membros de um circo baseado em Washington que precisava de músicos para uma turnê. Na cidade de Nova York, Brown e Hamilton convenceram Northup a partir com eles numa jornada ao sul, e, chegando a Washington, no dia 6 de abril de 1841, o trio se hospedou no Gadsby's Hotel. No dia seguinte os dois homens deixaram Northup tão embriagado (ele sugere ter sido drogado) que, no meio da noite, ele foi carregado de seu quarto por vários homens que insistiam que ele fosse até um médico. Em vez disso, quando Northup recobrou os sentidos, viu-se "acorrentado", na casa de escravos de Williams, e seu dinheiro e os documentos atestando sua liberdade haviam desaparecido. Tentando explicar seu caso para o célebre comerciante de escravos James H. Birch (também chamado de Burch), Northup foi espancado. Disseram-lhe que era, na verdade, um escravo fujão da Geórgia. O preço que Birch pagou a Brown e Hamilton por seu achado foi 250 dólares.

Embarcado por Birch no brigue *Orleans* sob o nome de Plat Hamilton (também grafado Platt), Northup chegou a Nova Orleans em 24 de maio de 1841 e, após uma epidemia de varíola, foi vendido pelo sócio de Birch, Theophilus Freeman, por 900 dólares. Northup estava prestes a passar seus doze anos de escravidão na região de Bayou Boeuf, na Louisiana. Ele teve três donos: o bondoso fazendeiro William Prince Ford (1841-2), o carpinteiro beligerante John Tibaut (também grafado "Tibeats"; 1842-3) e o ex-feitor transformado em cultivador de algodão Edwin Epps (1843-53).

Ford deu a Northup a maior liberdade que teve, permitindo que trabalhasse em seus moinhos. Duas vezes

Northup e Tibaut desentenderam-se sobre o trabalho, sendo que da segunda vez Northup chegou tão perto de estrangulá-lo (Tibaut fora atrás dele com um machado) que acabou fugindo para o pântano Great Cocodrie (Pacoudrie). Embora com tendência à bebedeira, Edwin Epps era brutalmente eficiente com o chicote sempre que Northup se atrasava para ir ao campo, quando era imperfeito em seu trabalho (Northup tinha várias habilidades, mas colher algodão não estava entre elas), quando se recusava a açoitar outros escravos como capataz de Epps, ou quando sobressaía com seu talento depois de Epps lhe comprar um violino a fim de aplacar a fúria de sua mulher, Mary Epps.

Em 1852, Epps contratou um carpinteiro canadense chamado Samuel Bass para construir sua casa. Opositor da escravidão, Bass concordou em ajudar Northup postando para ele três cartas endereçadas a contatos em Nova York. Ao receber sua cópia, os lojistas William Perry e Cephas Parker entraram em contato com a esposa de Solomon e com o advogado Henry Bliss Northup, um parente do antigo dono do pai de Solomon. Com apoio bipartidário, incluindo uma petição e seis declarações juramentadas, Henry Northup conseguiu entregar uma petição ao governador de Nova York, Washington Hunt, a fim de que fosse designado o agente que deveria efetuar o resgate. Em 3 de janeiro de 1853, Henry Northup chegou à fazenda de Epps com o xerife da paróquia de Avoyelles, Louisiana. Não foi necessário fazer perguntas. Um advogado local, John Pamplin Waddill, havia apresentado Henry Northup a Bass, que o levou ao escravo "Platt". A prova consistiu no abraço dos dois.

Viajando sozinhos de volta para casa, Henry e Solomon Northup pararam em Washington, em 17 de janeiro de 1853, para fazer com que o comerciante de escravos James Birch fosse preso sob a acusação de sequestro. Como Solomon não tinha o direito de testemunhar contra um homem branco, Birch foi libertado. Solomon reencontrou a família em Glens Falls, Nova York, em 21 de janeiro de 1853.

Nos três meses seguintes, ele e seu editor, David Wilson, um advogado branco de Whitehall, Nova York, redigiram o livro de memórias de Northup, *Doze anos de Escravidão*. O livro foi publicado em 15 de julho de 1853 e vendeu 17 mil exemplares nos primeiros quatro meses (quase 30 mil até janeiro de 1855). "Embora jornais brancos abolicionistas já tivessem anteriormente alertado sobre os perigos da escravidão para cidadãos afro-americanos livres e publicado breves relatos de sequestros, a narrativa de Northup foi a primeira a documentar um caso desses em detalhes como os que encontramos em um livro", Brad S. Born escreveu em *The Concise Oxford Companion to African American Literature* [Coletânea concisa da Oxford de literatura afro-americana]. Com ênfase na autenticidade, *Doze anos de Escravidão* proporcionou a seus leitores contemporâneos um relato detalhado da escravidão no Sul, incluindo as táticas violentas de proprietários e feitores usadas para forçar os escravos a trabalhar e os assédios sexuais e as crueldades ciumentas que as mulheres escravas padeciam por parte de seus senhores e das esposas deles.

Desde então, foi "atestado" por "um grande número de especialistas que investigaram processos jurídicos, formulários manuscritos de censo, diários e cartas de brancos, registros locais, jornais e diretórios de localidades", escreveu a autoridade máxima sobre a veracidade das narrativas de escravos, o falecido historiador de Yale John W. Blassingame, em seu ensaio definitivo de 1975, "Utilizando o testemunho de ex-escravos: abordagens e problemas", em *The Journal of Southern History* [Jornal da história sulista].

Em 1854, o livro de Northup levou à prisão de seus sequestradores, Brown e Hamilton. Seus nomes *verdadeiros* eram, respectivamente, Alexander Merrill e James Russell, ambos de Nova York. Embora Solomon tenha testemunhado no julgamento deles no condado de Saratoga, o caso se arrastou por três anos e acabou sendo engavetado pela promotoria em 1857, o mesmo ano em que a Suprema Corte dos Estados Unidos comunicou sua decisão para o caso Dred Scott contra Sanford, que em parte negava que pessoas negras fossem cidadãs americanas (e, portanto, não podiam ser autores de processos na Suprema Corte).

Um homem livre resgatado da escravidão, Solomon Northup permaneceu ativo no movimento abolicionista; deu palestras por todo o nordeste americano; montou e atuou em duas peças baseadas em sua própria história (a segunda, em 1855, intitulava-se *A Free Slave* [Um escravo livre]); e era conhecido por ajudar escravos fugitivos na Underground Railroad.* Até hoje, a data, a localização e as circunstâncias de sua morte permanecem um mistério. A última aparição pública de Northup foi em agosto de 1857, em Streetsville, Ontario, Canadá. O último contato com outra pessoa de que se tem notícia foi uma visita ao reverendo John L. Smith, um pastor metodista e colega da Underground Railroad, em Vermont, algum momento após a Proclamação de Emancipação, provavelmente em 1863.

UMA HISTÓRIA "AMERICANA"

Desde que D. W. Griffith apresentou seu escandaloso embranquecimento — na verdade uma das maiores distorções históricas ocorridas — da história da escravidão e de sua abolição em *O nascimento de uma nação*, filme mudo de 1915, foram pouquíssimos os filmes que compreenderam, ou sequer tentaram expressar, a verdade sobre a escravi-

---

* Rede de túneis subterrâneos e clandestinos existente nos Estados Unidos no século XIX que era usada por escravos a fim de fugir para os estados do Norte ou para o Canadá. (N.T.)

dão americana em toda a sua complexidade. Daqueles que tomaram a escravidão como tema, poucos são dignos de reconhecimento. Porém, os testemunhos pessoais bem elaborados dos afro-americanos que passaram períodos como escravos são ao mesmo tempo narrativas instigantes (muitas, como os de Solomon Northup e Frederick Douglass, tornaram-se best-sellers instantâneos) e constituem matéria-prima fundamental ao completo entendimento da história americana, contada do ponto de vista das vítimas de uma das instituições mais odiosas de nosso país.

As histórias que documentam o "pecado original americano" não podem ser suficientemente contadas e recontadas. Steve McQueen, britânico e negro, deve ser celebrado por se voltar a uma de nossas narrativas canônicas de escravos (101 foram publicadas entre 1760 e o término da Guerra Civil) e trazê-la à telona de forma tão vívida, sensível e brilhante.

O que faz de *Doze anos de Escravidão*, o filme, especialmente digno de atenção é o mesmo que o público da época de Northup apreciou em sua história: o retrato sóbrio da escravidão americana tal como era de fato, misturado com temas universais de identidade, traição, brutalidade e a necessidade de manter a fé a fim de sobreviver a embates com o Mal. Sobretudo, Northup nos relembra a natureza frágil da liberdade em qualquer sociedade e a realidade dura de que, independentemente de quaisquer limites que existissem entre os assim chamados estados livres e os estados escravagistas em 1841, nenhum homem, mulher ou criança negra estava definitivamente a salvo.

Doze anos de Escravidão tem uma trajetória *diferente de qualquer outra* das narrativas de escravo anterior à Guerra Civil, que normalmente retratam o caminho do protagonista da escravidão à liberdade. Sua linha condutora vai na direção contrária, da liberdade à escravidão, apresentando tanto uma vida individual quanto uma alegoria para a própria escravidão. Desse modo, desafia a história americana padrão (e gratificante) de mobilidade social, de crescimento ao melhor estilo "*luck and pluck*" e "*rags to riches*".* Em vez disso, a trajetória de Northup vai de cima para baixo — descendo de Nova York para Louisiana — e, portanto, representa uma inversão da literatura popular americana, o que, para minha estupefação, faz com que seja ainda mais inquietante o nome do lugar onde Northup foi sequestrado ser Gadsby's Hotel (eu sei: quando li pela primeira vez, também pensei em *Gatsby*). Em sua prefiguração da *contra*narrativa, do isolamento na escuridão que Ralph Ellison mais tarde tornou célebre em seu romance ímpar, *Homem invisível* (1952), *Doze anos de Escravidão* nos dá a alma da literatura e da cultura afro-americana, o "som da vida" no "silêncio opressivo".

"UM HOMEM — TODO E QUALQUER CENTÍMETRO DELE"

Em muitas histórias clássicas, o protagonista funciona como um guia para nós, como os olhos, orelhas, nariz, mãos e línguas do leitor, aquele através de quem pensamos e sentimos. Em Solomon Northup, diferentemente até mesmo do maior escritor e homem público afro-americano de sua época, o ex-escravo Frederick Douglass, a plateia tem um guia que está tão surpreso, chocado e horrorizado pela escravidão quanto nós poderíamos ter ficado, pois partimos do mesmo ponto: a liberdade. Por vezes a história de Northup parece quase bíblica, estruturada como uma narrativa de queda e ressurreição de um protagonista que, quando sequestrado, tinha 33 anos, assim como Cristo. Porém, diferentemente de um Deus humilde

---

* Referências a obras de literatura popular abundantes no século XIX em que os protagonistas se alçavam da miséria à riqueza. (N.T.)

apresentando-se na forma de um homem, Northup era alguém que foi forçado a levar a vida de um escravo, agrilhoado ao inferno da escravidão por mais de uma década.

O que acontece neste livro — e no filme de Steve McQueen — é assustador, instigante e inspirador, porque, como um resenhista de uma das montagens teatrais do próprio Northup para sua narrativa, em Syracuse, Nova York, escreveu no *Syracuse Daily Journal*, em 31 de janeiro de 1854: "Ele é um homem — todo e qualquer centímetro dele". Ainda que, por causa da cor da pele, todo e qualquer centímetro da humanidade de Northup estivesse sujeito a ser falsificado, roubado, castrado e negado, e não houvesse praticamente nada que ele pudesse fazer a respeito. Na verdade, Northup rapidamente aprendeu que protestar contra sua escravização representava uma ameaça ainda maior à sua sobrevivência, porque, para aqueles que o negociaram e que se tornaram seus donos, ele valia bastante dinheiro como escravo, o qual simplesmente desapareceria se Northup pudesse confirmar seu status de homem livre.

NORTE E SUL – ESTADO LIVRE E ESTADO ESCRAVAGISTA

Ao mesmo tempo, é importante não confundir as diferenças entre Norte e Sul, estado livre e estado escravagista, antes da Guerra Civil. Conforme Ira Berlin escreve em seu livro *Slaves Without Masters* [Escravos sem senhores], de 1974, em nenhum momento antes do término da Guerra Civil o número de negros livres em Nova York ultrapassou o número daqueles que viviam no Sul, fato que a maioria de nós hoje acha surpreendente e um tanto contraditório. E, embora houvesse diferenças importantes entre as liberdades que Solomon Northup podia exercer como homem livre em Nova York e a de seus semelhantes livres na Carolina do Sul ou Louisiana, por exemplo, havia uma ampla e persistente discriminação racista no Norte. Em muitos estados, restrições quanto ao voto e regimes segregacionistas antecipavam a era de segregação legalizada Jim Crow* que começaria nos anos 1890 e que tornou a verdadeira liberdade um mito para afro-americanos até o movimento pelos direitos civis dos anos 1950 e 1960.

Também surpreendentemente, Ira Berlin me lembrou, numa troca de e-mails, que, embora lhes fossem negados "direitos políticos e civis", "negros livres do Sul" eram "muito mais prósperos" ("abertamente praticando ofícios especializados" e muitas vezes "tendo posses") que seus colegas do Norte, os quais, a despeito de sua "grande tradição cívica e política", eram, na maioria das vezes, "pobres".

Ainda assim, por mais que Norte e Sul se afastassem nos anos pré-guerra, tornava-se cada vez mais tentador para caçadores de escravos se aventurar no Norte, para além da Linha Mason-Dixon,** a fim de roubar cidadãos negros livres sob o pretexto de recuperar "escravos fugitivos" (essa prática era autorizada pela Lei do Escravo Fugitivo de 1850). A linha de pensamento da maior parte desses criminosos se resumia no seguinte fato notório: o comércio de escravos era um negócio extremamente lucrativo, sobretudo depois que importá-los do exterior foi proibido pelo Congresso (graças à Constituição) em 1807, ano do nascimento de Northup.

A maior parte desses sequestros compreensivelmente ocorria ao longo da Linha Mason-Dixon, e não onde Nor-

---

* Assim são chamadas as leis que vigoraram em estados sulistas de meados do século XIX a 1964 que garantiam a segregação racial na prática, prevendo, por exemplo, bancos de ônibus especiais para negros. (N.T.)

** Linha demarcatória estabelecida ainda na época colonial que separou os estados do Norte e do Sul, tornando-se sinônimo das diferenças culturais e políticas entre as duas áreas. (N.T.)

thup morava, em Saratoga Springs, no norte do estado de Nova York. Mas quanto mais ao sul ele ia com Brown e Hamilton, mais arriscada ficava a aventura — riscos sobre os quais Northup fora avisado antes de seu sequestro, conforme ele mais tarde admitiu. Em função da natureza secreta desse tipo de crime, não há estimativas oficiais do número de negros livres que foram sequestrados e escravizados nos Estados Unidos (abolicionistas estimam milhares por ano, ao passo que Harriet Beecher Stowe, autora de *A cabana do pai Tomás*, a quem Northup dedicou seu livro, estimou em "centenas [...] todo o tempo"), mas não era incomum, e continuou até a Guerra Civil, conforme Paul Finkelman e Richard Newman afirmam na *Encyclopedia of African American History, 1619-1895: From the Colonial Period to the Age of Frederick Douglass* [Enciclopédia da História afro-americana, 1619-1895: Do Período Colonial à era de Frederick Douglass].

SIGNIFICAÇÃO – E SEU SIGNIFICADO

O que faz da adaptação de Steve McQueen e do roteirista John Ridley de *Doze anos de Escravidão* tão poderosa é que ela chega mais perto que qualquer outra representação da verdadeira intenção do livro original de Northup e das turnês de leitura que ele fez pelo estado de Nova York e pela Nova Inglaterra nos anos que se seguiram. Ao ler Northup hoje, imediatamente se percebe quão determinado ele estava em provar a veracidade da sua história (para isso, até mesmo inclui detalhes sobre o funcionamento de engenhos de açúcar). Se tal abordagem se adequasse às convenções teatrais da época, Northup talvez tivesse se aposentado como um homem rico. Como não era esse o caso, as tentativas que ele fez de traduzir sua história ao palco foram bem menos que estelares, ainda que tivessem Northup no papel principal.

Desse jeito, Chiwetel Ejiofor, fazendo o papel de Solomon Northup no filme de Steve McQueen, pode cumprir — e cumpre — a função de forma mais adequada. Em vez de um melodrama, nós, a plateia, somos deixados com as assombrosas imagens do sofrimento eterno implícito na servidão perpétua, hereditária, que o diretor de fotografia Sean Bobbitt captura de forma certeira. E há as atuações intimistas e surpreendentemente vívidas e realistas dos personagens centrais do filme: a interpretação incrivelmente complexa de Michael Fassbender do proprietário de escravos conflituoso e sádico Edwin Epps; a recriação de Lupita Nyong'o' da escrava Patsey; o inocente e multidimensional objeto de desejo, culpa, ódio a si mesmo e sadismo de Epps; o John Tibeats de Paul Dano, o invejoso e inseguro carpinteiro que anseia por manter seu status; o heroico canadense Samuel Bass, de Brad Pitt, que intervém enfim para contatar os amigos de Solomon lá no Norte; e o grande Chiwetel Ejiofor, uma revelação na tela cuja personificação de Solomon arrebatou os críticos.

Alguns perguntarão: tudo é factual na versão cinematográfica de *Doze anos de Escravidão*? Minha resposta é sim *e não*, pois o próprio Solomon Northup mudou alguns fatos, inclusive as datas de seu nascimento e casamento, a grafia de alguns nomes e, numa antiga versão teatral, até mesmo tornou Samuel Bass mais um ianque do que um canadense. Isso sugere uma verdade mais profunda sobre a cultura afro-americana, sobre a qual escrevi durante toda a minha carreira: que a significância ou a significação negra, por sua própria natureza, é um ato de repetição e revisão, de evocação e improvisação, de forma que para mim a questão muito mais relevante a ser exigida de qualquer adaptação de *Doze anos de Escravidão* não é se é estritamente factual, mas se é verdadeira.

A isso digo que sim, sem dúvida, e, ao assistir ao filme, cada um de nós deve testar seu comprometimento com a liberdade, assim como as plateias da época de Northup foram testadas (embora com muito mais a perder). À medida que o filme se desenrola, somos nós a desejar primeiro que ele sobreviva e, em seguida, que recupere sua liberdade. Somos nós que tememos por sua vida. Somos nós que ficamos confinados, como ele ficou. Em nossas esperanças, somos nós que emulamos os peticionários e os signatários das declarações que testemunharam em prol de seu status como homem livre, incluindo sua esposa, Anne. E, ao seguir sua história até o fim, somos nós que ficamos sentados à sombra, determinados a reclamar o que fora perdido, na medida em que isso é possível, tendo sido roubados doze anos de nossas vidas.

COMPLETAMENTE ARREBATADO

Alguém questionou a autenticidade do livro de Northup quando de sua publicação? Bem ao contrário. Na verdade, o mais "representativo" dos homens negros do século XIX, Frederick Douglass, escreveu: "Achamos que será difícil qualquer pessoa que pegue o livro num ânimo cândido e imparcial depô-lo até que o tenha terminado" (*Frederick Douglass' Paper*, 29 de julho de 1863). Sobre a história de Northup nos palcos, o *Frederick Douglass' Paper* também teve o seguinte a dizer, nove anos mais tarde: "Sua narrativa é cheia de interesse romântico e aventuras dolorosas, e dá uma visão clara sobre o lado prático e as belezas da Escravidão americana [...]. É um deleite ouvi-lo relatar algumas aventuras arriscadas com tanto *sans* [sic] *froid* que a plateia fica totalmente arrebatada e a 'casa vem abaixo'".

Digo-lhes uma coisa: Quando as luzes foram acesas no cinema em que vi *Doze anos de Escravidão* pela primeira vez, eu, assim como Frederick Douglass, me senti "totalmente arrebatado" e cheio de admiração pelo resultado espetacularmente cinematográfico da colaboração entre o diretor do filme, Steve McQueen, britânico e negro, e seu roteirista, John Ridley, afro-americano.

O último fato surpreendente que vou partilhar sem entregar o filme: seria possível sentar num cinema escuro e assistir a *Doze anos de Escravidão* de Steve McQueen, com seus 133 minutos de duração, quase 50 mil vezes no tempo que Solomon passou como escravo. A diferença entre o tempo que nós passamos no escuro e o dele: você é livre para ir embora a qualquer momento.

SUGESTÕES DE LEITURA

A melhor biografia, atualmente (e fonte indispensável para mim durante a redação deste ensaio), é *Solomon Northup: The Complete Story of the Author of* Twelve Years a Slave [Solomon Northup: A história completa do autor de *Doze anos de Escravidão*], por David A. Fiske, Clifford W. Brown Jr. e Rachel Seligman. Gostaria de agradecer aos autores por dividir comigo uma cópia de seu manuscrito antecipadamente e por trabalhar com tanto afinco para estabelecer de forma correta tantos dados quanto possível. Os fatos, números, citações, nomes e datas que vocês encontraram são inestimáveis — os descendentes vivos que vocês conectaram com a história de suas famílias, preciosos.

LEIA MAIS PENGUIN-COMPANHIA
CLÁSSICOS

Alexis de Tocqueville

Lembranças de 1848
As jornadas revolucionárias em Paris

Tradução de
MODESTO FLORENZANO

O ano é 1848. Ao longo de um inverno particularmente rigoroso, agitações políticas e sociais espalham-se pela França. A população de Paris, centro nevrálgico da monarquia, subleva-se no final de fevereiro, forçando a abdicação e a fuga do rei Luís Filipe. Uma forte reação conservadora, porém, logo se impõe no governo republicano e na nova Assembleia Constituinte. No mês de junho, dezenas de milhares de operários levantam barricadas na primeira revolução socialista moderna, cuja repressão implacável resulta na morte de quase 5 mil pessoas.

Em *Lembranças de 1848*, Alexis de Tocqueville oferece à posteridade seu testemunho daquele momento crucial da história da França e de toda a Europa, reconstruindo com vividez os fatos e personagens do drama revolucionário de seu ponto de vista de cidadão, deputado e ministro do "partido da ordem" (como Marx denominou as forças reacionárias de então).

LEIA MAIS PENGUIN-COMPANHIA
CLÁSSICOS

John Reed

Dez dias que abalaram o mundo

Tradução de
BERNARDO AZJENBERG
Introdução de
A. J. P. TAYLOR

Dez dias que abalaram o mundo é não só um testemunho vivo, narrado no calor dos acontecimentos, da Petrogrado nos dias da Revolução Russa de 1917, como também a obra que inaugura a grande reportagem no jornalismo moderno. A Universidade de Nova York elegeu este livro como um dos dez melhores trabalhos jornalísticos do século XX. Reed conviveu e conversou com os grandes líderes Lênin e Trotski, e acompanhou assembleias e manifestações de rua que marcariam a história da humanidade.

"Jack" Reed fixou a imagem do repórter romântico, que corre riscos e defende causas socialmente justas. Cobriu os grandes eventos de sua época — a Revolução Russa, a Revolução Mexicana e a Primeira Guerra Mundial. Suas coberturas serviram de inspiração para dois filmes clássicos dirigidos por Sergei Eisenstein, *Outubro* (1927) e *Viva México!* (1931). Em 1981, Warren Beatty dirigiu o filme *Reds*, no qual interpreta Reed.

Esta edição traz apêndice com notas e textos de panfletos, decretos, ordens e resoluções dos principais personagens e grupos ligados à revolução, além de introdução assinada pelo historiador A. J. P. Taylor.

WWW.PENGUINCOMPANHIA.COM.BR

LEIA MAIS PENGUIN-COMPANHIA
CLÁSSICOS

Essencial Franz Kafka

Seleção, introdução e tradução de
MODESTO CARONE

Aprisionado à sufocante existência burguesa que as convenções familiares e sociais o obrigavam, Franz Kafka chegou certa vez a afirmar que "tudo o que não é literatura me aborrece". Muitas narrativas que compõem o cerne de sua obra são produto de uma atividade criativa febril e semiclandestina, constrangida pela autoridade implacável do pai, e se originaram da forte sensação de deslocamento e desajuste que acompanhou o escritor durante toda a sua curta vida. Apesar de seu estado fragmentário, o espólio literário de Kafka — publicado na maior parte em edições póstumas — é considerado um dos monumentos artísticos mais importantes do século XX.

Esta edição de *Essencial Franz Kafka* reúne em um único volume diferentes momentos da produção do autor de *O processo*, 109 aforismos nunca publicados em livro no Brasil, e uma introdução assinada por Modesto Carone, também responsável pelos comentários que antecedem os textos. As traduções consagradas de Carone, realizadas a partir dos originais em alemão, permitem que clássicos como *A metamorfose*, *Na colônia penal* e *Um artista da fome* sejam lidos (ou relidos) com fidelidade ao estilo labiríntico da prosa kafkiana.

WWW.PENGUINCOMPANHIA.COM.BR

LEIA MAIS PENGUIN-COMPANHIA
CLÁSSICOS

Montaigne

Os ensaios

Tradução de
ROSA FREIRE D'AGUIAR
Introdução de
ERICH AUERBACH

Personagem de vida curiosa, Michel Eyquem, Seigneur de Montaigne (1533-92), é considerado o inventor do gênero ensaio. Esta edição oferece ao leitor brasileiro a possibilidade de ter uma visão abrangente do pensamento de Montaigne, sem que precise recorrer aos três volumes de suas obras completas. Selecionados para a edição internacional da Penguin por M. A. Screech, especialista no Renascimento, os ensaios passam por temas como o medo, a covardia, a preparação para a morte, a educação dos filhos, a embriaguez, a ociosidade.

De particular interesse para nossos leitores é o ensaio "Sobre os canibais", que foi inspirado no encontro que Montaigne teve, em Ruão, em 1562, com os índios da tribo Tupinambá, levados para serem exibidos na corte francesa. Além disso, trata-se da primeira edição brasileira que utiliza a monumental reedição dos ensaios lançada pela Bibliothèque de la Pléiade, que, por sua vez, se valeu da edição póstuma dos ensaios de 1595.

WWW.PENGUINCOMPANHIA.COM.BR

LEIA MAIS PENGUIN-COMPANHIA
CLÁSSICOS

O Brasil holandês

Seleção, introdução e notas de
EVALDO CABRAL DE MELLO

A presença do conde Maurício de Nassau no Nordeste brasileiro, no início do século XVII, transformou Recife na cidade mais desenvolvida do Brasil. Em poucos anos, o que era um pequeno povoado de pescadores virou um centro cosmopolita.

A história do governo holandês no Nordeste brasileiro se confunde com a guerra entre Holanda e Espanha. Em 1580, quando os espanhóis incorporaram Portugal, lusitanos e holandeses já tinham uma longa história de relações comerciais. O Brasil era, então, o elo mais frágil do império castelhano, e prometia lucros fabulosos provenientes do açúcar e do pau-brasil.

Este volume reúne as passagens mais importantes dos documentos da época, desde as primeiras invasões na Bahia e Pernambuco até sua derrota e expulsão. Os textos — apresentados e contextualizados pela maior autoridade no período holandês no Brasil, o historiador Evaldo Cabral de Mello — foram escritos por viajantes, governantes e estudiosos. São depoimentos de quem participou ou assistiu aos fatos, e cujas vividez e precisão remetem o leitor ao centro da história.

LEIA MAIS PENGUIN-COMPANHIA
CLÁSSICOS

Essencial Joaquim Nabuco

Organização e introdução de
EVALDO CABRAL DE MELLO

Joaquim Nabuco (1849-1910) foi um dos primeiros pensadores brasileiros a ver na escravidão o grande alicerce da nossa sociedade. Sendo ele um intelectual nascido e criado no ambiente da aristocracia escravista, a liderança pela campanha da Abolição não só causa espanto por sua coragem e lucidez como faz de Nabuco um dos maiores homens públicos que o país já teve.

A defesa da monarquia federativa, a campanha abolicionista, a atuação diplomática, a erudição e o espírito grandioso do autor pernambucano são apresentados aqui em textos do próprio Nabuco, na seleção criteriosa e esclarecedora feita pelo historiador Evaldo Cabral de Mello, também responsável pelo texto de introdução.

Selecionados de suas obras mais relevantes, como *O Abolicionismo* (1883), *Um estadista do Império* (1897), *Minha formação* (1900), entre outras, os textos permitem acompanhar não apenas a trajetória de Nabuco, a evolução de seu pensamento e de suas atitudes apaixonadas, mas sobretudo o tempo histórico brasileiro em algumas de suas décadas mais decisivas.

WWW.PENGUINCOMPANHIA.COM.BR

1ª EDIÇÃO [2014] 8 reimpressões

Esta obra foi composta em Sabon por warrakloureiro
e impressa em ofsete pela Geográfica sobre papel Pólen Natural
da Suzano S.A. para a Editora Schwarcz
em fevereiro de 2024

A marca FSC® é a garantia de que a madeira utilizada na fabricação do papel deste livro provém de florestas que foram gerenciadas de maneira ambientalmente correta, socialmente justa e economicamente viável, além de outras fontes de origem controlada.